Hugh Prather

Loslassen und glücklich sein

Der Weg zu einem entspannten Leben

Hugh Prather

Loslassen und glücklich sein

Der Weg zu einem entspannten Leben

aus dem Amerikanischen von
Elisabeth Liebl

Knaur
MensSana

Die amerikanische Originalausgabe erschien 2000 unter dem Titel
»The Little Book of Letting Go« bei Conari Press, Berkeley

Die Folie des Schutzumschlags sowie die Einschweißfolie
sind PE-Folien und biologisch abbaubar. Dieses Buch
wurde auf chlor- und säurefreiem Papier gedruckt.

Besuchen Sie uns im Internet:
www.droemer-weltbild.de

Umschlaggestaltung: ZERO Werbeagentur, München
Umschlagfoto: Bavaria Bildagentur, Gauting
Satz: Ventura Publisher im Verlag
Druck und Bindung: Wiener Verlag, Himberg
Printed in Austria
ISBN 3-426-66639-1

2 4 5 3 1

Für Gayle in Liebe

Wie all unsere Bücher ist auch dieses im Teamwork entstanden.
Gayle lieferte den Titel, das Thema und die meisten Ideen.
Ich übernahm das Schreiben.

Inhalt

Vorwort

Gibt es etwas Wichtigeres, als uns selbst in unserer ganzen Fülle zu erfahren und zu spüren, dass wir die Essenz der Liebe sind? Mir jedenfalls fällt nichts ein, was von größerer Bedeutung sein könnte. Hugh Prather hat nun ein Buch geschrieben, in dem er auf einfache und praktische Weise darlegt, wie wir die Blockaden loslassen können, die uns daran hindern, diesen natürlichen Zustand von Ganzheit, Freude, Frieden und Einssein mit unserem Schöpfer zu erfahren. Die Geschichten, die er zu den einzelnen Themen erzählt, vermitteln jene Aha-Erlebnisse, auf die in vielen Fällen eine Wandlung des Bewusstseins erfolgt.

Ich kenne Hugh und Gayle nun seit mehr als zweiundzwanzig Jahren und schätze die tiefe, liebevolle Freundschaft, die uns verbindet. Ich habe an ihrem Leben teilgenommen, ihre Versuche, Irrtümer und Sorgen miterlebt. Wie für die meisten von uns war ihr Leben nicht immer leicht. Aber in all diesen Jahren durfte ich auch mit ansehen, dass sie ihren spirituellen Pfad nicht ein einziges Mal verließen und immer bereit waren, jenen Menschen zu helfen, die zu ihnen gekommen waren, weil sie Unterstützung brauchten.

Wie immer schreibt Hugh in einer klaren und humorvollen Sprache über die gewöhnlichen Probleme des Alltagslebens, mit denen die meisten von uns zu kämpfen haben. Obwohl sein Anliegen ein durch und durch spirituelles ist, meidet er doch diesen quasireligiösen Ton, der eher trennt als verbindet. Dieses Buch ist für den praktischen Einsatz gedacht. Es zeigt uns Lösungen für Alltagsprobleme, die sich auch tatsächlich umsetzen lassen. Es geht hier nicht um abstrakte, kompliziert klingende Ideen. Vielmehr versorgt es uns mit kleinen, spirituellen Kostbarkeiten, die unser Leben mit Liebe und Hoffnung füllen. Es ist ein Buch, das uns hilft, die Angst vor der Nähe zu heilen, vor Liebe und Glück.

Hugh lässt keinen Zweifel daran, dass das Leben keineswegs so schwer sein muss, wie wir es uns selbst machen. Er präsentiert uns uralte Einsichten mit Frische und Offenheit, ohne den Leser auf eine bestimmte Meinung festlegen zu wollen. Er gibt uns die Chance, unsere alten Glaubenssätze, Gewohnheiten und Gedanken zu überprüfen. Wenn wir schließlich feststellen, dass das Loslassen wertloser Muster kein Opfer bedeutet, sondern uns ganz im Gegenteil den Weg zu persönlicher Freiheit und Glück ebnet, dann werden wir uns ganz von selbst in die Übungen vertiefen, die uns das ermöglichen. Was wir mithilfe dieses Buches gehen lassen, führt uns zu größerer Freiheit – Freiheit von Gedanken, Haltungen und Fehleinschätzungen, die unseren Geist und unser Leben vergiften. So erlangen wir eine größere Bewusstheit in unseren Gefühlen und Gedanken. Unser Geist wird frei, und wir erfahren uns selbst als ganze Menschen.

Loslassen ist ein ständiger Prozess, der gemeistert werden will. So klar und einfach dieses Buch auch ist, so verlangt es doch eine Menge vom Leser, nämlich das eigene Engagement zur persönlichen Befreiung. Und dieser Prozess ist unendlich kostbar, denn er sprengt die Fesseln, die uns an unser von Ängsten geprägtes Denken ketten. Er macht unser Herz und unseren Geist frei, sodass sie auf den Schwingen von Frieden, Einheit und Glück in den unendlichen Himmel aufsteigen können.

Das letzte Kapitel in diesem Buch ist eine machtvolle, poetische Beschreibung dessen, was das Loslassen uns bringt. Was es bedeutet, sich der Liebe zu überantworten und auch den letzten Schritt zu tun, bei dem wir Gott als unsere Führung auf dem Pfad des Lebens annehmen. Dieser Weg lässt bei uns Freude und Frieden in einem Maß aufkommen, das alles Vorstellbare und Vergleichbare bei weitem übersteigt.

Daher halte ich dieses Buch für ein großes Buch, eines, das man gelesen haben muss.

Gerald G. Jampolsky

Der Fluss und der Löwe

Nach dem großen Regen hatte der Fluss den Löwen von allen Seiten eingeschlossen. Er war ja nicht gerade der geborene Schwimmer, er musste aber den Fluss überqueren, wenn er nicht sterben wollte. Da brüllte der Löwe mutig und ging auf das Wasser los. Er wich nicht zurück, bis er fast ertrunken wäre. Der Kampf zog sich weiter hin. Immer wieder griff der Löwe das Wasser an, und jedes Mal musste er sich wieder zurückziehen und gelangte nicht ans andere Ufer. Schließlich ließ er sich erschöpft zu Boden fallen. In der Stille, die darauf folgte, hörte er, wie der Fluss ihm auf einmal zumurmelte: »Greif niemals an, was nicht da ist!«

Erstaunt hob der Löwe vorsichtig den Kopf und fragte: »Was ist nicht da?«

»Es ist kein Feind da«, antwortete der Fluss. »Ich bin einfach nur ein Fluss, so wie du einfach ein Löwe bist.«

Da setzte der Löwe sich ganz ruhig hin und fing an, den Fluss genauer zu betrachten. Nach einer gewissen Zeit stand er auf und trabte an eine Stelle, an der die Wellen des Flusses genau zum gegenüberliegenden Ufer zeigten. Er stieg ins Wasser, und siehe da, die Strömung trieb ihn an Land.

Kapitel 1
Loslassen: Die Grundlagen

Wir alle spüren in unserem Herzen das Bedürfnis, einfach zu leben, da zu sein, ganz in der Wirklichkeit. Und trotzdem scheinen wir immer wieder gezwungen zu werden, mit uns selbst und anderen im Unfrieden zu leben: »Sei nachtragend, was die Vergangenheit angeht!«, »Sei ängstlich im Hinblick auf die Zukunft!«, »Sei gierig nach dem, was du nicht siehst!«, »Sei unzufrieden mit dem, was du siehst!«, »Fühle dich schuldig!«, »Fühle dich wichtig!«, »Sei gelangweilt!« und »Fühle dich im Recht!«. Kaum etwas anderes in der Natur zeigt so sehr wie der Mensch das Bedürfnis, mehr zu sein, als es ist. Die Einfachheit des Regens, die Klarheit eines Sterns, die Leichtigkeit eines Vogels, die Unbeirrbarkeit einer Ameise – alles ist einfach nur, was es ist.

Beim Menschen hingegen kann Unterwäsche auf dem Fußboden eine Ehe zerbrechen lassen. Die Augen eines Welpen leuchten vor Freude auf, wenn er Boxershorts oder French Knickers auf dem Boden findet. Für ihn sind schmutzige Socken kein Grund zum Streiten, sondern Anlass zum Spielen. Ganz offensichtlich haben junge Tiere irgendwie einen Draht zu etwas Göttlichem, der ihnen eine enorme Freiheit verleiht. Ich behaupte einfach, dass dieser Draht etwas mit Einfachheit und Reinheit zu tun hat und dass wir Menschen die unendlichen Möglichkeiten dieses natürlichen Zustands ebenfalls erfahren können. Ein Geist, der sich Stück für Stück von seinen negativen Vorstellungen verabschiedet, kehrt automatisch zu der ihm bereits innewohnenden Ganzheit zurück, die mit Glück und Einfachheit verbunden ist.

Ein Beispiel: Die Menschen, die heute zu unserem Leben gehören, gehören heute zu unserem Leben – was könnte einfacher sein als dies? Und doch begegnen wir diesen Menschen häufig von vornherein mit einer Einstellung, die Konfliktpotenzial enthält: Wir möchten sie nicht hier haben. Wir denken an andere Menschen, mit denen wir lieber zu tun hätten. Oder wir sind nicht sicher, ob wir selbst überhaupt an diesem Ort sein wollen: »Wann wird das Ganze bloß endlich vorbei sein?« – »Warum muss so etwas immer mir passieren?« Und so weiter, und so fort. Wenn wir aber so ausgiebig etwas in unsere Mitmenschen hineinprojizieren – was wir von ihnen wollen oder nicht wollen bzw. was wir an ihnen schätzen oder ablehnen –, dann können wir nicht erkennen, ob diese Menschen in Wahrheit »gut« oder »schlecht«, lieb, traurig oder was auch immer sind. Diese schon fast zwanghafte Einstellung gegenüber Menschen oder Lebensumständen macht unser Leben in einer völlig unnötigen Weise kompliziert, sie blockiert unsere natürliche Freude sowie unseren inneren Frieden.

Der Riesentruck

Als unser Sohn John zwei Jahre alt war, lebten wir in Santa Fé, New Mexico. Eines Tages stand ich mit John an einer Ampel und wartete darauf, dass sie auf Grün schaltete, als plötzlich ein riesiger Truck ganz langsam um die Ecke kam, gerade als wir das Signal zum Gehen bekamen. Verärgert dachte ich, dass wir nun sicher zu spät kämen, weil dieses Gefährt so endlos lange brauchte. Da hörte ich John sagen: »Was für ein Riesentruck!« Ich sah zu ihm hinunter. Seine Augen waren vor Staunen weit aufgerissen. Dann sah ich mir den Sattelschlepper an, der da so nah an uns vorbeifuhr, dass wir die Hand nach ihm hätten ausstrecken können. Erst jetzt sah ich ihn tatsächlich! Er sah wirklich fast so aus wie eines der gewaltigen Mutterschiffe aus dem »Krieg der Sterne«.

Vielleicht war ich ja unterschwellig der Meinung, der Lastwagen sollte jetzt nicht hierher fahren – oder das, was ich zu tun hatte, wäre wichtiger als der Job des Fahrers. Was immer es auch war, jedenfalls hatte es mich davon abgehalten, einfach neben meinem Sohn zu stehen und seine Hand zu halten. Nur ein einziger unnötiger Gedanke! Kleine Kinder haben sehr wenige überflüssige Gedanken, wenn überhaupt. Und genau aus diesem Grund sind sie gewöhnlich so präsent, so dem Augenblick hingegeben, so glücklich.

Eine Vogelmutter, die eine Schlange auf ihr Nest zukriechen sieht, »denkt« nur: »Schlange!«, und schon stürzt sie auf das Tier zu. Ich habe einmal gesehen, was ein Vogel einer Schlange antun kann, die nicht schnell genug den Baum wieder hinunterkommt. Was aber würde ihren Jungen geschehen, wenn sie auf dem Ast säße und überlegte: »Ich tue bestimmt mehr Gutes als diese Schlange da.« Oder: »Ich kann Schlangen nicht leiden. Sie sehen immer so glitschig aus.« Und: »Schlangen gehören ins Gras, nicht auf Bäume.« – »Dieser Schlange werde ich es aber geben.«

Ja, wir geben es den meisten. Fragt sich nur, was wir ihnen geben: unser Glück, unsere Ganzheit, unsere Aufmerksamkeit und häufig sogar noch unsere Gesundheit.

Ein ruhiger Geist sieht, was da ist. Ein geschäftiger Geist sieht Dinge, die nicht da sind. Wenn jemand präsent ist, dann ist er jemand, der präsent ist – nicht mehr und nicht weniger. Richten Sie Ihre Aufmerksamkeit also auf den Menschen, der Sie sind. Sie können diesen Menschen mit allerlei Gedanken zudecken, doch das macht aus Ihnen noch keinen anderen Menschen.

Unser Leben ist angefüllt mit unnützen Kämpfen, da unser Geist voll unnützer Gedanken steckt. Wir hören nie auf, über irgendetwas nachzudenken. Wir schleppen unangenehme Szenen aus der Vergangenheit mit uns herum, so als würden sie jetzt gerade passieren. Auf allem, was wir je getan haben, kauen wir endlos lange herum. Unsere Wahrnehmung der Welt und das Leben, das wir führen, werden durch diese Gedankenflut geprägt. Ein Mann, der in jeder Frau, die er kennen lernt, seine Mutter sieht, ist nicht in der Lage, die Frau zu sehen, die vor ihm steht. Dieser eine überflüssige Gedanke verbannt ihn in eine unfreiwillige Isolationshaft, in der er dann auch sterben wird. Eine Mutter, die ihren Schwiegersohn nicht akzeptieren kann – »wegen all dem Blech« (will sagen: Er trägt mindestens zwei Ohrringe, einen Nasenring und außerdem noch Piercings an einigen »unsäglichen« Stellen) –, nimmt sich nur selbst die Fähigkeit, zu lieben und glücklich zu sein. Sie wird damit ihren Schwiegersohn nicht ändern und auch nicht die Liebe ihrer Tochter. Aber dieser überflüssige Gedanke nimmt der Tochter die Mutter, die sie eigentlich dringend braucht.

Die beiden Beispiele zeigen, welch unangenehme Dinge passieren können, wenn wir es nicht schaffen, loszulassen. Diese Unfähigkeit frisst Tag für Tag jede kleine Möglichkeit zu mehr Glück einfach ratzekahl auf. – Ein klassisches Beispiel dafür war mein Versuch, diese Seite zu Papier zu bringen ...

Wiener Würstchen

Vor etwa einer Stunde kam mein Sohn Jordan und bat mich, ihm Wiener warm zu machen, »so wie Mami sie immer macht«. Ich hörte mit dem Schreiben auf und ging in die Küche, wo John, der heute zwanzig Jahre alt ist, mich fragte, ob ich mal einen Blick auf den Geschäftsplan werfen könne, den er für seinen Managementkurs an der Uni entworfen hatte. Normalerweise würde Gayle auch diese Aufgabe erledigen, einfach weil sie die Tochter eines Bankers ist. Aber Gayle war im Naturkostladen, um Joghurt zu kaufen.

»Natürlich, sobald ich Jordans Wiener heiß gemacht habe.«

»Oh, kannst du mir auch ein paar machen?«

»Klar«, quetschte ich durch meine nur leicht zusammengebissenen Zähne hervor.

Ich wusste nicht so recht, was ich davon halten sollte, dass ich mich, während ich über das Nettsein und den inneren Frieden schreiben wollte, plötzlich aufgefordert sah, all dies auch zu praktizieren, indem ich meinen Kindern Würstchen heiß machte. Meine innere Ambivalenz passte gut zu den Wienern aus der Dose, die mittlerweile in ihrer Brühe von biologisch-organisch ernährten Freilandhühnern vor sich hin köchelten – diese Mahlzeit war in sich genauso widersprüchlich wie der Koch, der sie zubereitete.

Ich fragte mich, wie ich es je schaffen sollte, zu tun, was ich mir vorgenommen hatte. Und ob Gayle und ich alles richtig gemacht hatten, wenn unsere Kinder sich nicht einmal ihre Wiener selbst warm machen konnten. Dann klopfte ich mir in Gedanken selbst auf die Schulter, weil wir die Kinder nicht zu einem Leben als Vegetarier zwangen, und fragte mich gleichzeitig, ob ein totes Freilandhuhn irgendwie spiritueller war als ein gewöhnliches totes Huhn.

In gewisser Weise wohnen in unserem Geist ja immer zwei Aspekte – ein ganzheitlicher und friedvoller und ein anderer, der geschäftig und bruchstückhaft ist. In diesem Augenblick hatte in mir sicherlich der geschäftige Aspekt die Oberhand gewonnen. Da fiel mir ein, was Gayle gesagt hatte, bevor sie zur Tür hinaus war: »Ich denke, wir sollten im Buch unterstreichen, dass der Geisteszustand, in dem man etwas tut, wichtiger ist als das, was man tut.«

Oh!

Sollte das etwa auch auf mich zutreffen?

Wenn es möglich wäre, alle spirituellen Lehren in einem einzigen Satz zusammenzufassen, dann würde der folgende es wohl ziemlich treffen: Die innere Haltung, in der man etwas tut, ist wichtiger als das, was man tut.

Ich habe mich so oft im Loslassen geübt, um zu wissen, dass es sich wesentlich besser anfühlt als das Festhalten. Obwohl meine seelische Verfassung generell gar nicht so übel ist, war ich doch keineswegs mit mir im Reinen, glücklich oder gar von innerem Frieden erfüllt. Warum konnte ich nicht einmal diese kleine

Störung ertragen? Warum war ich nicht fähig, diese winzigen Aufgaben mit Freude oder zumindest mit Gelassenheit zu tun?

Nun, ich hatte eben den Fehler gemacht, den Gayle vorher so klug auf den Punkt gebracht hatte. Mir waren die Umstände wichtiger als der Zustand meines Geistes. Daher musste ich genau dies ändern. Ich musste loslassen. Und dieser Prozess läuft meiner Erfahrung nach immer in drei Schritten ab:

Der erste Schritt zum Loslassen: *Wenn Sie beseitigen wollen, was Sie an der Erfahrung Ihrer Ganzheitlichkeit hindert, müssen Sie zuerst das Hindernis erkennen.*

Ich war nicht gerade wütend wegen der Wiener, aber ich war ein wenig sauer wegen dem, was ich nicht tat; und das, was ich machte, tat ich nicht von ganzem Herzen. Als ich mir diese Gefühle genauer betrachtete, stellte ich fest, dass der hinderliche Gedanke folgender war: »Ich sollte nicht tun müssen, was ich nicht tun will.« Auch diesen Gedanken betrachtete ich eine Weile, nur um feststellen zu müssen, dass ich nicht einmal ansatzweise glaubte, was er aussagte. Ich tue andauernd Dinge, die ich nicht tun will. In diesem Fall aber wollte ich meinen Jungs die Wiener heiß machen, und ich wollte Johns Entwurf lesen.

Also war Schritt 1 abgehakt.

Bevor wir zu Schritt 2 kommen, möchte ich noch einen Aspekt hervorheben, der für das Loslassen wirklich wichtig ist. Hätte ich mich auf den Wunsch eingelassen, die Situation, meine Jungs oder Gayle sollten irgendwie anders sein, dann wäre ich in eine Falle getappt, und der ganze Prozess des Loslassens wäre gescheitert.

In dem Moment, in dem ich anfange zu glauben, dass ich diese Wiener nicht heiß machen sollte, kann ich nur noch darauf warten, dass jemand mich davor rettet. Vielleicht würde ja der Strom ausfallen. Dann könnte ich sagen: »Entschuldigung, Jungs. Ich hab's ja versucht, aber ich kann einfach nichts machen.« Dann würde ich frustriert den Kopf schütteln und an meine Arbeit zurückgehen. Oder Gayle käme früher zurück und übernähme

alles. Vielleicht würde ja auch John in die Küche kommen und sagen: »Paps, du hast dein Leben lang für uns Wiener heiß gemacht, jetzt bin ich mal dran, und du gehst schreiben.«
Sobald wir uns wünschen, die Situation möge sich nach unseren Wünschen verändern, übernehmen wir keine Verantwortung für unseren Geisteszustand. Denn von diesem Moment an können wir nur noch warten, dass uns irgendjemand von dem befreit, was wir nicht wollen. Und wenn wir so auf Rettung hoffen, können wir natürlich nicht loslassen. Sicher gibt es auch richtige Opfer, doch meist versetzen wir uns nur unnötigerweise selbst in diesen Zustand. Und zwar täglich.
Entscheiden wir uns aber dafür, dass wir den Sinn für unser Ganzsein, für unsere Verbindung mit der Welt aufrechterhalten, was immer der Tag auch bringen mag, dann werden wir nie eine Opferhaltung einnehmen. Nichts kann »außer Kontrolle« geraten, wenn es uns gar nicht um Kontrolle geht. Wir lassen einfach zu, dass Menschen, die uns begegnen, und Situationen, in die wir geraten, das sind, »was sie eben sind«. Wir haben gar kein Interesse daran, sie zu verändern und unseren Wünschen anzupassen. Das heißt nicht, dass es uns immer gefallen muss, wie andere sich benehmen. Und es heißt schon gar nicht, dass wir uns selbst und die Menschen, die wir lieben, nicht vor Verletzungen schützen sollen. Doch wenn wir uns darauf versteifen, auch angenehme Menschen gegen ihren Willen ändern zu wollen, dann machen wir uns automatisch zu den Opfern ihrer Reaktionen. Jede Antwort auf unsere Bestrebungen zieht an einem anderen unserer Emotionsfäden.
Ein Beispiel: Sie haben sicher auch schon öfter mit Erstaunen angesehen, wie leicht Menschen am Steuer sich in Gefahr begeben, nur weil sie glauben, einem anderen Verkehrsteilnehmer eine »Lektion« erteilen zu müssen. Sie beschleunigen, nur um jemanden nicht einscheren zu lassen. Sie drängeln, wenn sie glauben, ihr Vordermann fahre zu langsam. Sie rasen auf jemanden zu, der sich gerade auf riskante Weise in den Verkehrsfluss eingefädelt hat. Sie schneiden jeden, der sie schneidet.

Diejenigen, die glauben, die Fahrgewohnheiten anderer verbessern zu müssen, sind die klassischen Opfertypen. Sie genießen ihre Fahrt bzw. Reise nur dann, wenn die anderen »kapiert« zu haben scheinen. Freilich tun das die wenigsten!

Kein Mensch hat je mehr Achtsamkeit oder Rücksicht entwickelt, weil er von einem anderen verurteilt, gedrängt oder bestraft wurde. Druck auf andere auszuüben, wandelt ihr Herz kein bisschen. Dadurch geraten wir nur in einen sinnlosen Konflikt, der die Ganzheitlichkeit unseres Geistes in Stücke zerbrechen lässt und unseren gesamten emotionalen Schlamm aufwühlt.

Der zweite Schritt beim Loslassen lautet daher: *Wenn Sie das Hindernis hinter sich lassen wollen, müssen Sie sicher sein, dass Sie das auch wirklich möchten.*

Das war in meinem Fall ganz leicht. Ich wollte in Frieden die Wiener heiß machen. Ich wollte diese anspruchslose Bitte meiner Söhne in Ruhe erfüllen. Ich wollte meinen persönlichen Arbeitsplan in Frieden ändern können. Ich wollte wirklich lieber Frieden haben als die Gedanken, die mich daran hinderten. Ich nahm mir einen Augenblick Zeit, um zu überprüfen, ob das alles auch wirklich stimmte. Und ich fand, dass dem tatsächlich so war.

Also war Schritt 2 abgehakt.

Damit kommen wir zu Schritt 3: *Um Ganzheitlichkeit zu erfahren, müssen wir aus dem geeinten Geist heraus handeln, nicht aus unseren belastenden Gedanken.*

Dazu musste ich erst einmal den Ort meines Ganzseins in mir finden. Er sitzt im Herzen. Wir alle haben diesen Ort in unserem Inneren. Wenn wir ihn aufsuchen, fühlen wir uns auf stille und liebevolle Weise mit unseren Mitmenschen verbunden. Obwohl dieser Ort immer da ist, können Sie ihn nicht erreichen, wenn Ihr Geist von konfliktreichen Gedanken geplagt ist oder wenn Sie bei Schritt 1 und 2 nicht ganz ehrlich waren. Dann wird es Ihnen schwer fallen, ein Gefühl des Einsseins zu empfinden, das Sie mit anderen Menschen wirklich verbindet. Doch wenn Sie in der Lage sind, diesen »Ort der Schönheit« aufzusuchen, dann

müssen Sie von dort aus handeln – und Sie müssen verhindern, dass Ihr Geist wieder in seine alten, konfliktbeladenen Muster zurückschlüpft.
Und wie verhindert man dies nun?
Einfach durch Aufrichtigkeit. Wollen wir wirklich eins sein mit allem, was uns umgibt? Wollen wir unser Leben wirklich friedlich betrachten? Wollen wir überhaupt einen Geist, der still und ganz ist? Wollen wir eine tiefe Bindung zu unserem Partner, unseren Kindern, Eltern, Geschwistern und Freunden? Oder möchten wir unser Herz doch lieber nicht ganz geben? Und stattdessen urteilen, triumphieren und Recht haben?
An diesem Punkt wird der dritte Schritt ein wenig schwierig; denn der Prozess, in dem wir unsere dunklen Impulse, unsere zerstörerischen Emotionen loslassen, hat nichts damit zu tun, dass wir nun plötzlich den Inhalt unserer Gedanken streng kontrollieren, obwohl die meisten Menschen dies vielleicht glauben mögen. In Wirklichkeit werden Gedanken und Gefühle nicht kontrolliert. Schließlich brauchen Sie nicht »im Krieg« zu liegen mit den Umständen, Ihrem Verhalten, dem Verhalten anderer, Ihren Gefühlen oder den Gefühlen anderer, Ihren Gedanken bzw. den Gedanken anderer. Das Gegenteil ist der Fall. Loslassen bedeutet Freiheit. Sobald Sie sich in einem sinnlosen Kampf wieder finden, verlassen Sie einfach das Schlachtfeld.
Am besten können wir das Wesentliche an diesem dritten Schritt erkennen, wenn wir uns vergegenwärtigen, wie wir häufig die Liebe erleben. Wir alle wissen, was für schreckliche Folgen es haben kann, wenn jemand ein Kind adoptiert oder in die Welt setzt, weil er selbst geliebt werden möchte. Dies funktioniert schon allein aus dem Grund nicht, weil die Person dann von dem Kind erwartet, dass es dem Bild entspricht, welches dieser Mensch sich von ihm gemacht hat. Doch das Kind ist ein Individuum mit eigenen Vorstellungen, nach denen es handelt – und schon ist der »Krieg« da. Und das hat dann mit Liebe überhaupt nichts mehr zu tun. Menschen, die aus demselben Grund einen Hund oder eine Katze bei sich aufnehmen, werden genau-

so unglücklich. Denn das Tier kann sie ja letztlich nur enttäuschen.

Derartige Fälle sind so häufig, dass es nicht schwer fallen dürfte, zu erkennen, wo der Fehler liegt. Und trotzdem stellen die meisten Menschen ihre Ansprüche an eine romantische Beziehung nicht infrage. Sie erwarten, jemanden zu finden, der sie uneingeschränkt verehrt, sie für wunderbar hält, ihre Interessen teilt, ihre Bedürfnisse erfüllt, nur für sie Augen hat und sie auch im Alter noch liebt. Doch wie ein Blick auf die Scheidungsrate zeigt, funktioniert diese Strategie irgendwie nicht.

Es gibt Menschen, die leidenschaftliche Gärtner sind. Sie bringen einen Großteil ihrer Zeit damit zu, ihre Pflanzen zu wässern, zu düngen, aufzubinden, auszulichten, umzusetzen und so weiter. Und für jede ihrer Anstrengungen fühlen sie sich entsprechend belohnt. Es ist ein wunderschönes Gefühl, durch einen Garten zu gehen, der auf diese Weise wirklich geliebt wird.

Aber wie kommt es nun zu diesen gesegneten »Partnerschaften« zwischen dem Garten und seinem »Liebhaber«? Es wäre wirklich naiv, zu glauben, dass sie einfach von selbst entstehen – wie wir es bei unseren Liebesbeziehungen ganz selbstverständlich voraussetzen. Stellen Sie sich vor, jemand würde einen Garten aussuchen, weil er »astrologisch gesehen« passt, das richtige Alter hat, die richtige Form, die richtige Entstehungsgeschichte und weil er verspricht, sämtliche Bedürfnisse des Gärtners immer klaglos zu erfüllen bzw. ihm nur eitel Freude und Sonnenschein zu schenken ...!

Wenn ein Garten den Gärtner mit Segen erfüllt, wenn ein Tier eine innige Beziehung zu seinem Besitzer hat, wenn Kinder ihre Eltern verehren und Partner einander lieben, dann liegt das einzig und allein daran, dass wir dem jeweiligen Gegenüber unsere Liebe entgegenbringen. Wir erfahren Liebe, ja, aber nur, weil wir selbst lieben. Wenn Sie selbst keine Liebe empfinden, wird das hingebungsvollste Kind, der liebevollste Partner und das folgsamste Haustier ihr Herz nicht berühren – einfach weil das Ganze nicht auf diese Weise funktioniert.

Seit Tausenden von Jahren erfahren wir in Gedichten, Liedern und Romanen immer wieder, Liebe sei etwas Wunderbares. Die meisten Menschen gehen daher davon aus, dass es wundervoll sein muss, geliebt zu werden. Und das ist auch so! Aber bevor Sie dieses Gefühl des Geliebtwerdens erfahren, müssen Sie selbst lieben. Denn wenn Sie selbst lieben, bekommen Sie viel mehr geschenkt als nur das Gefühl des Geliebtwerdens. Der Evangelist Johannes schreibt in seinen Briefen: »Lasset uns untereinander lieb haben; denn die Liebe ist von Gott, und wer lieb hat, der ist von Gott geboren und kennt Gott. Wer nicht lieb hat, der kennt Gott nicht; denn Gott ist Liebe.« (1. Joh. 4, 7–8)

Denn wenn wir lieben, dann tauchen wir vollkommen in die Erfahrung der Liebe ein. Aus diesem Grund gibt es Menschen, die sich von ihren »missratenen« Sprösslingen, ihren Promenademischungen oder ihren übergewichtigen Partnern über alles geliebt fühlen und den Segen dieser Beziehung empfangen. Wir finden Paare, die so alt wurden, dass sie mit Runzeln übersät sind, und trotzdem strahlt ihnen die Liebe wie hellstes Sonnenlicht aus dem Körper des Partners entgegen. Damit es Ihnen genauso geht, müssen Sie nur eines tun: Handeln Sie aus dem ruhigen, liebenden, mit allem verbundenen Teil Ihres Geistes heraus und nicht aus dem geschäftigen, bruchstückhaften, der nur sich selbst kennt. Natürlich wird niemand einen hochgradig konfliktbeladenen Lebensstil mit einem Schlag aufgeben und stattdessen Ruhe und inneren Frieden kultivieren. Es ist zwar letztlich das, worauf wir abzielen, aber höchstwahrscheinlich stecken wir immer gerade irgendwo zwischen diesen beiden Extremen. Auch wenn unser Sinn für innere Ganzheit wächst und wir die Umstände und Menschen in unserem Leben immer mehr akzeptieren können, werden wir Momente, ja Tage erleben, in denen es uns nicht so geht. Aber wir können nun mal nicht mehr tun als das Beste, was uns heute möglich ist. Denn schließlich zählt die allgemeine Richtung, die wir unserem Leben geben, und nicht die Tatsache, ob wir jetzt

schon »perfekt« loslassen können. Es genügt bereits, wenn wir jeden Tag einen kleinen Schritt tun. Das bringt mehr, als nach irgendeiner vollendeten Leistung zu streben.
Die folgende Geschichte habe ich schon oft erzählt, wenn ich verdeutlichen wollte, worum es geht, wenn ich sage, dass wir aus unserer Ganzheit und nicht aus unseren Konflikten heraus handeln sollen.

Durch die Halle laufen

Gayle und ich waren gerade dabei, die Turnhalle zu verlassen, in der wir Jordan beim Basketballspielen zugesehen hatten. Wir gingen durch die lange Halle direkt auf den Ausgang zu. Plötzlich überholten uns drei etwa achtjährige Mädchen, die munter plauderten und lachten. Als sie an dem Mann vor uns vorbeikamen, rief der ihnen mit einem Mal laut zu: »Nicht durch die Halle laufen!«
Diese Ermahnung brachte sie fast zum Stehen. Ganz offensichtlich verstanden sie nicht, warum sie in der Halle, die ja eine *Sporthalle* war, nicht laufen sollten.
Als wir die Mädchen schließlich erreichten, war der Mann schon fast außer Sichtweite, und Gayle sagte zu ihnen: »Er hat nicht gesagt, dass ihr nicht springen dürft.«
Da lachten die Mädchen laut auf und fingen an, die Halle hinunterzuhüpfen. Wir hörten sie noch scherzen: »Nein, von Hüpfen hat er wirklich nichts gesagt.«

Gayle kann gut mit Kindern umgehen. Sie sah den ganzen unschuldigen Spaß, den die Mädchen hatten, und antwortete tief aus ihrem Inneren heraus. Hätte sie den Mann verurteilt und etwas gesagt wie: »So ein alter Miesepeter. Ihr könnt ruhig laufen, wenn ihr wollt«, dann hätten die Mädchen vielleicht wieder zu laufen angefangen, aber sie hätten das mit einem Gefühl von Furcht und Misstrauen getan, auf jeden Fall nicht mit der Herzensfreude, die sie vorher gezeigt hatten. Obwohl sie vielleicht schneller gelaufen wären als vorher, wären sie doch unsicher und voll innerer Konflikte gewesen.

Praktisch heißt dies, dass die Probleme, die andere, vor allem von uns geliebte Menschen haben, zu unseren eigenen werden, wenn wir aus unserem tiefsten Innern heraus handeln. Ein Vater, der sein Kind liebt, würde niemals dessen Angst vor Gewittern nicht ernst nehmen oder verächtlich abtun. Wenn wir uns eins mit unserem Partner fühlen, sind seine Ängste die unseren, egal, ob es sich um Geld handelt, ums Fliegen bzw. Autofahren, um die Angst vor dem Altern oder vor dem Rotwerden. Wenn Sie auf die Angst Ihres Partners – oder auf andere Probleme – mit Überheblichkeit oder gar Wut reagieren, dann wollen Sie keineswegs eins sein mit ihm. In diesem Moment suchen Sie nicht einmal Freundschaft.

Falls wir behaupten, wir suchten eine tiefe Bindung, obwohl wir uns im nächsten Augenblick umdrehen und nur unsere eigenen Gefühle ernst nehmen, ist das schlicht gelogen. In diesem Fall sollten wir uns besser eingestehen, dass wir uns im Moment nur selbst wichtig sind, und uns mit dieser Tatsache lange und eingehend auseinander setzen. Dann sollten wir uns auf die Suche nach dem Ort in unserem Inneren machen, an dem unsere ureigensten Gefühle auf uns warten. Von diesem Ort des Glücks, des Einsseins mit uns selbst, strecken wir dann unsere Fühler nach außen und zeigen anderen, was an uns unwandelbar ist.

Wie Sie Probleme loslassen

Den Prozess des Loslassens zu beschreiben, hat mehr Zeit gebraucht, als der Akt des Loslassen selbst dauert. In Wirklichkeit läuft es nämlich meist so ab, dass wir uns etwa sagen: »Ich muss mich nicht so negativ fühlen. Mit einer anderen Einstellung fühle ich mich viel besser.« Und dann können die Wiener Würstchen

ganz einfach in Ruhe heiß werden. (Was schließlich auch bei uns der Fall war!)
Sie müssen keine negativen Gefühle haben, nur weil Ihre Gefühle eben so sind. Ein kurzer, aber ehrlicher Blick auf Ihre Stimmung genügt manchmal bereits, um uns an den Ort zu erinnern, an dem wir all unsere Konflikte und Sorgen loswerden können. Normalerweise aber ist schon ein bisschen mehr gefragt – daher habe ich auch dieses Buch geschrieben. Wir sind mittlerweile so verwickelt in unsere Rechthaberei, unsere Coolness, in unseren Zynismus und unseren Ärger, dass wir schlicht vergessen haben, welche Möglichkeiten es sonst noch gibt. Wir können schließlich auch etwas anderes empfinden. Doch der moderne Mensch glaubt ja schon fast nicht mehr an so »hehre Begriffe« wie ewige Liebe, Treue und unzerstörbarer innerer Friede.
Anfangs sieht es manchmal so aus, als wäre das Loslassen eine Aufgabe, die unsere Kräfte hoffnungslos übersteigt. Unser Leben und unsere Welt scheinen unter einem Wust von Problemen zu ersticken, von denen wir zwar glauben, dass wir sie gern loswerden möchten. Wir wollen sie aber nur selten wirklich ganz gehen lassen. Jedermann, so scheint es, stolpert pausenlos von Problem zu Problem. Im Lauf eines Tages reihen sie sich sogar manchmal »nahtlos« aneinander.
Mittlerweile sind Schwierigkeiten zu einem so wichtigen Thema geworden, dass wir die Menschen in unserer Umgebung schon mit ihren Problemen identifizieren. Denken Sie einmal daran, wenn gerade wieder einmal über jemanden gesprochen wird, der abwesend ist. Egal, ob in positiver oder negativer Hinsicht, Sie werden auf jeden Fall feststellen, dass alle über die Probleme dieser Person sprechen. Und für unser Selbstbild trifft dies ebenfalls zu. Unsere Identität, ja sogar unseren ganzen Lebenssinn scheinen wir aus den Schwierigkeiten zu beziehen, mit denen wir uns herumschlagen.
Wir glauben ja auch, dass wir einzuschätzen vermögen, wie ernst die Probleme anderer Menschen wirklich sind. Dabei können wir mit einer Angelegenheit Ärger haben, die anderen Menschen gar nichts ausmacht – und umgekehrt. Da gibt es zum Beispiel zwei

wilde Katzen in unserer Nachbarschaft, die uns »adoptiert« zu haben scheinen. Sie lieben uns, und daher bringen sie von jeder Eidechse, jedem Vogel, jeder Ratte, die sie fangen, ein Stück ins Haus. Diese »Geschenke« wieder wegzuschaffen ist gar kein Problem – wenn ich zu Hause bin. Die anderen Mitglieder meiner Familie hingegen mögen derlei Präsente gar nicht so besonders. Mir wiederum gelingt es kaum, alle E-Mails zu beantworten, die Tag für Tag bei uns eintrudeln. Und Gayle macht das mit links. Dabei haben nicht die einen ein wirklich schwieriges Leben, während andere quasi fein raus sind. Schließlich sind wir alle schon einmal Zeuge geworden, wie Menschen die größten Tragödien tapfer verarbeiten, während sie sich (oder wir selbst uns) dem nervigen Alltagskram nicht gewachsen fühlen: An einem ganz normalen Tag passieren genug Dinge, die uns unglücklich machen können. Es gibt für den Geist also ausreichend Rohmaterial, mit dem er arbeiten kann.

Probleme beschäftigen uns in dem Ausmaß, in dem wir uns über sie sorgen. Der Schlüssel zu Ruhe, Ausgeglichenheit und innerem Frieden ist nicht die Beseitigung aller äußeren Schwierigkeiten, sondern das Loslassen unserer Reaktionsmuster.

Während der letzten fünfundzwanzig Jahre, in denen wir auf dem Gebiet der Familientherapie tätig waren, haben Gayle und ich einen gehörigen Respekt vor dem elementaren Glücksgefühl entwickelt, das die meisten kleinen Kinder in so genannten Problemfamilien immer noch haben. Es scheint schon Jahre seelischer und körperlicher Grausamkeit zu brauchen, bevor dieser grundlegende Zustand endgültig zerstört ist. Auch Fernsehberichte aus Kriegs- und Katastrophengebieten bzw. Flüchtlingslagern zeigen häufig, wie Kinder trotz allen Schreckens inmitten des größten Horrors noch zu spielen vermögen und dabei glücklich wirken.

Um den Unterschied in der Lebensauffassung von Erwachsenen und Kindern deutlich zu machen, möchte ich Ihnen folgende Geschichte von einer Party erzählen.

Lisa

In den späten siebziger Jahren lernten Gayle und ich Gerald Jampolsky kennen, den Kinderpsychiater, der das Zentrum für »Attitudinal Healing« gegründet hatte. Auf dessen erste Weihnachtsparty waren wir eingeladen. Da Gayle aus irgendeinem Grund nicht mit nach Tiburon kommen konnte, war ich allein, als ich den langen Raum betrat, in dem die Kinder warteten.

Der Anblick schockierte mich zutiefst. Vor mir sah ich Kinder in Rollstühlen und auf Krücken, Kinder mit Muskelschwund und der Hodgkin-Krankheit, Kinder mit gelähmten Gliedern, Kinder, deren Glieder amputiert waren, Kinder, deren Haare bei der Chemotherapie ausfielen. Doch als ich mich in diesem Schreckenskabinett umsah, spürte ich etwas Eigenartiges. Obwohl Kinder aller Altersgruppen da waren, waren die Jugendlichen und jungen Erwachsenen zwischen fünfzehn und fünfundzwanzig in der Überzahl. Und wie bei jeder anderen Party auch standen sie in Grüppchen von zwei oder drei Personen zusammen und plauderten. Es gab noch keinerlei »Entertainment«, und das Essen war auch noch nicht serviert. Als meine Augen von einer Gruppe zur anderen wanderten, bemerkte ich, dass diese vom Schicksal gezeichneten Kinder und Jugendlichen glücklich waren – wie ihre »gesunden« Altersgenossen es wohl ebenfalls gewesen wären. Das »Eigenartige« war einfach ihre Haltung. Der Raum hallte wider von Gekicher und Gelächter.

Bald war ich in ein lebhaftes Gespräch mit einem Mädchen namens Lisa verwickelt, die in den letzten beiden Jahren intensiv daran gearbeitet hatte, Model zu werden. Nun war die Hälfte ihres Körpers, ihr Gesicht eingeschlossen, nach einem Autounfall gelähmt. Sie konnte nur mithilfe von Aluminiumkrücken stehen, die an ihren Ellbogen festgemacht waren. Als sie sich mit mir und zwei anderen Erwachsenen unterhielt, verlor sie plötzlich das Gleichgewicht und stürzte wie ein gefällter Baum zu Boden. Wir halfen ihr beim Aufstehen. Der Schmerz hatte ihr die Tränen in die Augen getrieben. Aber sie lächelte nur schief und sagte: »Na, davon bekomme ich endlich den Eisenarsch, den ich immer haben wollte.«

Nun ist »Eisenarsch« sicher kein besonders spirituelles Wort, aber was könnte inspirierender sein als die Reaktion dieses Mädchens? Ich weiß nicht, woran Lisa glaubte. Ich weiß nicht einmal, ob irgendein Kind aus der Gruppe an Gott glaubte. Und doch drangen göttliches Licht, Gelächter und Glück aus all ihren Poren. Sie hatten dafür offensichtlich keinen Glauben nötig. Was sie brauchten, war, dass sie völlig in der Gegenwart lebten, wie Kinder es immer und immer wieder tun. Und was mir besonders im Gedächtnis haften blieb, war die Tatsache, dass ihr heiler Geist für sie mehr Bedeutung zu haben schien als ihr geschundener Körper.
Wollen wir einen Zugang zum Glück schaffen, der dem von Kindern ähnelt, dann heißt das nicht, dass wir uns »kindisch« aufführen sollen, sondern dass wir die Welt so unverbildet sehen, wie die Kinder sie wahrnehmen. Wir geben den engen Blickwinkel auf und verzichten auf unsere gewohnheitsmäßigen Reaktionen. Es ist sehr entspannend, wenn man einmal erkannt hat, dass die Menschen in unserer Umgebung eben so sind, wie sie sind, und dass wir nun einmal hier mit ihnen zusammenleben. »Werdet wie die Kinder!«: Das heißt nichts anderes, als den Drang aufzugeben, alles beurteilen, nach unseren Wünschen verändern und immer Recht haben zu wollen. Indem wir »wie die Kinder werden«, fallen die Blockaden, die wir vor unserer Fähigkeit zu Glück, Ruhe und innerem Frieden aufgebaut haben, Stück für Stück von uns ab.

Es gibt letztlich nur dreierlei, das wir wirklich loslassen müssen: Urteil, Kontrolle und den Wunsch, immer Recht zu haben. Sobald Sie diese Verhaltensweisen hinter sich lassen, wird Ihr Geist so rein und ungeteilt sein wie der eines Kindes.

Denn Kinder sind zumindest direkt: Sie fühlen, was sie fühlen; und sie wissen, was sie wollen. Sie sind mit ihrem Innersten tief verbunden, mit ihrer wahren Natur. Das bedeutet nicht, dass Kinder immer vollkommen oder gar unverwundbar sind. Letztlich sind sie sogar viel empfänglicher, als die meisten Eltern wahrhaben wollen. Schließlich nehmen sie sowohl die positiven als auch die negativen »Lektionen« in sich auf, vor allem die unausgesprochenen Ängste und Wünsche der Erwachsenen in ihrer nächsten Nähe.

Vielleicht erinnern Sie sich an einen Moment, in dem Sie als kleines Kind erkannt haben, dass ein bestimmtes Verhalten oder eine ganz spezielle Sichtweise ihrer Eltern (oder auch nur eines Elternteils) falsch war. Unter Umständen haben Sie sich damals sogar geschworen, dass Sie diesen Fehler nicht wiederholen würden, wenn Sie »einmal groß wären«. Und dann ertappen Sie sich als Erwachsener dabei, wie Sie genau dasselbe sagen oder genau so handeln, wie Sie es eigentlich vermeiden wollten. Sie haben also ein Verhaltensmuster angenommen, obwohl Sie es als fehlerhaft erkannt hatten. Dies ist ein Hinweis darauf, wie empfänglich und verwundbar wir als Kinder sind! Als Erwachsene können wir uns den Prozess des Annehmens oder Loslassens eher bewusst machen. So übernehmen wir die Verantwortung für unseren inneren Frieden und unser Wohlgefühl.

Kennen Sie ein Kind, das viel zu früh angefangen hat, sich selbst und andere zu verurteilen bzw. zu kontrollieren? Ich spreche hier nicht von der Phase, die Zweijährige durchleben, denn in diesem Lebensabschnitt stehen hinter all den »Nein!« und »Ich will nicht!« keine Bitterkeit und kein Kummer, sondern einfach nur das Entdecken der eigenen Persönlichkeit. Das Kind versucht, das Ruder zu übernehmen – eine gute und notwendige Entwicklungsphase.

Doch es gibt Kinder, die überraschend früh lernen, andere zu verurteilen bzw. zu hassen. Das Bedürfnis nach Kontrolle entspringt immer einer Haltung der Selbstgerechtigkeit, die zu einer Form von Zensur führt. Ihnen gefällt nicht, was Sie sehen, daher versuchen Sie, es zu ändern. Meist glaubt man sogar noch, es sei eine moralische Verpflichtung, hier einzuschreiten.

Wenn Kinder ein solches Verhalten zeigen, haben sie ihre innere Sicherheit verloren, den Kontakt zu ihrer grundlegenden Fähigkeit zum Glück. Irgendjemand muss ihnen beigebracht haben, andere grundsätzlich infrage zu stellen; und daher wenden sie das, was sie gelernt haben, unweigerlich auch auf sich an. Sobald sie sich selbst misstrauen, denken sie, dass sie sich kontrollieren müssen. Von diesem Moment an können sie sich nicht mehr auf die eigene Person verlassen, und das gilt natürlich auch für alles andere.

Sobald der Geist mit dieser Haltung des Be- und Verurteilens infiziert ist, glaubt jeder – gleichgültig, welchen Alters –, er wisse, »wie die Welt auszusehen hat«. Und jeder richtet seine Aufmerksamkeit fast zwanghaft in die Außenwelt. Der Blick ins eigene Herz wird zu einer merkwürdigen, ja erschreckenden Vorstellung. Und da es so lange her ist, dass wir zum letzten Mal in diese Richtung geblickt haben, nehmen wir an, dass es dort nur Dunkelheit gibt.

Wie Sie die Angst vor dem Loslassen gehen lassen

Die Kontrolle und das Urteilen aufzugeben, hat keinerlei negative Konsequenzen. Welche Schwierigkeiten sollten schon daraus entstehen, wenn wir aufhören, »jemand Bestimmtes sein« zu wollen, und auch unsere Freunde bzw. Familienmitglieder nicht mehr zu etwas anderem machen möchten, als sie sind? Wir können die Straße überqueren, ohne zum »Fußgänger« zu werden. Wir fahren zur Arbeit, ohne »Verkehrsteilnehmer« zu sein. Wir führen unseren Hund aus, ohne auf den »Hundebesitzer« reduziert zu werden. Und wir können unserem Kind über den Kopf streicheln, ohne ein »Elternteil« zu sein.

Wir müssen nur einfach sein, wie wir geschaffen wurden – da und frei, ohne jede Anstrengung. Dazu brauchen wir weder eine besondere Geschichte noch einen Status oder eine bestimmte Haltung. Welchen Grund sollten wir auch haben, Geld, Erziehung, Religion oder Charakter auf unser Banner zu schreiben? Warum sollten wir voneinander getrennt sein, jeder in die Traumen seiner Kindheit verwickelt? Unsere Kindheit ist vorüber. All unsere angeblichen Verschiedenheiten sind nur Sand auf unserer Haut. Wenn wir einmal darüber wischen, ist er verschwunden, denn die Mitglieder der großen Menschheitsfamilie schenken uns jeden Tag ihr Herz.
Wenn wir ins Restaurant gehen können, ohne dabei zum »Gast« zu werden, dem eine bestimmte Form der Aufmerksamkeit »zusteht«, haben wir vielleicht die Chance, zu erkennen, dass wir nicht viel anders sind als der Mensch, der uns bedient. Wenn wir unsere Zeugenaussage vor Gericht machen, ohne uns in einen »Bürger« zu verwandeln, der vor dem »Richter« seine Aussage macht, dann sehen wir, dass wir mit dem Menschen vor uns prinzipiell eins sind. Unsere Identität kann sich jede Sekunde ändern – wie die Reflexionen in der riesigen Fensterscheibe eines Warenhauses. Oder sie kann gleich bleiben – wie das liebevolle Bild, das Eltern von ihren Kindern haben, tief innen im Herzen.

Diejenigen, die dazu beitrugen, unser Leben am dauerhaftesten und sinnvollsten zu verändern, hatten den Mut, Gleiche unter Gleichen zu sein. Die Welt beugt sich zwar beeindruckt vor dem glitzernden Zierrat des Egos, doch nur Menschen, die Seite an Seite mit uns gehen, in Liebe und Gleichberechtigung, erreichen unsere Herzen und verändern unser Sein.

Übung 1

Zeit: ein Tag oder mehrere

Wenn Sie das nächste Mal im Restaurant, Kaufhaus, Naturkostladen, Büro sind oder einfach auf der Straße dahinschlendern, suchen Sie sich einen Menschen heraus, und versuchen Sie, sich ein paar Minuten lang in seine Haut zu versetzen. (Wenn Sie Zeit haben, machen Sie diese Übung mit zwei oder drei Menschen.) Wie fühlt es sich an, seine Kleider zu tragen? Fühlen Sie den Stoff auf der Haut? Das Haar? Oder vielleicht kein Haar? Wie ist es, zu gehen, wie er geht? Oder kann er vielleicht gar nicht laufen? Und seine Gesten? Sieht er vielleicht abrupt zur Seite bzw. lässt seinen Blick herumwandern, wie wir alle es tun, weil der Mensch, der da hinaussieht, immer ein wenig unsicher und verletzlich ist? Da draußen befindet sich schließlich eine große, kaum vorhersagbare Welt!

Ohne zu analysieren, sich besser oder schlechter zu fühlen, ohne zu be- und verurteilen (kurz gesagt, ohne groß darüber nachzudenken): Wie ist es, zu fühlen, wie dieser Mensch fühlt, und zu denken wie er?

Machen Sie diese Übung heute, und wenn Sie Spaß daran haben, vielleicht noch ein paar Tage länger. Unter Umständen werden Sie erstaunt sein, wie wenig Außergewöhnliches Sie dabei entdecken. Wie ähnlich wir uns doch alle sind! Und dass wir alle zusammen die gleichen Dinge erleben. Und Sie werden vielleicht ein wenig traurig sein, wenn Sie spüren, wie verzweifelt diese Person versucht, sich von allem abzugrenzen, um »jemand Bestimmtes« zu sein, und damit doch nur Einsamkeit und Isolation schafft.

Kapitel 2
Wie Sie mentalen Müll beseitigen

In der ganzheitlichen Medizin lernen wir, wie wir unseren Körper von Giftstoffen reinigen und unsere Muskeln von Spannungszuständen befreien. Die Notwendigkeit der körperlichen Reinigung ist so offensichtlich, dass dies sowohl in der traditionellen als auch in den verschiedenen Formen der alternativen Medizin allgemein anerkannt wird.

Für viele Vitamine und Nahrungsergänzungsmittel, die wir heute in der Drogerie oder Apotheke kaufen können, wird geworben mit ihrer angeblichen Fähigkeit, den Körper von Giftstoffen zu reinigen. Die verschiedenen Reinigungsprozeduren der Alternativmedizin wie Fasten, Ballaststoff- oder Rohkostdiät finden regen Zuspruch. Dabei vertraut man auf die unterstützende Wirkung von Einläufen, Kolontherapien, Salzwasserbädern und anderen Mitteln wie Wärme- und Atemtherapie, Vitamin C oder einfachem Wasser. In dem Bestreben, Körper, Geist und Seele zu harmonisieren, kommt es oft zu regelrechten »Exorzismen«, bei denen Wohn- und Arbeitsräume von negativen Energien gereinigt werden sollen. Besonders beliebt ist dabei das Verbrennen von Salbei.

Am Morgen duschen wir und putzen unsere Zähne. Auch tagsüber waschen wir uns mehrfach die Hände, wenn wir bestimmte Örtlichkeiten aufgesucht haben. Sogar für die Reinigung von Arbeitsflächen in der Küche gibt es ein spezielles Reinigungsspray. Und dem Waschmittel werden antibakterielle Wirkstoffe zugesetzt. Die Geschirrspüler erhitzen das Wasser so stark, dass mit Sicherheit keine einzelne Bakterie mehr übrig bleibt. Autos und Wohnungen werden mit Filter-Klimaanlagen ausgerüstet, die den Schmutz draußen halten sollen. Wasser aus dem Hahn ist einfach out, denn wir brauchen ja schließlich gereinigtes Wasser.

Immer mehr Menschen kaufen sich diese flüssigen Desinfektionsmittel, die sie auf die Hände sprühen, wenn sie in einem Laden oder einem Restaurant gewesen sind.
Merkwürdig, dass wir so versessen darauf sind, unseren Körper zu reinigen, unsere Umgebung von allem zu befreien, was unserer Gesundheit, Schönheit oder Energie schaden könnte, und unseren Geist dabei völlig außer Acht lassen. Denn es sind die Verschmutzungen im Geist, die uns das Leben versauern, unsere Intuition blockieren, Beziehungen in die Brüche gehen lassen und den wahren Sinn des Lebens unterminieren. Was haben wir gewonnen, wenn wir in unseren blank geputzten Häusern sitzen – und selbst erfüllt sind von Dunkelheit und Leid? Was bringt es schon, wenn unser Körper ständig geschrubbt, entgiftet und an der Außenseite keimfrei gehalten wird, wenn kein lebendes Wesen, das diesen Körper trifft, dadurch ein Quäntchen mehr an Liebe und Freude erfährt?
In Kirchen und Tempeln murmeln wir regelmäßig unsere Lippenbekenntnisse vor uns hin: dass der Körper vergänglich, der Geist aber ewig sei. Wir singen Hymnen und hören Predigten, in denen das Äußere als vergänglich, das Innere jedoch als unwandelbar bezeichnet wird. Wir sagen uns selbst immer wieder, dass unsere Zeit auf Erden und auch die Welt irgendwann einmal enden wird. Und wir reden davon, dass das Königreich des Himmels ja schließlich »in uns« selbst wohnt.
Im täglichen Leben aber kümmern wir uns kein bisschen darum, was »in uns« ist. Wir wollen nur eine möglichst saubere Oberfläche haben. Jeden Tag gehen wir mit reinen Kleidern, gekämmten Haaren und geputzten Zähnen aus dem Haus, doch unser Geist ist durchsetzt mit nutzlosen Ängsten, dumpfen Ressentiments, trüben Zukunftserwartungen, zerstörerischen Vorurteilen und einer endlosen Ansammlung von schädlichen Selbstbildern. Und dieser ganze mentale Müll kümmert uns nicht im Geringsten. Was wir gestern aufgesammelt haben, stört uns nicht, von den Trümmern vergangener Jahre, die wir schon seit Ewigkeiten mit uns herumschleppen, gar nicht erst zu sprechen.

Unser Geist ist keineswegs das zarte, unbeschwerte Etwas, das jederzeit durch luftige Höhen schweben kann, wenn ihm danach ist. Doch genau das würden wir gern glauben! Wir sehen uns Filme an und lesen Bücher, in denen es um die unvorstellbarsten Fantasiereisen und »einsgerichtete« Gedanken geht. Wir erzählen unseren Kindern etwas über die »Macht der Fantasie«. Wir besuchen Seminare, in denen wir lernen, dass unser Geist enorme Energiereserven für uns bereithält. Alles in allem haben wir uns ziemlich angestrengt, uns vorzumachen, dass in unserem geräumigen »Oberstübchen« alles nützlich, wertvoll und in bestem Zustand ist. Wenn wir aber unseren Geist nur eine Stunde lang intensiv beobachten, stellen wir fest, dass er eher einem voll gestopften Kühlschrank ähnelt, der recht merkwürdige Gerüche verströmt. Nehmen Sie nur eine einzige Ablage unter die Lupe, und Sie werden Zeug finden, das derartig alt ist, dass Sie sich nicht einmal daran erinnern können, wann Sie es hineingestellt haben. Und an den verschiedenen Restebehältern sind die Jahre ja auch nicht spurlos vorübergegangen. Ihr Inhalt ist mittlerweile dick mit Schimmelpilzen und Bakterien überzogen und hat ein regelrechtes Eigenleben entwickelt. Die hintersten Nischen unseres »Kühlschrankgeistes« sind rebellisch geworden und haben ihre eigenen übel riechenden Herrschaftsbereiche geschaffen. Dieser Anblick ist so grauenerregend, dass wir flugs die schönen Dinge wieder nach vorn stellen, damit es so aussieht, als sei nichts anderes in unserem Kühlschrank als der leuchtend helle Orangensaft, die frisch gepflückten Mangos und der organisch-biologische Sellerie.

Es ist keine Kleinigkeit, unseren voll gepackten Geist wieder sauber zu kriegen. Man braucht ein wenig Zeit dafür und auch eine Menge Mut, denn wir müssen uns auf ein paar äußerst unangenehme Entdeckungen gefasst machen. Aber wenn alles wieder sauber und ordentlich ist, wenn die frischen Nahrungs-, ja Lebens-Mittel an ihrem Platz stehen, wenn sanfte Düfte die Küche durchwehen, dann wird uns klar sein, dass dafür wirklich kein Opfer zu groß war.

Dieses Buch verlangt von Ihnen, gegen den Strom der herrschenden Überzeugungen zu schwimmen: Entscheiden Sie sich dafür, Glück für einen wesentlichen Bestandteil jedes Lebens zu halten, das wert ist, gelebt zu werden.

Es ist schon merkwürdig genug, dass ich (oder überhaupt irgendjemand) Position für ein friedvolles und erfülltes Leben beziehen muss. Doch genau das zeigt, in welchem Zustand sich unsere Kultur befindet. In unserer Gesellschaft wird es akzeptiert, wenn nicht sogar gefordert, dass Menschen einen großen Teil ihrer Zeit dem Anhäufen von Reichtümern, beruflichen Erfolgen und gesellschaftlicher Anerkennung widmen. Ein attraktiver Körper, der richtige Swing beim Golf ist uns wichtig! Doch sobald man von Freude und innerem Frieden spricht, glauben die meisten Menschen, dass dies Luxusgüter sind, für deren Erlangung sie einfach nicht genügend Zeit haben. Sie geben sich damit zufrieden, wenn sie einigermaßen darauf hoffen dürfen, irgendwann einmal in ihrem Leben zumindest den Anschein von Erfolg zu verbreiten.

Falls Sie wissen möchten, wie es ist, wenn Sie Ihren eigenen »Kühlschrank« nur mit den »Nahrungsmitteln« füllen, die Sie selbst aussuchen, statt sich Ihre tägliche Nahrung von gesellschaftlichen und familiären Anforderungen vorschreiben zu lassen, dann sehen Sie einmal kleinen Kindern beim Spielen zu – was ja ihre Hauptbeschäftigung ist. Ein Kind, das noch nicht zur Schule geht, lacht zirka 350-mal am Tag. Ein Erwachsener etwa zehnmal. Weshalb? Weil Kinder »mit einem sauberen Kühlschrank« zur Welt kommen.

Lassen Sie uns also anfangen. Damit wir feststellen können, wie viel unnützen Müll wir an einem einzigen Tag sammeln, konzentrieren wir uns zuerst einmal auf etwas völlig Überflüssiges, das jeder von uns kennt: Sorgen.

Wie Sie Sorgen loslassen

Nur sehr wenige Menschen sind wirklich davon überzeugt, dass Sorgen nutzlos sind. Irgendwie erscheint es immer richtig, sich Sorgen zu machen. Wir nehmen im Allgemeinen an, dass sie irgendeinen Zweck haben. Schließlich tut's ja jeder, nicht wahr? Aber das wäre genauso, als würden wir behaupten, der Betrug sei gut für die menschliche Rasse, weil wir uns ja alle in der einen oder anderen Form betrügen. Die Vorstellung, dass jeder menschliche Impuls per se einen positiven Aspekt hat und in irgendeinem größeren »Ganzen« eine wichtige Rolle spielt, ist offensichtlich falsch.

Wenn wir spirituell vorwärts kommen wollen, müssen wir akzeptieren, dass wir alle Fehler machen, manchmal sogar gewaltige Fehler. Und dass wir zumindest einige Tendenzen haben, die schädlich und unvernünftig sind.

Dass es eine »Weisheit des Körpers« gibt, ist zumindest in einigen Fällen fragwürdig, wie jeder, der schon einmal unter Schlaflosigkeit oder Allergien gelitten hat, schmerzhaft erfahren musste. Also ist auch auf die Weisheit des Gehirns, das Teil des Körpers ist, nicht in allen Fällen Verlass. Tatsächlich reagiert der Körper und mit ihm das Gehirn keineswegs immer gleich oder stets zum Besten des Betroffenen. Denn was für den einen Körperteil positiv ist, kann für den anderen ziemlich schlecht sein. So bekämpft der Körper sich zum Beispiel bei den Autoimmunkrankheiten unzählige Male in kleinem oder größerem Maßstab selbst und wird auf diese Weise häufig zur wichtigsten Ursache seiner eigenen Zerstörung.

Vergleichbares gilt für den Geist. Wir können also nicht behaupten, dass es schon einen triftigen Grund dafür geben wird, sich Sorgen zu machen, nur weil die meisten es tun. Viele menschliche Neigungen sind unvernünftig, was nicht nur die weltweit steigende Anzahl derer beweist, die in Gefängnissen, Jugendstrafanstalten, psychiatrischen Kliniken oder »Sanatorien« landen. Daher möchte ich Ihnen jetzt einige der geläufigsten falschen Vorstellungen über das Sich-Sorgen-Machen vorstellen, die unsere Kultur entwickelt hat, und sie daraufhin untersuchen, ob sie wirklich sinnvoll sind.

Sieben Vorstellungen zur Rechtfertigung von Sorgen

Vorstellung 1:
»Es ist ganz natürlich, sich Sorgen zu machen«

Wir bauen jeden Tag eifrig an unserem Sorgentempel und stellen jedes Objekt, das uns plagt, akkurat an seinen gewohnten Platz. Meist gibt es dabei eines, das unserer Anbetung besonders würdig erscheint, zum Beispiel ein bestimmtes Ereignis, das noch kommen wird, oder bestimmte Fragen bezüglich unserer Gesundheit. Und der Gegenstand unserer Aufmerksamkeit wirkt auf den ersten Blick ganz vernünftig. Trotzdem sollten wir im Hinterkopf behalten, dass auch Ereignisse vom Tag vorher oder zehn Jahre zurückliegende Probleme diesen Ehrenplatz auf dem Altar einnehmen können. Es macht überhaupt den Eindruck, als würden wir unsere Schwierigkeiten anbeten, nicht die Lösungen. Wir verneigen uns vor den Fragen, nicht etwa vor den Antworten. Und jede Lösung, die uns oder anderen einfällt, hat irgendeinen Schönheitsfehler, sodass wir uns jederzeit weiter sorgen können.

Aber ist das alles denn nicht vollkommen »natürlich«?

Selbstverständlich ist es das, wenn man »natürlich« als »weit verbreitet« versteht. Aber weit verbreitet sind auch Karies, der Tod, Eifersucht, Grippe, Unfälle, der Verlust des roten Fadens, Schluckauf, Verspätungen, vergessene Namen und Standpauken für Halbwüchsige. Doch nur wenige von uns würden die Auffassung vertreten, dass diese zweifellos »natürlichen« Dinge durchweg als positiv zu bewerten sind. Mit Sorgen fühlen wir uns nicht besser, und Entscheidungen fallen uns auch nicht leichter, wenn wir uns Sorgen machen.

Sorgen zersplittern den Geist, der Fokus geht verloren, die Perspektive, und wir verlieren die Leichtigkeit des Seins. Sorgen sind Stress, den wir uns selbst auferlegen. Sie führen zu keinem vernünftigen, praktischen Ergebnis, das zuverlässig oder vorhersagbar wäre. Daher haben Sorgen nichts mit Planung zu tun. Ganz im Gegenteil: Sorgen verzögern oder verhindern sogar meist das Planen. Denn Planen hilft uns, Sorgen in den Griff zu bekommen. Sorgen bringen nur eines: mentales Chaos und ein mieses Gefühl. Also gehören Sorgen eigentlich auf den Müll. Stattdessen sammeln wir davon täglich immer mehr an.

Übung 2

Zeit: ein Tag oder mehrere

Ein Tag genügt, damit Sie sich davon überzeugen können, wie effektiv diese Übung ist. Natürlich wird sie dies auch in Ihrem weiteren Leben sein. Außerdem macht sie einige der Hauptthesen dieses Buches anschaulich: dass unser Ego im Wesentlichen von dem Wunsch geprägt ist, sich vom Rest der Welt getrennt zu sehen; dass die Erfahrung der Einheit mit etwas oder jemandem außerhalb unserer selbst unser Ego neutralisiert; und dass aufrichtige Hingabe (Konzentration, Engagement) der Schlüssel ist, um Stück für Stück alles loszulassen.

- Suchen Sie einen der Gedanken aus, die Sie ständig verfolgen.

Das dürfte vermutlich nicht allzu schwer sein. Vielleicht geht Ihnen ja schon etwas im Kopf herum. Die häufigsten »Kandidaten«

sind Umstände, die Besorgnis auslösen, und Menschen, mit denen man im Geist ständig streitet. Ersteres bezieht sich auf die Zukunft (Angst davor, was wohl geschehen mag) und Letzteres auf die Vergangenheit (Kummer über etwas, was jemand getan oder wie sich eine bestimmte Situation entwickelt hat).
Wichtig ist, zu erkennen, dass die Reaktionen anderer Menschen im Mittelpunkt unseres Kummers stehen. Unser Geist hält in dieser Weise kein Ereignis fest, das außer uns niemand gesehen hat und von dem nie jemand erfahren wird. Wenn wir zum Beispiel allein wandern und dabei etwas richtig Blödes tun, dann lachen wir darüber, oder wir ärgern uns, aber wir denken nicht in einem fort über unseren Fehler nach – außer wir wissen, dass der Fehler sich sofort bemerkbar machen wird, wenn wir wieder unter Menschen sind.
Ich hebe diesen Punkt deshalb besonders hervor, weil ich zeigen möchte, dass es unserem Ego immer nur um eines geht: mehr Trennung (Unterschiede, Distanz, Andersartigkeit) zwischen uns und unseren Mitmenschen zu erzeugen.

- Wenn Ihnen nun der eben identifizierte Gedanke wieder kommt, unterbrechen Sie ihn. (Denken Sie ihn einfach nicht zu Ende.)
- Denken Sie stattdessen an etwas, das mit Liebe und Verbundenheit zu tun hat.

Denken Sie an Ihren Hund, an Ihren Garten, Ihren Partner, Ihre Kinder, Freunde oder Verwandten. Denken Sie an Gott, an das göttliche Licht. Oder rufen Sie sich eine Szene ins Gedächtnis, in der Sie Fürsorge, Großzügigkeit, Vergebung oder Humor zwischen zwei Menschen erleben durften, eine Szene, deren Zeuge oder gar Beteiligter Sie waren.
Sie können auch für die Person, die im Zentrum Ihres Gedankens steht, beten, um Segen bitten oder sie in Ihrer Vorstellung in Licht hüllen. Dies ist ein sehr machtvoller Weg, sich mit ihr zu verbinden. Wenn Ihre Gefühle diesem Menschen gegenüber jedoch

zu verworren sind, dann sollten Sie das lieber lassen. Dann ist eine andere Form des Verbundenseins sicher besser.
Erkennen Sie den belastenden Gedanken. Unterbrechen Sie ihn. Denken Sie dann an etwas Liebevolles. Schon wenn Sie diese Übung nur einmal gemacht haben, werden Sie erkennen, dass Sie jederzeit einen Gedanken, der Sie verfolgt, gehen lassen können. Leider wissen die wenigsten Menschen, wie das funktioniert.
Wir glauben, dass wir unseren Sorgen und der Gewohnheit des Urteilens nicht Einhalt gebieten können. Dass der Geist dafür verantwortlich ist. Daher bekämpfen wir diese Unarten nur halbherzig: Wir werden auf uns selbst wütend. Oder wir versuchen, die Situation, um die es geht, neu zu interpretieren.
Dass unser Geist in zwei Teile zerfällt, wenn wir auf uns selbst wütend werden, ist offensichtlich. Von der zweiten Methode, bei der wir eine Situation oder die Bedeutung eines zukünftigen Ereignisses neu interpretieren, glauben leider die meisten Menschen, dass sie sinnvoll sei. Doch das Ergebnis ist dasselbe. Wir schaffen eine neue Interpretation, die der früheren Konkurrenz macht, und zersplittern so unseren Geist. Außerdem glauben wir der Neuinterpretation meist nicht. (»Er wollte mich wahrscheinlich gar nicht verletzen. Es ist nur, weil sie ihn in der Arbeit zurzeit so oft anbrüllen.« – »Sie wollte mich gar nicht betrügen. Wahrscheinlich hat sie nur Angst, dass ihr Laden nicht richtig läuft.«) Dann springt unser Geist zwischen den verschiedenen Interpretationen hin und her, weil er sich nicht entscheiden kann, welche Sichtweise denn nun die richtige ist.
In der Zwischenzeit hat der Gedanke, der uns verfolgt, Zeit, sich zu entwickeln. Am Ende geben wir einfach auf. Wir sind es zufrieden, den Kummer aushalten zu müssen, denn die Hoffnung, dass er doch bald ein Ende finden möge, verlässt uns ja nicht. So bringen wir Stunden und Tage zu – in einem äußerst unglücklichen Geisteszustand.
Doch damit ist der Vorhang leider immer noch nicht gefallen. Denn sobald ein Problem uns keinen Kummer mehr bereitet, macht sich schon das nächste bereit, auf die Bühne zu treten.

Diese Dynamik ist einer der tausend Gründe, weshalb die Fähigkeit des Loslassens für unser Glück und unseren inneren Frieden so zentral ist.
Sobald Sie erkannt haben, dass Sie wirklich jeden Gedanken, der Sie verfolgt, loslassen können, ändert sich das Problem: Sie werden feststellen, dass er nach drei Minuten, einer Stunde oder einem Tag einfach wiederkehrt.
Doch woher kommt dieser Gedanke?
Jeder Gedanke, der uns Schwierigkeiten bereitet, kommt letztlich aus unserem »verschmutzten«, konfliktbeladenen Geist, den ich hin und wieder auch als das »Ego« bezeichnen werde. Dieses Ego in unserem Inneren möchte sich so gern von seinen Mitmenschen unterscheiden. Es will für sich sein, anders und auf keinen Fall jemandem gleichen. Daher sieht es – folgerichtig – das Gefühl der Verbundenheit als seinen natürlichen Feind an. Sorgenvolle und zornige Gedanken schaffen ein Klima von Isolation. Je länger wir ihnen anhängen, desto abgeschiedener fühlen wir uns. Damit aber erfüllen wir genau das, was unser Ego möchte.
Daher müssen wir, wenn wir belastende Gedanken endgültig loswerden wollen, unseren Geist auf Verbundenheit und Ganzheitlichkeit ausrichten und diesem Ziel einen größeren Stellenwert einräumen als den »separatistischen Bestrebungen« unseres Egos.

- Planen Sie im Voraus, was Sie tun werden, wenn Ihr Ego Ihnen das nächste Mal den belastenden Gedanken anbietet.

Ihre Antwort sollte sehr kurz und direkt ausfallen. Wenn dieser Gedanke das nächste Mal auftaucht, werden Sie ihn unterbrechen und ... die Person, um die sich Ihre Rachefantasien drehen, gedanklich in Licht hüllen. Oder zu sich selbst sagen: »Ich lege meine Zukunft in Gottes Hand.« Oder Sie werden sich das Bild Ihrer spielenden Katzenkinder ins Gedächtnis rufen. Oder sich vorstellen, wie göttliches Licht Ihren Geist füllt und reinigt.
Auf die Gefahr hin, dass ich mich wiederhole: Jeder Gedanke, der das Gefühl von Liebe, Glück oder Frieden bei Ihnen weckt, ist gut

und erfüllt seinen Zweck, weil er Sie Ihre Verbundenheit spüren lässt. Ihr Ego will allerdings nicht, dass Sie sich auf dieses Gefühl konzentrieren.

- Entscheiden Sie sich, ehrlich zu sich selbst zu sein. Sagen Sie sich: »Gleichgültig, wie oft mein Ego diesen Gedanken aufbringt, ich werde darauf immer so antworten, wie ich es beschlossen habe. Und ich habe einen längeren Atem als mein Ego. Wenn es diesen Gedanken tausendmal aufs Tapet bringt, dann werde ich eben 1001-mal antworten.«

Sobald Ihr Ego »sieht«, dass Sie jedes Mal, wenn es diesen bestimmten Gedanken aufkommen lässt, die entsprechende Person »in Licht hüllen«, wird es damit aufhören. Vielleicht testet es noch ein paar Mal, ob Sie es wirklich ernst meinen, aber sobald Sie dazu einen klaren Standpunkt gefunden haben, wird diese Art von Stress schneller enden, als Sie glauben.

Diese Methode, mit der Sie belastende Gedanken loslassen können, ist wirklich so effektiv und konsequent, wie ich es Ihnen versprochen habe. Trotzdem möchte ich nicht verhehlen, dass ich mitunter Probleme habe, sie anzuwenden. Nicht weil sie irgendwie zu kompliziert wäre, sondern weil ich mich noch nicht recht entscheiden konnte, den belastenden Gedanken wirklich loswerden zu wollen.

Gleichgültig, ob es sich nun um einen sorgenvollen oder einen verurteilenden Gedanken handelt, prinzipiell entstehen alle belastenden Gedanken aus unserem Wunsch, uns abzusondern, Recht zu haben und etwas Besonderes zu sein. Dieser Wunsch ist stärker als das Bedürfnis nach Ganzheit, Verbundenheit und Frieden. Sonst gäbe es die eben geschilderten Kämpfe gar nicht. Wenn ich nun sehe, dass ich die oben genannten Schritte (den Gedanken identifizieren und unterbrechen, Verbundenheit herstellen und eine Strategie gegen das wiederkehrende Gedankenmuster entwickeln) nicht konsequent anwende, dann mache ich mir – um Zeit zu sparen – nochmals klar, dass ich tatsächlich aufhören möchte, meinen Geist dafür zu verwenden, mich selbst zu quälen. Ich will aufhören, meinen Frieden zu zerstören und einen Geisteszustand zu erzeugen, in dem ich denen, die ich liebe, nicht von Nutzen sein kann. Schließlich will ich mir darüber klar werden, dass ich den Menschen, die etwas mit meinem belastenden Gedanken zu tun haben, mit Freundlichkeit und Verständnis entgegentreten möchte und nicht mit Urteilen. Das mag nicht leicht sein, wenn ich wütend auf sie bin. Doch letztlich reduziert sich alles auf eine Frage, die ich mir nur selbst beantworten kann: Will ich auf Gott zugehen, auf die Liebe? Oder will ich mich durch Rechthaberei und Verurteilung anderer von Gott wegbewegen?

Vorstellung 2: »Es ist riskant, wenn nicht sogar gefährlich, sich keine Sorgen zu machen«

Das Sprichwort sagt ja: »Wie gewonnen, so zerronnen.« Lacht uns heute das Glück, so werden wir morgen teuer dafür zu bezahlen haben, wie wir in vielen Geschichten lesen können. Glück gilt häufig als Synonym für etwas Unverdientes: Wenn wir »Glück« haben, ernten wir Früchte, ohne gesät zu haben. Dies wird uns von Kindesbeinen an eingetrichtert, zum Beispiel in der Fabel vom törichten Grashüpfer, der den Sommer genießt, und der klugen Ameise, welche die schöne Zeit damit zubringt, für den Winter zu »sorgen« (und der letztlich auch noch das selbstgerechte Vergnügen zuteil wird, den hungernden Grashüpfer von der Tür zu weisen).
Darüber hinaus sehen wir als Heranwachsende, wie unsere Eltern sich sorgen: um ihr Gewicht, das Wetter, die Versicherung, den Kontoauszug und dergleichen mehr. Viele Kinder haben Eltern, die nicht sensibel und vorsichtig genug sind, um sie aus ihren Streitereien herauszuhalten. In der Schule sehen diese Kinder, dass sie Klassenkameraden haben, deren Eltern geschieden sind oder die von nur einem Elternteil erzogen werden. Unwillkürlich sorgen sie sich nun, ob ihre Eltern sich wohl ebenfalls scheiden lassen werden. Diese Sorge kann sich tief verwurzeln und

schwächt die Kinder dabei enorm, da sie ihr Gefühl von Sicherheit, ihren Selbstwert und ihre Fähigkeit zum Überleben untergräbt. Aus diesem und aus zahllosen anderen Gründen beginnen viele Menschen ihr Erwachsenenleben mit der grundlegenden Befürchtung, dass es nichts Sicheres und Verlässliches gibt auf dieser Welt, nicht einmal das eigene Heim.

Doch leider ist es nicht nur die Nachlässigkeit der Eltern, die Kinder an Sorgen gewöhnt. Manchmal bringen Eltern ihren Kindern das Sich-Sorgen-Machen regelrecht bei: darüber, wie viel oder wenig sie essen, welche Krankheiten auf sie lauern oder dass sie ihren eigenen Instinkten, ihrem gesunden Menschenverstand, nicht trauen können. (»Dich kann man ja nicht aus den Augen lassen.« – »Du kümmerst dich auch nur um dich selbst.«) Und bald machen sich die Kinder unangemessen viele Gedanken über »ungesundes Essen«, »bestimmte Leute«, schlechte Noten und so weiter.

Schon wenn wir sie ständig mit unserem »Bist du sicher?« infrage stellen, lösen wir in unseren Kindern eine dauernde, alles durchdringende Furcht aus: »Bist du sicher, dass du diese Wasserpistole möchtest? Die grüne dort sieht viel stabiler aus.« – »Bist du sicher, dass du Jan zu deiner Geburtstagsparty einladen möchtest? Er hat dich schließlich zu seiner auch nicht eingeladen.« – »Bist du sicher, dass du für den Biologietest am Freitag schon genügend gelernt hast? Du willst doch nicht dein Leben einmal als Tankwart beschließen, oder?« – »Bist du sicher, dass er der Richtige für dich ist? Sonst kannst du mit der Suche wieder anfangen, wenn die Ehe auseinander geht. Und dann siehst du nicht mehr so gut aus.«

Die Beziehung zu unseren Eltern prägt unsere Neigung, uns Sorgen zu machen, ganz erheblich. Aber es gibt auch noch andere Quellen. Denn die Vorstellung, dass sich Sorgen zu machen etwas Verdienstvolles ist, kennzeichnet unsere gesamte westliche Kultur. Wir treffen uns fast täglich, um uns die Probleme unserer Freunde anzuhören, ohne auch nur zu versuchen, eine Lösung dafür zu finden. Das Baden in Problemen scheint uns tief zu befriedigen, was die so genannten Massenmedien wissen und weidlich ausnutzen.

Auch die Religion, die eigentlich Trost und Befreiung schenken sollte, wird manchmal zum Instrument der Sorge und Furcht. Nicht nur Priester verkaufen ihre Lehren häufig mit Erzeugung von Angst, wodurch unter anderem auch die Spendenbereitschaft wächst. Sogar manche Selbsthilfegruppen versuchen, ihre Mitglieder mit Furcht zu motivieren.
Und unser Erziehungssystem ist auch nicht gerade darauf ausgelegt, das Selbstvertrauen bei Schülern zu fördern. Die Schulen in den Vereinigten Staaten und vielen anderen westlichen Ländern geben häufig Ziele vor, die unmöglich zu erreichen sind. Gleichzeitig verteilen sie scharfen Tadel für das, was sie »unangemessenes« Verhalten nennen. Und davon scheint es eine bestürzend breite Palette zu geben. Ob es nun um die Grundstufe oder die höheren Klassen geht, die Erziehung in der Schule setzt sich zu viele und häufig auch noch widersprüchliche Ziele: Verantwortlichkeit, Sozialisation, Selbstwertgefühl, Umweltbewusstsein, Kreativität, Problembewusstsein im Hinblick auf Rassenzugehörigkeit, Drogen, richtiges Zeitmanagement und so weiter. Die Hausaufgaben sollen so viele unterschiedliche Ziele fördern, dass die Kinder oft nicht mehr wissen, was der Lehrer eigentlich von ihnen will. Und auch die Pädagogen selbst haben verschiedene Zielvorstellungen.
Hinter all diesen Lektionen, die unsere Kultur, unser Elternhaus, die Kirche und die Schule uns beibringen, ist eines aber nicht zu überhören, der Chor der Warnungen: »Pass bloß auf!«, »Geh langsam!«, »Benutz dein Köpfchen!«, »Pass auf, wo du hintrittst!«, »Vorsicht, hinter dir!«, »Freunde in der Not gehen hundert auf ein Lot!«, »Trau, schau, wem!«, »Pass auf, was du tust!«, »Schau nach vorn!«. Und meine allerliebste: »Du solltest dir das nochmal überlegen.« Natürlich sind diese Warnungen in bestimmten Situationen sinnvoll, doch wie die spirituellen Warnungen, die man heute überall hört (»Sei achtsam!«, »Lebe bewusst!«, »Pass auf, was du ausstrahlst!«, »Ängste tragen ihre Erfüllung schon in sich!« und die vielleicht schlimmste von allen: »Denk daran, du schaffst dir deine Welt selbst!«), enthalten auch diese Warnungen eine

ganz bestimmte Botschaft: Wir sind wachsamer und besser gerüstet, wenn wir Angst haben.
Aber diese Botschaft ist falsch. Das Gegenteil eines stets besorgten Menschen ist kein dummer Narr, sondern jemand, dessen Geist ruhig bleibt. Es ist nämlich eine einfache, leicht nachzuprüfende Tatsache, dass ein sorgenvoller Geist ständig beschäftigt, zersplittert und zerfahren ist. Ein stiller hingegen ist wesentlich aufmerksamer als ein sorgenvoller, weil er einfach weniger abgelenkt wird. Ein sorgenvoller Geist kann uns daher nicht schützen. Ein ruhiger hingegen nimmt die Situation schneller und genauer wahr, als wenn er durch Angst beeinträchtigt wird, und übersieht daher auch weniger Gefahren.

Vorstellung 3: »Sorgen haben etwas Intuitives; sie warnen uns vor kommenden Gefahren«

Natürlich fährt ein ängstlicher Fahrer sicherer als einer, der deprimiert oder übermüdet ist. Doch dass unter bestimmten Umständen eine problematische Haltung besser funktioniert als eine andere, heißt ja keineswegs, dass nicht beide zum »Müll« gehören. Ein Fahrer mit Schnupfen wird sein Auto besser lenken als einer mit fortgeschrittener Lungenentzündung, trotzdem ist beides nicht unbedingt wünschenswert, ob Sie nun Auto fahren oder daheim bleiben ...
In diesem Buch beschäftigen wir uns mit Methoden, den Geist zu klären, ihn ganzheitlicher und fokussierter zu machen. Alles, was den Frieden und das Da-Sein in der Gegenwart stört, wird losgelassen. Die Vorstellung, Sie sollten Ihren aufgewühlten Geist so lassen, wie er ist, weil er hin und wieder eine sinnvolle Warnung ausspricht, ist vor diesem Hintergrund geradezu Nonsens.
Tatsächlich wohnt Ängsten manchmal ein Hauch von Intuition inne, doch leider gibt es keinen verlässlichen Weg, um herauszufinden, wann dies so ist und wann nicht. Beispielsweise treffen viele Eltern bei der Erziehung Entscheidungen aus einem Gefühl der Sorge heraus. Und sehen Sie sich die unterschiedlichen Ergeb-

nisse an. Gayle und ich sind dafür ein glänzendes Beispiel: Als Kind musste Gayle jeden Tag ihr Bett machen, ich nicht. Heute mache ich mein Bett gern, und Gayle tut es mit Überwindung. Ich hingegen wurde als Kind immer dazu angehalten, den Bauch einzuziehen. Gayle nicht. Heute habe ich enorme Widerstände gegen sämtliche Trimm-dich-Übungen, die sich auf die Taille und die Bauchmuskulatur beziehen. Gayle hat damit keine Probleme.

Viele Eltern versuchen ein bestimmtes Verhalten zu fördern – aus Angst, wie ihr Kind sich einmal entwickeln könnte. In den meisten Fällen hat die Disziplin, die sie dabei verlangen, eher negative oder sogar gegenteilige Auswirkungen auf das Kind, auch wenn es hin und wieder vorkommt, dass sie tatsächlich etwas richtig vorhergesehen haben. Die vielen Fälle, in denen wir komplett falsch lagen, lassen wir gewöhnlich einfach unter den Tisch fallen.

Wenn es darum gehen soll, den »intuitivsten« Geisteszustand herauszufinden, dann fallen Sorgen einfach schon deshalb weg, weil sie selten zuverlässige Ergebnisse liefern.

Mittlerweile haben viele Menschen festgestellt, dass Ängste keineswegs etwas mit Intuition zu tun haben – und sie wandelten die Angst in eine Sorge um. Haben Sie auch schon einmal jemanden sagen gehört, dass einem gerade die Dinge passieren werden, über die man sich keinerlei Sorgen gemacht hat? Wenn man es wörtlich nimmt, dann bedeutet dies, dass uns umso weniger geschehen kann, je mehr Sorgen wir uns machen. Dummerweise wird das Chaos in der Welt aber schon dafür »*Sorge* tragen«, dass auch einiges von dem, was wir be*sorgt* zu meiden strebten, dennoch eintritt. Außerdem kann man eine andere »Regel« ins Spiel bringen: »Nur weil du Flugangst hast, stürzt das Flugzeug noch nicht ab.« – Wie Sie sehen, ist das Sorgenmachen ein Spiel, bei dem Sie nicht gewinnen können.

Übung 3

Zeit: ein Tag

Unsere Angst, dass das, was wir gestern zu einem Freund gesagt haben, von ihm vielleicht missverstanden wurde, würde gar nicht erst entstehen bzw. uns weiter nicht beschäftigen, wenn wir sicher wüssten, dass der Betreffende sich an diese Bemerkung nicht mehr erinnern kann und dass sie folglich auf unsere Zukunft keinerlei Einfluss hätte. Wenn dies der Fall wäre, könnten wir sicher sein, dass unsere Freundschaft von unseren Worten nicht beeinflusst wird. Unsere Angst bezieht sich also in Wirklichkeit nicht auf das, was wir bereits gesagt haben, sondern auf die zukünftigen Auswirkungen unserer Worte. Daher sollten Sie, während Sie die Übung machen, immer im Hinterkopf behalten, dass Ängste sich stets auf die Zukunft beziehen, auch wenn sie ihre Wurzeln in der Vergangenheit haben.

- Schreiben Sie von dem Zeitpunkt Ihres Erwachens bis abends kurz vor dem Schlafengehen jede Angst auf, die Ihnen durch den Kopf geht. Notieren Sie jede Sorge, jede vage Befürchtung, jeden nagenden Verdacht und jede Katastrophenfantasie, die Ihnen einfällt.
- Bevor Sie einschlafen, heben Sie diejenigen Ängste optisch hervor, von denen Sie ganz sicher glauben, dass sie Wirklichkeit werden. Wenn Ihnen das lieber ist, können Sie jeder Notiz auch eine Note von eins bis zehn geben. Zehn steht für absolute Sicherheit, dass das gefürchtete Ereignis eintrifft. Mit anderen Worten: Sie wählen die Befürchtungen aus, von denen Sie glauben, dass sie quasi Vorhersagecharakter haben bzw. sich selbst erfüllen werden, weil Sie so häufig oder so intensiv daran denken.
- Platzieren Sie nun diese Liste an einem Ort, an dem Sie sie von Zeit zu Zeit ansehen können. Überprüfen Sie dann in den kommenden Wochen und Monaten, ob etwas davon tatsächlich in

der von Ihnen vorgestellten Form eintrifft. Im Gegenzug notieren Sie nun alles, was Ihren vorher festgehaltenen Ängsten widerspricht, also alles, was das genaue Gegenteil von dem ist, was Sie so gefürchtet haben.

- Wenn genügend Zeit verstrichen ist, dass all die Ängste auf Ihrer Liste hätten Wahrheit werden können, nehmen Sie das Blatt Papier ab, falten es zusammen und stecken es in Ihre Geldbörse. Dies ist Ihr neuer »Personalausweis«. Sie sind jetzt ein Mensch, der sich vor der Angst nicht mehr fürchtet. Wenn Ihr Ego Ihnen diesen Ausweis stiehlt, genügt es, die gleiche Übung nochmal zu machen.
- Wollen Sie diese Übung nicht wenigstens ein einziges Mal versuchen, dann verzichten Sie im Gegenzug für immer auf das Recht, Ihre Sorgen laut zu äußern.

Vorstellung 4:
»Auch Sorgen haben eine Zeit, zu der sie angebracht sind«

Wenn wir die Kontrolle über unseren Wagen verlieren oder einen Fehltritt tun und stürzen, dann ist unser Geist gewöhnlich erstaunlich ruhig. Erst hinterher werden wir nervös und fangen an zu »schwitzen«. Was für einen Sinn hätte es, uns Gedanken darüber zu machen, was wir für Möglichkeiten haben, welche körperlichen Folgen etwas nach sich ziehen könnte oder was das Schicksal uns mit dem aktuellen Geschehen sagen will, wenn wir uns im freien Fall zwischen Himmel und Erde befinden oder gerade darum kämpfen, das Auto wieder in den Griff zu bekommen? Wenn wir uns während eines Notfalls Sorgen machten, würden unsere Konflikte und unser Zögern nur unsere Reaktionen behindern, und wir wären nicht in der Lage, spontan das Richtige zu tun. Bedeutet dies, dass Sorgen nützlicher sind, wenn kein Notfall vorliegt?

Der jüngere Bruder

Als wir noch Teenager von siebzehn oder achtzehn Jahren waren, verbrachte ich mit meinem Bruder einmal ein paar Wochen auf einer Ranch in den Bergen von Colorado. Eines Tages stießen wir beim Wandern auf einen wundervollen Wasserfall, der gut siebzig Meter hoch war. Selbstverständlich musste ich meinen Bruder zu der riskanten Klettertour herausfordern. Und natürlich nahm er an.

Unser Plan war es, seitlich am Wasserfall hochzuklettern, obwohl wir keine Ausrüstung dabeihatten. Andererseits schien das Gelände nicht so steil, sodass wir glaubten, es trotzdem schaffen zu können. Aber wie das oft bei unerfahrenen Kletterern ist: Was von unten nahezu eben aussieht, erweist sich als ziemlich abschüssig, wenn man erst einmal am Hang ist. Als mir klar wurde, dass das ganze Unternehmen weit schwieriger und gefährlicher war, als ich gedacht hatte, erkannte ich gleichzeitig, dass es noch sehr viel gefährlicher wäre, jetzt umzukehren.

Wir waren etwa zehn bis zwölf Meter vom Gipfel entfernt, aber gerade an dieser Stelle ragte über uns ein dicker Felsen heraus. Und zu allem Überfluss fing es auch noch an zu hageln. Bald wurde der Hagel zu Regen. Von meiner Seite aus konnte ich keinen Weg zum Gipfelpunkt erkennen. Normalerweise wäre ich jetzt auf meines Bruders Seite gewechselt, doch in diesem Augenblick fing der Schiefervorsprung, auf dem wir beide standen, zu bröckeln an.

Weil ich der Ältere war und meinen Bruder außerdem zu diesem Abenteuer verführt hatte, oblag die Führung mir. Da uns buchstäblich der Boden unter den Füßen weggewaschen wurde, war ich wirklich besorgt. Je länger ich so stand und über die katastrophalen Folgen dieser Kletterpartie nachdachte, desto angespannter wurden meine Muskeln. Dieser Zustand verschlimmerte sich noch, als mein Bruder mir erzählte, er habe gehört, dass bei zwei Gelegenheiten andere Kletterer, die versucht hatten, diesen Wasserfall hochzusteigen, umgekommen seien. Als ich das hörte, gefror mir das Blut in den Adern. Ich vermochte mich plötzlich nicht mehr zu bewegen.

Aber sprechen konnte ich noch. Obwohl ich vor Angst wie gelähmt war, sagte ich meinem Bruder, ich könne von seiner Position aus einen Weg sehen, der an dem überhängenden Felsen vorbeiführte. Das war eine Lüge, aber es war der einzige Ausweg, der mir einfiel. Schließlich mussten wir von diesem Vorsprung herunter, der sich unter unseren Füßen in eine Lawine zu verwandeln begann. Glücklicherweise stellte sich das, was ich gesagt hatte, später als richtig heraus. Also kletterte mein Bruder nach oben und half mir, ebenfalls den Felsen zu überwinden.

Es wäre nur natürlich, wenn Sie mir jetzt entgegenhielten, dass ich mir einfach zur falschen Zeit Sorgen gemacht hatte. Hätte ich vorher über alles nachgedacht, dann wären wir erst gar nicht in Gefahr geraten. Eine Regel, die da hieße: »Mach dir vorher Sorgen, nicht während du mittendrin steckst«, würde auch nicht funktionieren. In diesem Fall nämlich hätte ich die Einladung auf die Ranch gar nicht erst annehmen dürfen. Ich hätte wohl auch keine Wanderung durch dieses unbekannte Gelände unternommen – und so weiter. Manchmal ist eben einfach nicht klar, wo alles anfing.

Was ist also die richtige Zeit, um sich Sorgen zu machen? Wir hätten einfach versuchen können, seitlich am Wasserfall ein bisschen höher zu klettern, nur um die Aussicht zu genießen. Hätten wir dann dort die »Regel des Sich-vorher-Sorgens« anwenden sollen? Tatsächlich hatte es mehrere Stellen gegeben, an denen eine Rückkehr gefahrlos möglich gewesen wäre. Hätten wir uns vorher fragen sollen, wo der Punkt lag, an dem eine Rückkehr nicht mehr möglich war? Wenn wir uns über diesen Punkt einig geworden wären (Menschen sind allerdings selten einer Meinung, wenn es darum geht, wann der richtige Zeitpunkt für eine Umkehr gekommen ist), hätten wir dann dort eine Pause einlegen und uns Sorgen machen sollen? Während unseres Aufstiegs entdeckten wir eine Schlange, die keiner von uns je zuvor gesehen hatte. Also näherten wir uns ihr ganz langsam, um sie besser betrachten zu können. Hätten wir uns Sorgen machen sollen, bevor wir an-

fingen, ihr auf den Pelz zu rücken? Oder doch lieber nachher, als wir sie gut im Blick hatten?
Es gibt ganz offensichtlich keine allgemein gültige Regel, wann die richtige Zeit fürs Sorgenmachen gekommen ist. Aber vielleicht kann man ja behaupten, »ein wenig« Sorge könne nicht schaden. Vielleicht ist es ja die »Menge«, die zählt, und nicht der Zeitpunkt ... Wenn ich mir nur ein wenig Sorgen gemacht hätte, wären wir vielleicht niemals in diese lebensbedrohliche Situation geraten. Doch gerade die Tatsache, dass der Aufstieg nicht ganz einfach sein würde, machte ihn ja so reizvoll. Wer würde einen anderen schon *herausfordern*, einen breiten, sanft ansteigenden Hügel voll saftiger, grüner Grasmatten zu erklettern? Ich hätte mir wohl etwas mehr Sorgen machen sollen, aber *wie viel* mehr? Denn andererseits habe ich mich ganz offensichtlich zu viel gesorgt, als ich unter dem Felsüberhang stand.
Die Vorstellung, dass es eine richtige »Dosis« für Sorgen gibt, ist nur ein neuer Punkt, über den man sich sorgen müsste. Auch hier gibt es keine Formel, welche die »richtige Menge« festlegt. Tatsache ist, dass Sorgen zu Sorgen führen. Und Zeitpunkt und »Menge« entziehen sich auf immer unserer Kontrolle. Auch die Resultate der Furcht sind völlig unvorhersagbar. Daher sind Sorgen niemals sinnvoll.

Vorstellung 5: »Sich Sorgen zu machen, ist ein Zeichen von Intelligenz«

Wir glauben gern, dass die Sorge einer intelligenten Entscheidung entspringt, die jemand für sich getroffen hat, und dass sie nichts mit einer Massenreaktion, einer bei vielen Menschen gleichermaßen eingeschliffenen Denkweise, zu tun hat. Dabei ist das Sorgenmachen doch zum Kollektivvergnügen der Weltbevölkerung geworden! Es vereint alle möglichen Gruppen und Individuen. Es überschreitet die sonst so scharfen Grenzen religiöser, politischer, rassischer und geschlechtlicher Differenzen. Zeitschriften und TV-Magazine haben sich zu Massenmedien entwickelt, weil sie ihre Konsumenten mit immer neuen Möglichkeiten des Sichsorgens beliefern. Dokumentarberichte enthüllen Gefahren an Stellen, an denen wir sie niemals vermutet hätten. Angst aber führt im Körper zur Ausschüttung von bestimmten Stoffen, an die er sich Stück um Stück gewöhnt. Daher ist die Abhängigkeit von der Angst vielleicht die gefährlichste und am weitesten verbreitete aller Suchtformen.

Viele Menschen glauben, dass die Frage »Was ist das Schlimmste an der gegenwärtigen Situation?« ein ganz nützliches Hilfsmittel ist, das ihnen eine gewisse Objektivität garantiert und sie vor zu heftigen Reaktionen bewahrt. In unserer Kultur gilt jemand, der sich keine Sorgen macht, als naiv. Wir glauben aber auch, dass Zynismus etwas mit Intelligenz und Realitätssinn zu tun hat. Da die Katastrophen in unser aller Leben langsam überhand nehmen, neigen wir dazu, inneren Frieden als unrealistisch und unehrlich abzutun. Geht nicht alles einmal zu Ende und manchmal überraschend schnell? Die Starken jagen die Schwachen – so lange, bis sie selbst schwach sind und ihrerseits gejagt werden. Alles auf Erden lebt schließlich durch den Tod von etwas anderem, oder?

Natürlich ist diese Schlussfolgerung stimmig. Sie und ich und alle Menschen: Wir werden irgendwann sterben wie alles, ob es sich nun um unseren Planeten handelt, einen Menschen oder eine Pflanze. Das Beste, was uns persönlich noch passieren kann, ist doch, dass wir beim Sterben so wenig als möglich leiden. Und nur jemand, der sich selbst in die Tasche lügt, kann das leugnen. Daher glauben wir, dass Sorgen ein Zeichen »wahrer« Erkenntnis sind, ein Signal, das schließlich auf Tatsachen beruht.

Die Wahl ist leicht. Wir können uns auf die angeblich »unvermeidlichen Tatsachen« des Lebens konzentrieren. Oder wir nehmen zur Kenntnis, wer wir sind und was wir tun. Wenn wir der jeweiligen Situation entspannt begegnen, wie auch immer sie aussehen mag, öffnen wir uns für eine andere Form der Realität, die unser vorgefasstes Bild von der Zukunft uns bisher nicht zu enthüllen vermochte. Und die Erkenntnis dieser Wirklichkeitsebene bringt uns in Kontakt mit dem Göttlichen. Sorgen beziehen sich immer auf die Zukunft, und sei es die Zukunft des nächsten Augenblicks. Sorgen blockieren die Erkenntnis des Göttlichen, denn das Göttliche existiert nur im Jetzt. Der Name Gottes ist »Ich bin«, nicht »Ich werde sein«. Und Gott nicht bewusst zu erkennen, ist sicher kein Zeichen von Intelligenz.

Vorstellung 6: »Sich Sorgen zu machen, ist ein Zeichen von Mitgefühl«

Wir glauben ja auch, Menschen, die sich Sorgen machen, hätten mehr Einfühlungsvermögen und soziale Verantwortung. Und wir denken, unsere Schuldgefühle bewiesen, dass wir mit den Menschen fühlen, die – wo auch immer in der Welt – leiden müssen. Verbinden unsere Sorgen uns denn wirklich irgendwie mit diesen Leuten? Und helfen sie irgendjemandem? Ganz im Gegenteil: Angst ist anstrengend und ermüdend. Daher entsteht schnell der Eindruck, wir hätten bereits genug getan, wenn wir für andere fürchten. Tatsächlich aber haben wir nur das »Hamsterrad unseres Geistes« in Bewegung gesetzt, vielleicht auch noch das unseres Mundes.

Achten Sie einmal darauf, wie wenig Sie sich mit einem Menschen verbinden können, der besorgt ist. Individuen, die sich Sorgen machen, sind – wenigstens in diesem Augenblick – ganz auf sich selbst bezogen. Ihre Gedanken mögen auf jemand anderen gerichtet sein, aber sie lassen ihre Liebe nicht zu diesem Menschen hinströmen. »Ich sorge mich um dich«, lautet ein typischer Satz für diesen vom Ego gesteuerten Zugang zum Leben, der unsere Persönlichkeit gleichsam auslöscht.

Das Thanksgiving-Essen ist ein klassisches Beispiel für diese Art der Sorge. Normalerweise beginnt es mit einem Gebet, in dem in irgendeiner Form der Hungernden auf der Welt gedacht wird. Wenn wir aber tatsächlich bei jedem Bissen an ein hungriges Kind oder ein von Hungerkatastrophen geschütteltes Land dächten, dann schafften wir beim Essen einen gewaltigen Konflikt. An solch einer Tafel entstünde mit Sicherheit kein Gefühl der Zusammengehörigkeit und Verbundenheit. All diejenigen, die um den Tisch versammelt wären, würden dadurch kein bisschen mehr Liebe, Großzügigkeit oder Freundschaft lernen, und die Hungernden hätten erst recht nichts davon. Großzügigkeit entsteht aus Glück und nicht aus Furcht.

Kein Tag vergeht, an dem wir nicht auf die eine oder andere Weise von jemandem erfahren, der völlig unerwartet von einem alten oder neuen Unglück betroffen ist. Die Medien lieben Opfer, vor allem, wenn es um irgendeine neu entdeckte Gefahr geht. Es ist fast unmöglich, sich angesichts der vielen Tragödien nicht zu fürchten, die Tag für Tag geschehen und Menschen widerfahren, die sich von uns kein bisschen unterscheiden. Doch heißt dieser Effekt ja noch nicht, dass Sorgenmachen ein sinnvoller, nützlicher Geisteszustand ist. Sorgen entstehen aus Angst, und Angst ist etwas, was uns zum Rückzug veranlasst. Unser Geist wendet sich von anderen ab und unserem Ego zu. Und er wird dadurch kleiner und enger. Doch wie die Bibel und andere heilige Schriften immer schon sagten: Die starke, einende Kraft der Liebe kennt keine Furcht.

Vorstellung 7: »Wenn alles gut geht, solltest du anfangen, dir Sorgen zu machen«

Wenn ein Buch oder Film mit glücklichen Szenen und fröhlichem Gelächter beginnt, wissen wir schon im Voraus, dass jetzt gleich etwas Schreckliches passieren wird. Jedes Leben braucht ein wenig Sonnenschein – aber nicht zu viel! Sie sehen: Schon die bloße Tatsache, dass alles so läuft, wie wir es uns wünschen, bringt uns dazu, uns deswegen Sorgen zu machen.

Schmerzhafte Erfahrungen lehren uns, dass das, was wir am heftigsten begehren, uns am meisten wehtun kann. Viele Sportler sind unfähig, die Leistungen zu erfüllen, die ein hoch dotierter Vertrag ihnen abverlangt. Die tragischen Geschichten von Lotteriegewinnern, Film- und Rockstars sowie anderen Berühmtheiten, die alles wieder verlieren, sind uns aus Büchern und Zeitschriften hinlänglich bekannt. Der Sensationsjournalismus füllt Seiten und Sendeminuten mit Berichten über die zerstörerische Wirkung, die Macht, Reichtum und Ruhm auf jene ausüben können, die sie besitzen. Leider gibt es auch viele Märchen und Kindergeschichten, die uns von erfüllten Wünschen berichten, welche sich für den Wünschenden äußerst negativ auswirkten.

Es gibt einen Spruch, der besagt: »Gib Acht auf deine Wünsche – sie könnten in Erfüllung gehen.« Denken Sie doch nur einmal darüber nach, was das eigentlich heißt: All die Besonderheiten, mit denen Sie vielleicht ins Leben starten, also gutes Aussehen, Gesundheit, Talent, Reichtum und so weiter, wären damit letzten Endes etwas, worauf man sich nicht verlassen kann. Und was Sie sich außerdem wünschen, wäre noch unzuverlässiger!

Unser Problem liegt nicht darin, dass wir Gefahren übersehen. Ganz im Gegenteil: Wir starren wie gebannt auf das drohende Gesicht der Welt. Was wir übersehen, ist, dass wir mit dieser Art der Weltsicht vielleicht nicht ganz richtig liegen: Unsere sorgenvolle Sicht der Dinge wird niemals infrage gestellt.

Wie Sie Ihre ursprünglichen Reaktionen loslassen

Diese sieben Vorstellungen über das Sich-Sorgen-Machen sind nicht allzu schwer zu durchschauen. Den meisten Menschen fällt es auch eher leicht, zu erkennen, dass Sorgen unsere Fähigkeit, angemessen zu reagieren und sich auf neue Situationen einzustellen, stark beeinträchtigen. Dass sie unsere Kreativität, Intuition und Sensibilität blockieren. Und dass sie die einfache Erfahrung von Frieden und Freude verhindern. Aber die meisten glauben auch, sie könnten die Neigung ihres Geistes, düsterste Zukunftsbilder auszubrüten, nicht beeinflussen. Es gibt einen Button, auf dem sinngemäß steht: »Wenn Sie keine Sorgen haben, dann achten Sie nicht auf das, was geschieht.« Mehr oder weniger

besagt dieser Spruch, Achtsamkeit müsse immer mit Sorgen verbunden sein. Viele von uns glauben ja, Sorgen wären ein wesentlicher Teil der wahren Natur des Geistes. Das würde bedeuten, dass wir durch Konzentration und Willenskraft zwar die Masse der Sorgen zurückdrängen, sie jedoch niemals vollkommen auslöschen könnten. So wird die Angst zu einer drückenden Religion aufgebaut, der wir alle huldigen, zu einem Altar der Sorge, an dem wir alle opfern müssen, ob uns das nun gefällt oder nicht.
Bis zu einem gewissen Grad ist diese Wahrnehmung sogar realistisch und ein sorgenfreier Geist etwas, das nur sehr selten Wirklichkeit geworden ist. Doch wenn es stimmt, dass wir uns immer sorgen müssen, dann bedeutet dies gleichzeitig, dass wahrer innerer Friede und innere Ruhe unerreichbar sind. Dann könnte die Sorge, da sie doch elementarer und mächtiger ist als die innere Stille, diese jederzeit stören, ganz egal, wie tief die Ruhe ist.
Doch in der Bibel steht: »Seid stille und erkennet, dass ich Gott bin.« (Psalm 46, 11) Vielleicht haben Sie ja diese Art der Stille schon bei jemandem erlebt, den Sie lieben: zum Beispiel bei einer Mutter, die ihr Kind im Arm hält. Oder bei einem Mann, der einen Herzanfall überlebt hat. Einem Kind, das einem Kätzchen beim Spielen zusieht. Ich nehme einfach an, dass Sie zumindest einmal, wenn nicht sogar öfter, im Leben diese innere Stille erfahren haben. Vielleicht zu einem Zeitpunkt, an dem Sie am wenigsten damit gerechnet haben. Wahrscheinlich hat gerade da der Friede seine Schwingen in Ihnen ausgebreitet, und von diesem Augenblick an wussten Sie, dass es nichts gibt, was diesem Zustand von Einfachheit und Ruhe gleichkommt.
Ich spreche von diesen Erlebnissen, die man mitunter auch »Gottes Frieden« nennt, weil sie zeigen, dass die Sorge zweifellos ein Ende finden kann. Doch eine religiöse, spirituelle oder auf andere Weise transformierende Erfahrung ist nicht der einzige Weg zum Stillen der Sorgen. Dazu ist eigentlich nur eines nötig: die Verlagerung der Aufmerksamkeit. Bevor wir aber diese kleinen Veränderungen genauer betrachten, die geringe Sorgen zum Verschwinden bringen, möchte ich noch darauf eingehen, wie der

Geist verfährt, wenn große Schwierigkeiten bewältigt werden müssen. Denn manchmal sind extreme Beispiele am besten dazu geeignet, das herauszustellen, was sich dann später auch unter alltäglicheren Umständen als richtig erweist.

Wenn man bei Ihrem Kind gerade eine lebensbedrohende Krankheit festgestellt hat und niemand Ihnen sagen kann, ob es noch Chancen gibt, dann werden Sie sich nicht nur Sorgen machen: Sie sind wahrscheinlich halb verrückt vor Angst, weil sie nicht wissen, was die Zukunft bringen mag. Sie sollten nicht einmal eine Sekunde lang glauben, dass es Menschen gibt, die auf die Nachricht, dass ihr Körper oder der Körper eines nahe stehenden Menschen bedroht ist, nicht emotional reagieren. In mehr als einer der vielen heiligen Schriften der Welt steht, dass Heilige, Propheten und sogar Gott selbst »weinten«, weil sie die Pein der Menschen nicht ertragen konnten.

Was in Zeiten extremer Belastung nicht hilft, ist ein neuer Glaube, mag er auch noch so spirituell sein. Und doch glauben so viele Menschen heute, dass genau das entlastend wirkt. Ram Dass erzählt zu diesem Thema eine schöne Geschichte, die erklärt, weshalb ein neues Konzept gerade jetzt nicht fruchtet. Ein Guru sagte einer Frau, die um ihren Sohn trauerte, dass sie nicht betrübt sein solle, denn im Herzen des Göttlichen gebe es keinen Tod. Jahre später starb der Sohn des Gurus, und die Frau, die den tiefen Kummer des Gurus sah, erinnerte ihn an seine Worte. Da antwortete er: »Damals ging es um deinen Sohn. Heute geht es um meinen.«

Angesichts der Tragödie sorgen wir uns, wir trauern und sind vor Schmerz außer uns. Wir reagieren, wie normale Menschen es eben tun. Dieses Buch will Ihnen nicht noch eine zusätzliche Belastung auferlegen, indem es Sie dazu anhält, nicht so zu handeln wie alle Menschen. Wir sollten unsere ursprüngliche Reaktion nicht infrage stellen, aber natürlich müssen wir prüfen, ob dies die einzige Antwort ist, zu der wir fähig sind.

Doch kommen wir zu dem Beispiel mit dem kranken Kind zurück: Nach der verständlichen ersten Reaktion werden wir irgendwann einen Punkt erreichen, an dem wir uns fragen müssen, ob unsere Sorgen uns, dem Kind oder sonst jemandem etwas nutzen. Wir müssen also nicht in unserer ursprünglichen Haltung verharren. Wie tragisch unser Fall auch sein mag, am Ende wollen wir doch, dass unser Geist uns Frieden schenkt und dass sich dieser Frieden auch auf andere überträgt.

Zwei gute Freunde schenkten uns zusammen mit ihrer Tochter ein Beispiel für diesen Weg, der uns und alle anderen aufrichtet:

Tom und Ann

Vor zwei Jahren erlitt die einundzwanzigjährige Diana, Tochter von Tom und Ann, einen Schwächeanfall, sodass man sie ins Krankenhaus bringen musste. Die Untersuchungen ergaben, dass sie einen Gehirntumor hatte. Damit begann ein Albtraum. Ann und Tom holten Ärztegutachten ein, nahmen sich Urlaub, sorgten dafür, dass Diana vom College beurlaubt wurde, suchten ein Krankenhaus und einen Chirurgen aus und erledigten all die Dinge, die Krisen wie diese mit sich bringen.

Weder Gayle noch ich haben je mit Diana gesprochen. Wir erzählen diese Geschichte also ausschließlich vom Blickwinkel ihrer Eltern aus. Da wir drei Söhne haben, mussten wir mehr als einmal erleben, wie es ist, wenn eines der eigenen Kinder in Gefahr schwebt. Daher hatten wir nicht nur als Freunde, sondern auch als Eltern ein tiefes Interesse daran, wie es den beiden ging und wie sie mit der Situation fertig wurden.

Tom ist Arzt, und Ann hilft ihm in der Praxis. Daher war das Erste, was sie taten, nach einer Heilungsmöglichkeit für den Tumor zu suchen. Doch nach ein paar Tagen spürten sie, dass dies allein für Diana nicht der beste Weg war. Ihre Angst und ihre Furcht verschlimmerten Dianas Qual nur noch. Also beschlossen sie nach einem »betenden Erforschen der eigenen Herzen«, dass sie Diana vor allem einfach lieben würden, mit »jeder Faser ihres Seins«, und dass sie sich vollkommen Dianas Glück und Frieden widmeten.

Obwohl sie alles unternahmen, um ihrer Tochter die bestmögliche

Versorgung zu verschaffen (sie reisten unter anderem auch in einen anderen Bundesstaat, um sie untersuchen zu lassen), beschlossen sie *nicht*, Dianas körperliche Erholung zu ihrem vorrangigen Ziel zu erheben. Sie wussten, dass die Zukunft offen war und alles eintreten konnte: der Tod, verschiedene Formen der Behinderung, aber auch die vollständige Genesung von der Krankheit. Sie erzählten mir, sie hätten die Erfahrung gemacht, dass einige Menschen sich erst dann Gott zuwenden können, wenn sie sehr krank sind oder gar im Sterben liegen. Und sie sprachen von Menschen, die für ihre Krankheit dankbar waren, weil sie dadurch so vieles gelernt hatten. Anders gesagt: Ann und Tom hatten verstanden, dass sie keineswegs in der Lage waren, zu beurteilen, welches konkrete Ergebnis *wirklich* im Interesse ihrer Tochter liegen würde; und selbst wenn dies der Fall gewesen wäre, so würden die Ereignisse sich letztlich doch ihrer Kontrolle entziehen.
Dazu möchte ich nur sagen, dass dieser Geisteszustand für alle, die ihn nicht kennen, schwer zu erläutern ist. Es mag so aussehen, als würde man sich nicht darum scheren, ob der Betreffende wieder gesund wird oder nicht, oder als wünschte man nur halbherzig, dass der Mensch sich erholt. Aber Tom und Ann kämpften wie die Löwen um die beste medizinische Versorgung für ihre Tochter. Sie zögerten nicht eine Sekunde, sich mit Krankenschwestern oder Ärzten anzulegen, wenn sie den Eindruck hatten, dass man Diana vernachlässigte oder falsch behandelte.
Wie kann das sein, wenn sie doch beschlossen hatten, dass ihr Ziel das Glück ihrer Tochter war und nicht deren körperliche Gesundung? Nun, der Kampf um die beste Behandlung war Ausdruck ihrer Liebe zu Diana, die in dem Wunsch nach innerem Frieden für ihre Tochter gipfelte. Dass Diana sich von der Krankheit erholte, war für das Mädchen und ihre Eltern extrem wichtig. Dies ist eine unumstößliche Tatsache. Für jede normale Mutter und jeden normalen Vater wäre es wichtig, ob ihr Kind sich von einem Gehirntumor erholt oder nicht. Der Kampf um Dianas körperliche Wiederherstellung drückte die Liebe ihrer Eltern tiefer aus als jede andere mögliche Handlung. Das, was ihre Herzen wünschten und worauf ihr Geist sich konzentrierte, würde Dianas Körper nicht verändern. Aber es brachte ihr Frieden im Geist.

Wenn wir das Bedürfnis nach Kontrolle als Ziel aufgeben, dann bedeutet das nicht, dass wir unsere Aufgabe schlampig oder halbherzig erfüllen. Wenn unser Ziel Achtsamkeit ist, dann müssen wir alles aufmerksam erledigen. Wünschen wir uns Ganzheitlichkeit, dann braucht es Sorgfalt. Ist unser Ziel Liebe, dann müssen wir alles mit Behutsamkeit und in stiller Schönheit tun.

Anns und Toms Ziel, ihr Kind zu lieben und sein Leben mit Frieden zu erfüllen, hätte auch die Möglichkeit offen gelassen, ihren Kampf um die beste medizinische Behandlung einzustellen. Dann nämlich, wenn Diana ohne Erfolg alles versucht hätte und nur noch hätte sterben wollen. Gayle und ich haben schon zu viele Menschen gesehen, die sich auf ein bestimmtes körperliches »Ergebnis« fixiert hatten, ohne darauf zu achten, was für den geliebten Menschen wirklich am besten bzw. überhaupt möglich war – egal, ob es sich dabei um einen Ehegatten, ein Kind oder einen Elternteil handelte.

Sie sollten wissen, dass trotz der guten Absichten von Tom und Ann die Situation für die beiden anfangs so schlimm war, dass sie nur versuchen konnten, ihre Tochter mit liebevollen statt furchterfüllten Augen zu sehen und ihr Trost zu spenden. Doch als sie begannen, sich ganz auf Dianas Glück zu konzentrieren, fühlten sie sich immer mehr eins mit ihr. Der tiefe Friede, der daraus entstand, trug sie über alle Schwierigkeiten hinweg und half ihnen, die Wochen der Untersuchungen und eine lange Operation zu überstehen.

Die Operation war erfolgreich, und heute besucht Diana wieder das College. Sie ist sogar sportlich aktiv. Dies war keineswegs vorhersehbar.

Wie Sie in der Krise Ihre Absichten gehen lassen

Wenn Sie je von ängstlichen Menschen umgeben waren, wissen Sie vielleicht, weshalb die Änderung in Toms und Anns Absichten für Diana so bedeutsam war. Sie trug ganz konkret zu ihrem Glück und ihrer Entspannung bei. Die meisten Menschen in unserer Kultur aber erkennen nicht, worin denn nun der Unterschied zu vorher liegt. Einfach gesagt: Ihr Geist wurde dadurch vom Mülleimer zum Garten.

Wenn alle Menschen erfahren könnten, wie es ist, einen ganzen Tag lang aus dem eigenen, unzersplitterten Geist heraus zu leben, ohne Konflikte, einen Tag, an dem wir auf alles aus unserem ungeteilten Inneren heraus reagieren und an dem wir andere Menschen klar wahrnehmen können, weil wir ganz klar und ganz wir selbst sind, dann würde man wohl keine Motivationsseminare, Inspirationstage und Selbsthilfebücher mehr brauchen. Wir wüssten bereits, wie die Wirklichkeit »funktioniert«. Wir hätten sie aus erster Hand erfahren. Jetzt sind wir wie Kinder, die auf Schatten deuten und schreien, während ein liebender Elternteil hinter uns steht und für Sicherheit und Unterstützung sorgt. Dieser »Elternteil« ist die bereits vorhandene Stille in Ihrem Herzen. Wenn der Geist eins ist, gibt es nichts, was die stille Schönheit des Herzens behindern kann.

Viele Menschen bringen genügend Kraft auf, um einem Sturm zu widerstehen, doch der tägliche Kleinkram zermürbt sie. Tom erzählte mir zum Beispiel, dass der innere Friede, den er entwickelt hatte, sich wieder zu verflüchtigen begann, nachdem Diana ans College zurückgekehrt war. Als er das bemerkte, begann er noch mehr zu beten als vorher, doch zu seinem Erstaunen brachte ihn dies nicht weiter. Und er kam auch bald dahinter, wieso: Jetzt stand *er allein* in seinem Streben an erster Stelle.

Denn wenn Sie beten, ohne Liebe und Verbundenheit zu empfinden, werden Sie vielleicht vorübergehend Frieden fühlen, doch der ewige Frieden in Ihrem Herzen bleibt davon unberührt. Es steckt keine Liebe in der Vorstellung, zuerst an sich selbst zu denken und nur sich selbst etwas Gutes tun zu wollen. Liebe ist kein Akt der Isolation, und »zuerst sich selbst zu lieben«, führt nicht zu mehr Glück. Wenn Sie versuchen, Ihre Wunden allein zu heilen oder Ihre Bedürfnisse und sonst nichts zu erfüllen, werden Sie niemals innere Befriedigung erfahren, denn diese Ideen sind frei von jeder Verbundenheit mit anderen. Nur was uns mit anderen Wesen verbindet, heilt uns und macht uns glücklich.

Tom verlor seinen inneren Frieden nicht deshalb, weil es plötzlich nicht mehr nötig war, viel Zeit und Geld für die Genesung seiner Tochter zu investieren. Wir öffnen uns für andere, indem wir sie in unser Herz lassen, nicht indem wir viel Zeit für sie aufwenden oder ihnen möglichst dramatisch unsere Liebe gestehen. Natürlich können wir anderen auch Frieden schenken, indem wir gute Taten vollbringen. Tatsächlich können gute Taten häufig unser Herz öffnen. Aber eine leere Geste lässt uns häufig noch unbefriedigter zurück, als wir vorher waren, auch wenn das Ganze ungeheuer spirituell aussieht.

Zuerst kommt die Liebe; dann können Sie tun, was Sie tun müssen. Zuerst der innere Friede; dann sagen Sie, was Sie zu sagen haben. Die Fragen »Was soll ich nur tun?« oder »Was soll ich bloß sagen?« bedeuten in Wirklichkeit nur »Wie bekomme ich, was ich haben will?« bzw. »Wie kann ich diese Person kontrollieren?«. Wenn wir dagegen inneren Frieden und einen einsgerichteten Geist zu unserem Ziel machen, wissen wir meist recht genau, was zu tun oder zu sagen ist.

Als Tom seinen Fehler erkannte, widmete er sich bewusst mehr seiner Frau, seinen Mitarbeitern und Patienten, vor allem in seinen Gedanken und Gebeten. Vor kurzem erst sagte er mir: »Wenn ich mich den Menschen in meiner Umgebung mit der gleichen

Zielstrebigkeit widme, wie ich das bei Diana getan habe, dann fühle ich mich einfach besser. Ich arbeite besser, meine Patienten geben mir mehr, Ann und ich sind uns näher, und das Leben ist wieder lebenswert. Freundlich zu anderen zu sein, liegt einfach in unserem ureigensten Interesse.«

Wenn wir uns nun betrachten, was genau es eigentlich war, das Tom und Ann erlaubte, ihren Geist neu auszurichten und ihre Ängste, Befürchtungen und Leiden gehen zu lassen, dann können wir erkennen, dass sie ihre Zielvorstellungen umformulierten: von etwas, was sie nicht kontrollieren konnten (die richtige Behandlung für den Gehirntumor), auf etwas, was in ihrem Machtbereich lag (nämlich die Liebe zu ihrer Tochter und den Frieden, den sie ihr entgegenbrachten). Wenn wir unsere innersten Absichten darauf richten, unseren Geisteszustand zu verbessern, können wir gar nicht fehlgehen. Doch normalerweise versuchen wir zwar, unseren Geisteszustand zu vervollkommnen, gleichzeitig aber wollen wir die Situation – zumindest teilweise – kontrollieren. Das funktioniert schon deshalb nicht, weil wir damit eine »Spaltung« in unseren Geist bringen.

Dabei versuchten Ann und Tom beileibe nicht, ihre Tochter zu friedvollem Verhalten oder Aussehen zu zwingen. Sie strebten nicht nach dem schönen Schein. Sie boten ihr »nur« Trost und Frieden an, auf jede nur erdenkliche Weise; doch Diana hätte all das auch einfach ablehnen können. Gayle und ich haben oft beobachtet, dass Kranke und Sterbende sich verschließen und unerreichbar werden. Das ist ihr gutes Recht. Doch diese Entscheidung des Kranken oder Sterbenden hindert ja die Menschen seiner Umgebung nicht, ihn mit stillem Segen zu überhäufen – aus der Distanz, wenn Distanz das ist, was der Betroffene wünscht.

Übung 4

Zeit: ein Tag oder mehrere

- Suchen Sie sich heute zwei oder drei kleinere Erledigungen oder Pflichten heraus: ankleiden, einkaufen, eine kleine Mahlzeit zubereiten, Rechnungen bezahlen oder etwas anderes, nicht allzu Aufwendiges.
- Nehmen Sie sich nun vor diesen Tätigkeiten einen Augenblick Zeit, damit sich Ihre Gedanken setzen und Sie innerlich still werden. Wenn Sie dafür noch kein eigenes Ritual entwickelt haben, versuchen Sie es einfach mit folgenden Worten: »Alles ist ruhig. Alles ist Frieden.«
- Wenn Sie spüren, dass der innere Frieden Sie so weit als möglich ausfüllt, nehmen Sie sich vor, während der nächsten Tätigkeit keine bewusste Entscheidung zu treffen. Sobald Sie in die Ebene des Entscheidens und Urteilens abgleiten (»Ziehe ich nun diese oder lieber jene Schuhe an?«, »Zahle ich bar oder mit Kreditkarte?«, »Hätte ich lieber Suppe oder ein Sandwich?«), unterbrechen Sie den Gedanken, lassen Ihren Geist wieder still werden und tun etwas, irgendetwas – doch tun Sie es so still und friedvoll, wie Sie nur können.
- Nach jeder dieser Handlungen machen Sie einen kleinen Test. Fragen Sie sich zuerst, ob die Qualität, Effizienz oder Weisheit dieser Handlung dadurch beeinträchtigt wurde, dass Sie sich geweigert haben, eine Entscheidung zu treffen.

Wenn das nicht so ist, dann lassen Sie Ihre Handlung noch einmal Revue passieren. Jetzt fragen Sie sich, ob Sie stimmiger, effizienter und weiser gehandelt haben, als wenn Sie auf die übliche Weise eine bewusste Wahl getroffen hätten. (Ja, genau, das sind wirklich Suggestivfragen!)

Kapitel 3
Wie Sie emotionale Fixierungen loslassen

Die Psychologie geht davon aus, dass Emotionen das Schaltbrett sind, auf dem unsere geistige Gesundheit festgelegt wird. Auch die Medien werden von Geschichten und Filmen überflutet, die hauptsächlich Emotionalität zeigen. Wenn beispielsweise der Präsident der Vereinigten Staaten verrückte Sachen macht, dann ist dies schon eine gute Story. Und Talkshows und Radiosendungen versuchen vermehrt, ihre Kandidaten zu Gefühlsausbrüchen zu bewegen. (Die Ansichten und sonstigen Qualitäten der Befragten interessieren immer weniger.) Und zahlreiche Selbsthilfegruppen tanzen ebenfalls um das goldene Kalb der Emotion herum, weil sie der Annahme sind, dass dies der Schlüssel sei, um die gewünschten Änderungen bei ihren Mitgliedern herbeizuführen.
Heutzutage glauben wir, dass Gefühle der Schlüssel zu geistiger Gesundheit sind, dass wir dort ansetzen müssen, wenn wir unser Verhalten ändern wollen. In den letzten Jahrzehnten sind Emotionen zum Dreh- und Angelpunkt unserer Kultur geworden. Noch in den fünfziger Jahren wurden Dankesreden bei Preisverleihungen immer von ein paar freundlichen Worten eingeleitet, die sich um den Platz der neu errungenen Trophäe im Wohnzimmer und Leben des Empfängers drehten. In den Ratgeberbüchern über die richtige Art, Reden zu halten, fand man Tipps, welche dem zu Dank Verpflichteten empfahlen, ein paar Worte über die Schönheit der Statue oder des Pokals zu sprechen. Heute hingegen scheint die wahre Belohnung einer Auszeichnung darin zu liegen, welchen Gefühlen wir dabei Ausdruck verleihen.
Kaum hat jemand eine bekannt gewordene persönliche Tragödie

erlebt, will die Öffentlichkeit sofort wissen, wie er sich fühlt. Ähnliches gilt für das klassische Interview nach dem sportlichen Wettbewerb, das heutzutage fast immer mit der Frage beginnt: »Wie fühlt man sich, wenn man gerade ...?« Ein paar Tage später lautet die Folgefrage etwa: »Haben Sie Ihren Sieg überhaupt schon ganz verkraftet?« (Gewöhnlich antwortet der Betreffende dann mit: »Nein, so richtig noch nicht.«)

Noch in den Fünfzigern schätzte man Athleten mit der ruhigen Haltung eines Arbeiters, der sich seinen Sieg durch persönlichen Einsatz erkämpfte. Frauen nahmen es als Kompliment, wenn man sie als »reizend« bezeichnete, Männer fühlten sich geschmeichelt, wenn sie als »ruhige Typen« galten. Heute wird von Sportlern erwartet, dass sie sich gehörig aufblasen und eine leidenschaftliche Intensität zur Schau stellen. Stille Menschen, vor allem wenn es sich um Teenager handelt, gelten als irgendwie suspekt – und der »ruhige Typ« als neurotisch.

Diese neue Rolle, die den Emotionen zukommt, zeigt sich auch in dem Satz: »Es war einfach kein Gefühl mehr da.« Man gebraucht ihn meist, wenn außereheliche Affären oder gar Scheidungen zur Rechtfertigung anstehen. Aber auch bei einem Wechsel des Glaubens oder gar wenn man seine pubertierenden Kinder vor die Tür setzt, leistet er scheinbar gute Dienste ...

Der Satz »Wie fühlst du dich damit?« gehört heute zu den meistgestellten Fragen in Gesprächen mit Freunden, in Therapien oder Selbsthilfegruppen. Diese Frage stellt die emotionale Bewertung eines Ereignisses weit über das Geschehen selbst.

Damit will ich nicht sagen, dass es unwichtig sei, sich seiner Gefühle bewusst zu werden. Gefühle sind eine Sprache, die ausdrückt, was in den tieferen Schichten unseres Geistes geschieht. Wenn wir auf sie *hören* (statt einfach nur auf sie zu *reagieren*), können wir viel über uns, unsere Kinder, Freunde und Partner lernen. Doch Emotionen sind nicht das Ziel unserer Bemühungen. Sie sind eine Tür, die nicht nur gesehen, sondern auch geöffnet werden muss.

Denn hinter jedem Gefühl steckt ein Gedanke: Wir denken, dass unser Freund sterben wird, und empfinden Furcht. Wir glauben, wir werden von jemandem herabgesetzt, und ärgern uns. Wir glauben, missverstanden worden zu sein, und reagieren mit Frustration. Emotionen kommen nicht aus dem Nirgendwo: Sie entstehen und vergehen mit den Wellen unserer Gedanken.

Da Gefühle durch Gedanken ausgelöst werden, sabotieren wir Karriere, Gesundheit, Glück und Beziehungen durch unbewusste Gedanken – nicht durch unbewusste Gefühle. Es ist also wesentlich, dass wir einen Gedanken, der unser Inneres »verunreinigt«, sofort bei seinem Entstehen erkennen.

Viele Menschen spüren, dass sie traurig, wütend, ängstlich oder unzufrieden sind – und das sind nur einige der Emotionen, die von belastenden Gedanken ausgelöst werden. Erstaunlicherweise machen sich aber nur wenige die Mühe, herauszufinden, welche Gedanken hinter ihren Emotionen stecken. Die meisten lasten das negative Gefühl irgendwie sich selbst oder (was noch wahrscheinlicher ist) jemand anderem an; doch den Beitrag, den ihr Geist dazu leistet, erkennen sie nicht. Das ist fast so, als wären wir uns bewusst, dass »irgendetwas« mit unserem Körper nicht stimmt, uns aber nicht die Mühe machten, festzustellen, was genau es ist.

Wir haben verschiedene Methoden für den Umgang mit Emotionen – besser gesagt: mit emotionalen Ausbrüchen – entwickelt. Einige dieser Methoden sind sogar sinnvoll, einige hingegen nur zerstörerisch: anderen die Schuld zu geben, zu trinken, »alles rauszulassen«, zu viel zu essen, sich sexuell auszutoben, Rache (die man ja vielfach auch als »Gerechtigkeit« oder simplen »Gegenschlag« bezeichnet), Konfrontation, Ablenkung, Ferien, Auszeiten, Selbsthilfegruppen, verschreibungspflichtige Drogen oder Musik. All das kann unsere emotionalen Zustände verändern, manchmal tatsächlich verbessern. Nur ändert sich dadurch unser emotionales Erleben kaum dauerhaft. Wir bevorzugen eben das schnelle Beseitigen der äußerlichen Symptome, die Heilung der zugrunde liegenden »Krankheit« selbst ist uns scheinbar nicht wichtig. Wir nehmen Schmerztabletten in rauen Mengen ein, das Magengeschwür aber versorgen wir nicht.

Tatsächlich ist es unser Geist, der in solchen Fällen unguter Gefühle nicht funktioniert. Aus diesem Grund hält keine derart vordergründige Problem»lösung« lange vor, wenn es um Emotionen geht. Das sieht man auch daran, dass dieselben Menschen, Ereignisse, Kommentare oder Umstände zu einem Zeitpunkt eine bestimmte Reaktion bei uns auslösen und ein andermal eine davon völlig verschiedene. Wenn Sie an Ihre Kindheit zurückdenken, fällt Ihnen vermutlich auch ein, dass es eines der verwirrendsten und beängstigendsten Gefühle überhaupt war, einfach nicht einschätzen zu können, wie Eltern, Lehrer oder andere Respektpersonen reagieren würden. Man wusste nicht, was auf einen zukam. Einmal reagierten sie heftig auf das, was man sagte oder tat, dann wieder gar nicht. Herauszufinden, was sie wohl dieses Mal wollten, war einfach unmöglich. Ihre Stimmungen entzogen sich unserer Kontrolle, weil sie sie selbst nicht kontrollieren konnten.

Vor einigen Tagen war Gayle bei einem Räumungsverkauf in einem großen Kaufhaus und beobachtete dort folgende Szene: Eine Mutter zerrte ihre fünfjährige Tochter von Wühltisch zu Wühltisch und schimpfte dabei auf sie ein: »Beeil dich! Schließlich möchte ich noch fertig werden.«

»Aber Mami!«, hörte Gayle das kleine Mädchen sagen. »Ich mache sowieso schon so schnell, wie ich kann.«

Tragisch ist, dass solche Reaktionen heute eher die Regel sind als die Ausnahme: Zwistigkeiten unter Kollegen, verschiedene Ausprägungen von Verkehrsrowdytum oder die emotionale Zeitbombe, die unter der Oberfläche der meisten Liebesbeziehungen versteckt liegt. Wie diese Mutter haben wir alle verlernt, unser Leben zu genießen. Stattdessen drehen wir lieber endlos an der Emotionsschraube – bei uns und bei anderen. Der ewige innere

Aufruhr lenkt uns zweifelsohne von anderen Dingen ab und hat daher etwas süchtig Machendes. Aber ist schiere Intensität wirklich alles, was wir vom Leben erwarten?

Wie Sie Geldsorgen und Reiseprobleme loslassen

Im vorigen Kapitel haben wir am Beispiel einer schweren Krankheit gezeigt, wie eine Veränderung in unseren Absichten und Zielvorstellungen Angst, Panik und Sorgen in innere Ruhe und Frieden verwandeln kann. Die dabei angewandte Methode gilt auch für weniger starke Emotionen wie Nervosität, Anspannung oder Ängstlichkeit. Ich zum Beispiel reise viel. Wenn der Augenblick näher rückt, in dem ich die Stadt verlassen muss, fange ich unweigerlich an, mir Sorgen zu machen. Ich weiß mittlerweile, wie ich diese Sorgen in den Griff bekomme: Ich frage mich, was ich mit dieser Reise für mich erreichen will.

Ein Beispiel: Ich werde eingeladen, in einer anderen Stadt einen Workshop zu halten. Damit wird die »Sorgenmaschine« in Gang gesetzt. Ich frage mich: Werde ich mein Flugzeug erreichen? Habe ich auch alles dabei, was ich brauche? Werde ich genügend Schlaf bekommen? Welche Menschen kommen wohl zum Workshop? Und vieles mehr, was sich meiner Kontrolle entzieht. Es ist eigentlich ganz einfach: Ich habe diese Reise noch nie gemacht, daher kann ich auch nicht vorhersehen, was geschehen könnte. Doch nicht einmal diese Betrachtung bringt die »Maschinerie« zum Stillstand.

Dann beginne ich damit, mich auf das zu konzentrieren, was ich jedem Aspekt meiner Reise *geistig* entgegenbringe. Nur dies allein kann ich kontrollieren. Also: Wie möchte ich packen? In Ruhe. Wie möchte ich mich verabschieden? Liebevoll, aufmerksam und präsent. Wie möchte ich die Wartezeit am Flughafen verbringen? Entspannt und vergnügt. Wie möchte ich mit den Menschen umgehen, die ich kennen lerne? Freundlich. Wie möchte ich meinen Workshop gestalten? So hilfreich, wie es mir nur möglich ist. Und so weiter. Konzentriere ich mich auf das, was ich kontrollieren kann, dann erfährt mein Geist keinerlei Zwiespalt, und meine Ängste lassen nach, denn nur ein »zersplitterter« Geist bringt Furcht und andere belastende Emotionen hervor.

Geldsorgen sind ein anderes Beispiel für die weniger tragischen Sorgen im Leben. Ich nehme einmal an, dass Sie zu den Menschen gehören, die ihre Rechnungen begleichen, die sich darum kümmern, wie viel Zinsen sie auf einen Überziehungskredit bezahlen, sparen, wenn sie können, und investieren, wenn ein wenig übrig geblieben ist. Dann wissen Sie sicher auch, dass jede dieser Transaktionen unvorhersehbare Risiken birgt. Stimmen die Rechnungen? Die Kontoauszüge? Wenn wir eine Rechnung erst später bezahlen können, was geschieht dann? Wird die Post Ihre Schecks auch rechtzeitig zum Empfänger bringen? Wird sich Ihr Investment als Gewinn bringend herausstellen, auch in der aktuellen wirtschaftlichen Situation? Und so weiter, und so fort. Natürlich machen Sie sich Sorgen, aber ist das alles, was Sie tun können?

Wenn Sie Kinder haben, können Sie den konfliktbeladenen Umgang mit Geld vermeiden, indem Sie sich darauf konzentrieren, all Ihre Überlegungenen hinsichtlich der Finanzen auf das Wohl Ihrer Kinder auszurichten. Doch auch hier gibt es keine Möglichkeit, im Voraus herauszufinden, was für Ihre Geldanlage das Beste ist. Sie können höchstens herausfinden, was Sie für die beste Möglichkeit *halten*. Fragen Sie sich, was die Liebe zu Ihrem Kind Ihnen rät. Dies ist eine ganz einfache Möglichkeit, dahinter zu kommen, was Sie tatsächlich für das Beste halten.

Viele Menschen haben aber niemanden, dessen Interessen sie sinnvollerweise über ihre eigenen stellen können, wenn es um finanzielle Dinge geht. Ist es beispielsweise in Ordnung, Risiken einzugehen, die größere wirtschaftliche Freiheit versprechen, wenn wir nur für uns selbst sorgen müssen? Oder müssen wir vorsichtiger sein, weil es ja schließlich niemanden gibt, der uns auffängt, wenn unsere Investitionen sich als Fehlschläge erweisen? Vielleicht brauchen wir auch überhaupt keine Ersparnisse, wenn wir ohnehin keine Erben haben?

In Geld- wie in allen anderen Fragen sind Angst und Verwirrung fehl am Platz. In diesem Fall ist es gut, sich ein geistiges Ziel zu setzen und es den aktuellen Umständen bzw. zukünftig möglichen Resultaten überzuordnen, da dies den Geist beruhigt und eint. Wobei es uns unter Umständen leichter fällt, das Wohlergehen unserer Kinder oder unseres Partners ins Zentrum unserer Aufmerksamkeit zu rücken. Doch letztlich ist der Vorgang genau derselbe. Ob wir nun inneren Frieden entwickeln und diesen auch auf unsere Lieben übertragen oder ob wir innere Ruhe entwickeln und sie auf unsere Finanzen einwirken lassen – beide Male müssen wir unseren Blickwinkel ändern und unseren Geist auf Frieden ausrichten statt auf Sorgen.

Wenn das Bezahlen von Rechnungen für Sie ein besonders heikles Thema ist, könnten Sie sich das nächste Mal kurz sammeln, bevor Sie damit beginnen, und still vor sich hin sagen: »Ich werde diese Rechnungen in Ruhe kontrollieren und die Schecks voll innerem Frieden ausschreiben.« Wiederholen Sie diese Worte so lange, bis Ihre Absicht, inneren Frieden zu bewahren, Wirklichkeit geworden ist. Wenn Sie sich dann daranmachen, die Rechnungen zu begleichen, und merken, dass Sie wieder ängstlich werden, dann lehnen Sie sich zurück, schließen die Augen und wiederholen Ihr Ziel von neuem.

Aus einem Zustand von Furcht und Sorge heraus kann niemand sinnvolle finanzielle Entscheidungen treffen. Und Sie werden kein Problem lösen, indem Sie sich für Fehler, die Sie früher begangen haben mögen, selbst bestrafen. Niemand weiß genau, welche Investition sich letztlich als Gewinn bringend herausstellt. Niemand kann sagen, wie viel er denn nun sparen muss oder ob er das Begleichen einer Rechnung um einen Monat verschieben kann. Und sobald wir unserem Geist eine Frage stellen, die unmöglich beantwortet werden kann, tragen wir zu seiner Verwirrung bei. Streben wir aber nach etwas, was quasi unser Geburtsrecht ist – nämlich einem ganzheitlichen Geist, der aus Gott geboren wurde und in ihm lebt –, dann kommt das Gedankenkarussell zur Ruhe, und unsere mentalen Kapriolen hören auf.

Um welches Geldproblem es auch gehen mag, wir sind immer in der Lage, herauszufinden, was wir für die beste Entscheidung halten. Was wir später am wenigsten infrage stellen werden. Welcher Entschluss für uns am wenigsten Furcht und am meisten Frieden bereithält. Niemand kann im Voraus sagen, was geschehen wird, aber was uns den meisten inneren Frieden beschert, ist leicht auszumachen – wenn wir nur bereit sind, uns still hinzusetzen und auf die Wünsche unseres Herzens zu hören.

Wie Sie erwartete und unerwartete Emotionen loslassen

Doch den Punkt, an dem der Geist mit sich selbst eins wird, können wir erst erreichen, wenn wir uns auf die Angst eingelassen haben. Und das gilt gleichermaßen für alle störenden Emotionen. Es hat keinen Sinn, sich gegen das Gefühl zu wehren, das Ihnen gerade bewusst geworden ist – sei es nun Eifersucht, Entmutigung, Scham oder Kummer. Den Geist frei von Emotionen halten zu wollen, ist ein unrealistisches, wenig hilfreiches Ziel. Überlegen Sie nur einmal, wie schwierig es ist, so simple Gedanken wie die Sorge um das Wetter in Schach zu halten. Oder darüber, ob wir die nächste Abzweigung erwischen. Es gibt einfach keinen Weg, wie wir unseren Geist vor dem Auftauchen von Sorgen, Zweifeln, Verachtung, Verzweiflung oder Ähnlichem wappnen könnten.

Ganz im Gegenteil: Wenn wir versuchen, ein bestimmtes Gefühl zu unterdrücken, machen wir einen noch größeren Fehler, als wenn wir es erst bekämpfen, sobald wir dessen gewahr geworden sind. Auf diese Weise veranlassen wir unsere Emotionen einfach zum Abtauchen in tiefere Schichten, statt sie gehen zu lassen. Und aus dieser verborgenen Position operieren sie dann weiter – nur schlagen sie dann irgendwann viel gewaltsamer zu als vorher.

Wenn ein zerstörerisches Gefühl nur aus ein paar belanglosen Körperempfindungen bestünde, dann hätten wir mit unserer Politik des Ignorierens vielleicht Erfolg. Schließlich sind wir durchaus in der Lage, mäßige Rückenschmerzen oder eine leichte Erkältung wegzustecken. Doch hinter jedem Gefühl steht ein Gedanke. Wenn wir also das Gefühl nicht zur Kenntnis nehmen, leugnen wir auch den Gedanken, der es auslöst. Das ist so, als würden wir uns weigern, die Symptome einer schweren Krankheit wie Krebs oder die Auswirkungen eines gebrochenen Beines zur Kenntnis zu nehmen. Somit bleibt auch die Ursache unbehandelt, was den Schaden noch vergrößert.

Bevor wir nicht wissen, weshalb wir uns so und so fühlen, hat es wenig Sinn, das Gefühl zu bekämpfen, denn dadurch erfahren wir keineswegs mehr Freiheit. Zuerst müssen wir erkennen, wie sehr uns und anderen Gefühle wie Angst, Hass, Wut, Selbstverachtung und weitere Produkte unserer mentalen Verschmutzung schaden. In einem nächsten (nicht weniger wichtigen) Schritt wenden wir uns dann dem Gedanken zu, der dieses Gefühl hervorruft. Erst wenn wir *ihm* auf die Spur kommen und damit den Methoden, mit denen wir ihn hegen und pflegen, haben wir einen entscheidenden Schritt hin zu mehr Freiheit unternommen.

Erst wenn wir klar erkennen können, dass wir den Gedanken, der hinter einem bestimmten Gefühl steckt, nicht glauben, sind wir frei, ihn gegen eine natürlichere und friedvollere geistige Aktivität auszutauschen, die uns besser unterstützt. Wenn wir den Teufelskreis durchbrechen wollen, in dem wir immer wieder unsere eigenen Gedanken dazu benutzen, uns selbst zu martern, dann müssen wir den Gedanken entdecken, der hinter unserer ersten emotionalen Reaktion steht.

Wie Sie sich aus der Opferhaltung befreien

Wir empfangen nie zweimal genau denselben Schlag. Das ist eine alte Weisheit. Schon Shakespeare schrieb, dass nichts an sich gut oder böse ist, es sei denn, die Gedanken machten es dazu. Das Denken aber ändert sich ständig. Das bedeutet, dass auch unsere Emotionen sich ständig ändern können. Im Augenblick sind wir eher Opfer dieser Dynamik. Doch da sie an sich vollkommen neutral ist, können wir sie auch zu unserem Vorteil einsetzen. Normalerweise haben Menschen und Ereignisse zunächst einmal keinen Einfluss auf unser Wohlbefinden. Doch wenn unsere persönliche Interpretation hinzukommt, sieht das schon ganz anders aus. Dann sind wir unserer eigenen Wahrnehmung ausgeliefert. Von diesem Moment an sind wir davon überzeugt, dass nicht etwa wir auf die Welt reagieren, sondern die Welt uns etwas antut.

Streit um einen Einkaufswagen

Als ich vor einigen Wochen den Supermarkt verließ, sah ich mich hinter der Kasse plötzlich zwei Einkaufswagen gegenüber. Jeder von ihnen enthielt kleine weiße Plastiktüten. Ich nahm an, dass derjenige, welcher mir am nächsten stand, der meine war, schnappte ihn mir und steuerte damit auf den Parkplatz zu. Während ich die Tüten ins Auto packen wollte, bemerkte ich, dass ganz andere Sachen darin waren, als ich gekauft hatte. Also machte ich kehrt und ging wieder zum Supermarkt zurück. In diesem Augenblick sah ich schon eine erboste Frau mit dem Assistenten des Geschäftsführers auf mich zukommen. Ich schob also meine »Diebesbeute« in ihre Richtung und sagte: »Ich muss versehentlich …«
Doch sie schrie mich einfach an: »Das ist mein Wagen!«

»Ich weiß, ich muss ...«
»Das ist mein Wagen!«, schrie sie ein zweites Mal.
Immer wenn ich zu einem neuen Satz ansetzte, unterbrach sie mich mit exakt denselben Worten.
Nun war ich wirklich sauer. »Könnten Sie das vielleicht noch einmal sagen?«, fragte ich sie zynisch.
»Das ist mein Wagen!«, antwortete sie.
»Danke!«, sagte ich. »Das ist ja ganz toll.«
Diese Wendung gefiel der Frau offensichtlich nicht, denn sie streckte die Hand und grapschte nach dem Wagen, obwohl ich ihr die Tüten bereits überreicht hatte.
Dann sah ich den Assistenten des Geschäftsführers. Er hatte den Wagen mit meinen Tüten. Bemerkenswerterweise entschuldigte er sich bei mir, obwohl ich nicht recht weiß, warum eigentlich. Ich dankte ihm, nahm meine Tüten aus dem Wagen, und damit fand der Vorfall ein Ende.
Als ich mir alles noch einmal durch den Kopf gehen ließ, fiel mir auf, dass ich auf den Kampfschrei der Frau in den ersten etwa fünfzehn Sekunden eigentlich gar nicht reagiert hatte. Ich war erst wütend geworden, als in mir der Gedanke aufgetaucht war: »Das muss ich mir doch nicht bieten lassen.« Als ich mir diesen Gedanken genauer betrachtete, merkte ich, dass er präziser etwa so lautete: »Ich bin kein Mensch, der sich so etwas gefallen lassen muss.« Oder vielmehr: »Mit mir ist nicht zu scherzen.« Und: »Ich will nicht respektlos behandelt werden.« Wie Sie sehen, betrachtete ich die Dame von diesem Moment an durch die Brille meines falschen Verständnisses von Würde und musste daher sofort meinem Ego zu Hilfe eilen. Durch diesen einen Gedanken verlor ich die Herrschaft über meine Reaktionen, denn mein Stolz bewirkte, dass ihr Ärger mich verletzte. Und doch war der Gedanke nur meine Interpretation dessen, was geschehen war.
Schließlich hätte ich auch anders reagieren können: »Das ist ja witzig!« Oder: »Wie wird der Assistent wohl damit umgehen?« – »Diesen Vorgang werde ich meiner nächsten Predigt erwähnen.« (Was ich auch tat.) »Wieder mal ein Beispiel für meine absolute Geistes-

abwesenheit.« – »Was mag im Leben dieser Frau los sein, dass solch eine Kleinigkeit sie dermaßen aufregt?« – »Die Sonne scheint, der Tag ist wunderbar, und das Ganze wird auch bald vorüber sein.« – »Und wie hätte ich reagiert, wenn sie wie ein Supermodel ausgesehen hätte?« All das wäre möglich gewesen. Jeder dieser Gedanken hätte eine andere emotionale Reaktion bewirkt. Andererseits: Wenn die Dame mich für einen gut aussehenden Mann gehalten hätte (ein Scherzchen am Rande ...!), dann hätte sie sicher auch anders mit mir geredet – oder sie wäre ihrer Sache zumindest nicht so sicher gewesen, dass sie mir einfach den Wagen aus der Hand gerissen hätte.

Übung 5

Zeit: ein Tag oder mehrere

Diese Übung soll uns eine Einsicht vermitteln, die uns immer wieder nützlich sein wird. Unser Geist ist mit so vielen Gedanken und Stimmen aus der Vergangenheit voll gestopft, dass es immer wieder zu Konflikten kommt. Doch so zerstörerisch diese Gedanken auch sein mögen, so schaden sie uns doch wenig, wenn wir uns nicht mit ihnen identifizieren. Sobald wir aber mit einer belastenden Emotion fertig werden müssen, können wir sicher sein, dass wir genau diesen Fehler gemacht haben.

In der Übung geht es nicht darum, diese Gedanken zu entdecken. Hier gehen wir davon aus, dass Sie einige Ihrer »Lieblingsgedankenspiele« bereits kennen. Daher konzentrieren wir uns nun auf das Verbeißen in diese Gedanken und nicht auf ihren Inhalt.

- Heute halten Sie so viele belastende Gedanken wie möglich auf einem Stück Papier fest. Stecken Sie Ihre Liste in die Tasche. Wann immer nun einer dieser Gedanken auftaucht, greifen Sie in die Tasche und halten Sie das Blatt so fest wie möglich. Sagen Sie dabei zu sich selbst: »Der Gedanke selbst ist nicht das Problem. Das Problem ist, dass ich diesen Gedanken geistig festhalte.« Lassen Sie dann den Griff locker. Zuerst körperlich, dann geistig. Und sehen Sie sich um. Es gibt auf der Welt weit mehr zu sehen, als diese Gedanken Sie glauben machen möchten.

Wie Sie sich von der Magie der Worte verabschieden

Gleiche Szene + anderer Gedanke = andere Emotion. An dieser Stelle schlagen viele Menschen den falschen Pfad ein. Sie denken, dass sie ihren ersten Gedanken auslöschen können, indem sie etwas sagen, das ihm inhaltlich entgegengesetzt ist. Dabei lassen sie jedoch einen wichtigen Umstand außer Acht: Gedanken spiegeln immer das wider, was wir glauben, oder zumindest das, was wir in diesem Moment zu glauben meinen. Worte aber können Glaubenssätze nicht ersetzen.

Damit sich unsere Gedanken ändern, müssen wir zuerst unsere Glaubenssätze ändern. Wenn wir nur Worte wiederholen, ändert sich unser Glauben damit noch kein bisschen. Das Einzige, was dabei herauskommt, ist ein geistiger Konflikt. Denn nun ist unser Geist geteilt zwischen dem, was wir glauben, und dem, was wir uns sagen.

Es gibt Menschen, die sich im oben geschilderten »Einkaufswagenstreit« gefragt hätten: »Was hätte Jesus getan?« Das aber entspricht eben nicht unbedingt dem, was sie wirklich glauben. Daher folgt ein Teil ihres Geistes der Frage nach Jesus, der andere Teil aber denkt: »Ich würde diese Besessene am liebsten ›erwürgen‹.«

Eine meiner Bekannten erzählte mir einmal, dass sie eine Frau kenne, die sich autosuggestiv immer sage: »Ich liebe meinen Körper, ich liebe meinen Körper, ich liebe meinen Körper …« Eines Tages fragte meine Bekannte sie: »Na, liebst du deinen Körper denn auch wirklich?« Da brach sie in Tränen aus und sagte: »Nein, ich liebe meinen Körper überhaupt nicht.« Kein Wunder! Worte sind keine Gedanken. Worte sind nur das Paket, in dem ein Gedanke geliefert wird.

Sobald wir einen Gedanken hegen (also sobald unser Glaube in einem Gedanken Form annimmt), wird dieser Gedanke zur Brille, durch die wir die Welt sehen. Er lässt uns zwischen all den Dingen, die wir wahrnehmen, auswählen. In gewissem Sinne ist dieser Gedanke ein Standpunkt, von dem aus wir die Datenmengen vor uns durchkämmen und aussuchen, was unsere Position am besten stützt.

Gayle und ich kennen einen Mann, der immer denkt, »dass von Hollywood nichts Gutes kommt«. Er glaubt wirklich fest daran. Und er kann über eine Stunde lang Beispiele zitieren, die seine Auffassung belegen. Wenn wir zusammen im Kino sind, sehen wir einen ganz anderen Film als er. Wir kennen wohl alle folgende Erfahrung: Wir schätzen einen bestimmten Schauspieler ganz besonders. Dann lesen wir einen Artikel, der unsere Meinung über ihn ändert, und beim nächsten Film betrachten wir ihn mit ganz anderen Augen.

Man könnte also sagen, dass der Artikel unsere Sicht seiner schauspielerischen Leistung »gefärbt« hat. Doch damit würden wir behaupten, dass es eine »wirkliche« und eine »eingefärbte« Leistung gibt. Und das ist ja keineswegs der Fall. Wenn hundert Menschen in einem Kino sitzen, nimmt jeder von ihnen eine andere »Vorstellung« wahr, da ihre Glaubenssätze sich voneinander unterscheiden – auch wenn sie sich auf ein paar vage und oberflächliche Beschreibungen des Films durchaus einigen können.

Wie Sie Geschichten loslassen

Während zahlreicher Beratungsgespräche mit Eltern haben Gayle und ich viele Mütter und Väter kennen gelernt, die ihre Kinder gar nicht wirklich wahrnehmen. Ihnen scheinen nur die Gedanken zugänglich zu sein, die sie sich selbst über den Charakter ihres Kindes machen. Diese düsteren Gedanken werfen einen Schatten auf alles, was das Kind tut; und alle seine Worte oder Handlungen mutieren wiederum zu Teilen des elterlichen Glaubens.

Anders als Filme, Bücher, Träume und Ähnliches – was die Wirklichkeit »vermittelt« – können lebende Wesen direkt erfahren werden. Vorausgesetzt, der Geist ist klar.

Die Interpretation, die wir dem auferlegen, was unsere Augen wahrnehmen, ist zweifellos eine Projektion. (Um Missverständnisse von Anfang an zu vermeiden, möchte ich Folgendes unterstreichen. Auch wenn Gedanken unsere Erfahrung der Ereignisse prägen, so sollte doch eines klar sein: Es gibt eine Wahrheit. Gott existiert. Und Sie und Ihre Lieben sind tatsächlich real. Außerdem ist es offensichtlich nicht wahr, dass »*alles* nur Projektion« ist.) Aber das Licht, das wir im Herzen unserer Kinder sehen, der Frieden, den wir empfinden, wenn wir an unsere Lieben denken, die Schönheit und Fülle, die wir erfahren, wenn wir unseren Geist dem Göttlichen öffnen, sind unveränderlich und ewig und können von der begrifflichen Schicht des Geistes nicht zerstört werden.

Der Teil von uns, der sich ständig mit Interpretationen und Urteilen beschäftigt, der ständig auf alles reagiert, kann diesen Bereich des Ewigen nicht einmal erkennen. Er kann die Wahrheit nicht berühren, einfach weil er sie nicht sieht. Obwohl wir alle diesen geschäftigen, zersplitterten und verwundeten Geist besitzen, ist dieser doch nur *ein Teil* unseres Selbst. Wir verfügen auch über eine tiefere Bewusstseinsschicht, die mit dem Leben selbst und unseren Mitgeschöpfen verbunden ist, ein Bereich unseres

Bewusstseins, der bereits in der Liebe ruht und die Kinder der Liebe wahrnimmt. Die Fähigkeit, zu sehen, ist bereits vorhanden. Sie muss nur gefördert werden.

Wir haben die tief verwurzelte Gewohnheit, das, was wir sehen, zu verwechseln mit dem, wie wir sehen. Ein Mensch, der nicht erkennt, wie seine Gedanken sein Bild von sich selbst und den Menschen, die er liebt, beeinflussen, geht am Leben vorbei.

Es ist ungeheuer wichtig, dass wir uns selbst, unsere Kinder, unsere Partner und andere Menschen, die wir lieben, direkt erfahren. Sonst leben wir mit unseren Geschichten von Familie, von Freunden und so weiter, ohne jemals die Wirklichkeit zu erkennen. Vielleicht kennen Sie Menschen, deren Storys über ihre Ehe bzw. ihr Leben und das ihrer Kinder wichtiger zu sein scheinen als die Menschen selbst. Wenn man diesen Leuten zuschaut und sieht, wie sie miteinander umgehen, hat man immer das Gefühl, Marionetten vor sich zu haben, die miteinander Theater spielen. Die wahren Beziehungen haben längst aufgehört zu existieren, und die meisten Emotionen, welche diese Menschen aktuell erleben, rühren von den Geschichten her, die sie sich über sich selbst und ihre Beziehungen erzählen – ohne Pause. Jedes neue Ereignis – Ferien, Beförderung, Krankheit, Affären – wird immer zuerst daraufhin geprüft, ob und wie es sich in die Geschichte ihres Lebens einfügen lässt.
Überdeutlich sieht man dies bei zahlreichen Menschen, die berühmt geworden sind. Innerhalb kürzester Zeit hören sie scheinbar auf, wirklich zu existieren, und werden zu »Legenden«. Jeder, der nicht in diese Geschichten passt, wird aussortiert. Auf einer weniger umfassenden Ebene erleben wir alle das Gleiche. Unser Leben driftet langsam, aber sicher ins Unwirkliche ab. Im Alter gleicht es dann vielfach einem Wachsfigurenkabinett, in

dem aus dem Hintergrund immer wieder dieselbe Geschichte ertönt.
Lassen Sie nicht zu, dass Ihnen und Ihren Lieben dasselbe geschieht.
Für die meisten von uns ist jeder Tag wie ein Blättern in einem uralten Malbuch für Kinder. Die Seiten sind verblasst und die Umrisse der Gestalten nur noch verschwommen erkennbar. Hier kommen unsere Gedanken ins Spiel: Sie sind wie bunte Farben, mit denen wir die Seiten auszufüllen trachten. Sobald wir erkennen, dass es die Farben sind und nicht die Umrisslinien, die unser Erleben bestimmen und unsere Gefühle hervorrufen, können wir uns darauf konzentrieren, was wir mit unseren Gedanken schaffen.
Anders gesagt, sobald wir sehen, dass unsere Gedanken auf die Ereignisse, die wir Tag für Tag erfahren, eine dicke Schicht Farbe legen, sodass wir meist auf ein Leben reagieren, das sich einzig und allein in unserem Geist abspielt, können wir aufhören, blind auf die Ereignisse zu reagieren und sie kontrollieren zu wollen. Stattdessen widmen wir uns der Beobachtung unseres Denkens.

Nicht alle Emotionen sind gleich

Bei den Gefühlen, die einen stärkeren Einfluss auf uns ausüben, sind die Auswirkungen nicht jedes Mal in gleicher Weise gravierend. Sie zerstören nicht unser ganzes Leben, doch auf irgendeine Weise verletzen sie uns und unsere Lieben immer. Natürlich ist hier nicht die kurzfristige Aufregung gemeint, die uns befällt, wenn wir die Zeitung lesen, die Nachrichten sehen oder hören, wie die Freundin einer Kollegin von ihrem Mann behandelt wurde. Nur die Dinge, die wir uns zu Herzen nehmen, die düsteren Entscheidungen, die wir über unsere Nächsten treffen, sind es, die am Ende unsere Familien auseinander brechen lassen, unsere

Gesundheit zerstören und unsere Fähigkeit zur Freude zum Absterben bringen.
Anders als bestimmte Therapien oder spirituelle Schulen versuchen wir mit diesem Buch keineswegs, alle Gedanken und Gefühle hinter uns zu lassen. Wir kümmern uns nur um solche, die unser Leben stören. Ärger, Bitterkeit, Arroganz und Rachegefühle fressen sich, wenn sie nicht aufgelöst werden, so tief ein, dass wir unser Leben lang darum kämpfen müssen, um da wieder herauszukommen. Gefühle wie Langeweile, Trägheit oder Faulheit hingegen sind vielleicht nicht gerade angenehm, doch sie schaden auch nicht sonderlich, wenn sie nicht allzu lange andauern.

Übung 6

Zeit: zwei oder mehr Tage

- Machen Sie sich klar, welches Gefühl Sie in den letzten Stunden, Tagen oder Wochen am meisten gestört hat. Wenn dieses Gefühl (Furcht, Hass, Verachtung, Zynismus, Verzweiflung oder eine andere störende Emotion) dann wieder aufkommt, lassen Sie zu, dass es Sie vollkommen ausfüllt. Schreiben Sie dann jeden Gedanken nieder, der Ihnen durch den Kopf geht, egal, wie unrealistisch er Ihnen vorkommen mag.
- Sie bleiben ganz »in dem Gefühl« und schreiben alles auf, was Ihnen einfällt, bis das Gefühl sich verändert. Legen Sie nun die Liste weg. Wir werden später damit arbeiten. Für den Augenblick fahren Sie ganz normal im Tagesgeschehen fort.

Wenn Sie diese Übung zum ersten Mal machen, kann es vorkommen, dass Ihr Geist plötzlich wie leer zu sein scheint und dass sogar die entsprechenden Emotionen ausbleiben. In diesem Fall halten Sie einfach jeden noch so vagen Eindruck fest – Gedanken, Stimmungen, Haltungen. (»Ich spüre eine leichte Furcht. Sie scheint etwas mit mir zu tun zu haben, vielleicht mit meiner Fähigkeit, diese Übung zu machen. Nein, es ist mehr als das. Sie bezieht sich auf die Art, wie mein Leben gerade läuft ...«)

Wenn auch dies nicht möglich ist, dann beschreiben Sie die Leere selbst. Wie fühlt sie sich an? (»Mein Geist scheint gleichförmig und grau zu sein. Trotzdem bekomme ich Geräusche und Eindrücke aus meiner Umgebung mit. Die Leere enthält eine Art Traurigkeit, so als würde sie schluchzen wollen. Auch in meinen Händen spüre ich diese Schwingung. Da kommt mir ein Gedanke! Und zwar: ›Ich bin niedergeschlagener, als ich sein sollte.‹ Oder vielmehr: ›Ich bin deprimierter, als meine Lebensumstände rechtfertigen.‹ Noch genauer: ›Ich tue mir viel zu sehr Leid.‹« – So etwas in der Richtung.)

Wenn Sie anfangen, Ihren Geist zu beobachten, werden Sie sehr schnell aufkommende Gedanken bemerken. Der begriffliche Teil Ihres Geistes erträgt es nicht sehr lange, still zu sein. Üben Sie sich also in Geduld. Schreiben Sie einfach auf, was immer Sie entdecken. Und bald werden Sie mit einem anderen Problem zu kämpfen haben: dass Sie nämlich mit dem Schreiben kaum mitkommen werden. Aber auch das sollte Sie nicht weiter beunruhigen. Unser Geist denkt in Zyklen. Jeder Gedanke, den Sie übersehen, kommt mit Sicherheit zurück. In künftigen Sitzungen werden Sie dem Inhalt Ihrer »Denkmaschine« recht schnell auf die Schliche kommen, und Sie werden sich nicht mehr darum kümmern, wenn Ihnen mal ein Gedanke entschlüpft, weil Sie nämlich bereits erfahren haben, dass diese Gedanken immer wiederkehren.

Eines bringt diese Übung Ihnen auf jeden Fall: Sie erkennen, wie unglaublich voll gestopft Ihr Geist ist. Die meisten Gedanken sind nicht einmal Ihre eigenen. Sie drücken keineswegs Ihre innersten Überzeugungen, intuitiven Erkenntnisse oder Erfahrungen aus. Wenn man sich durch all die Erinnerungen, Fantasien, Erklärungen, Bilder und Ängste kämpft, um die wenigen herauszufiltern, die eine bestimmte Emotion auslösen, dann ist das, als würden wir Stück für Stück den Kühlschrank durchforsten, um herauszufinden, welches Nahrungsmittel denn nun diesen schrecklichen Geruch verursacht. Und wie beim Kühlschrank fühlt man sich manchmal versucht, zu sagen: »Ach, zum Teufel! Ich werfe einfach alles raus und fange von vorn an.« Das ist zwar gut gemeint, aber als Aufgabe für den Anfang doch ein bisschen zu schwierig. Daher begnügen wir uns vorerst damit, herauszufinden, was unser Geist so alles enthält.

Viele Menschen versuchen zu früh, ihren Geist von mentalem Müll zu befreien. Leider unterdrücken sie dabei viele Gedanken, die ihr Leben wirklich ärmer machen, statt sie zu akzeptieren und mit ihnen zu arbeiten. Wenn Sie merken, dass Sie überreagieren, dass das, was Sie gerade gesagt oder getan haben, Sie selbst überrascht hat, dann wissen Sie, dass es noch Dinge gibt, die loszulassen sich lohnt.

- Natürlich produziert unser Geist eine Menge zufälliger Gedanken, die mit dem Gefühl, dem wir auf der Spur sind, überhaupt nichts zu tun haben. Nach ein oder zwei Sitzungen, in denen Sie Ihre Gedanken schriftlich festgehalten haben (möglichst an zwei verschiedenen Tagen), nehmen Sie Ihre Liste zur Hand und markieren jeden Gedanken, hinter dem Sie nicht wirklich stehen. (»Vielleicht bin ich so zynisch, weil ich eine Nahrungsmittelallergie habe.« – »Ich komme mir doof vor, weil ich mich über meine Kindheit eigentlich nicht beklagen kann.« – »Ich sollte mit der Übung aufhören und jemanden rufen, der diesen verdammten alten Kühlschrank mit seinem Dauergeräusch abholt.« – »Alle haben weiße Zähne, nur ich nicht – kein Wunder, dass ich traurig bin.«) All diese Gedanken lassen wir jetzt erst mal beiseite.
- Von den verbleibenden erweisen sich vermutlich mindestens ein oder zwei als wirklich aggressiv und zerstörerisch. Sie kommen auf Ihrer Liste wahrscheinlich öfter vor und sind meist entweder Schutzgedanken oder Attacken auf das eigene Selbst. Irgendwie scheint ihnen eine Art Ladung innezuwohnen. (Typisch sind zum Beispiel: »Es wird niemals aufhören.« –

»Männer denken immer nur an Sex.« – »Frauen sind verrückt.« – »Nichts, was ich tue, ist jemals gut genug.« – »Früher oder später gehen sie alle.«) Nun wählen Sie aus der Liste diejenigen Gedanken aus, die höchstwahrscheinlich hinter dem Gefühl stehen, dem Sie in dieser Übung nachgehen. Schreiben Sie sie so ausführlich auf, wie Sie nur können. Diese Gedanken nennen wir A-Gedanken, wobei das »A« für »Auslöser« steht. Wir werden uns an anderer Stelle noch mit dieser Form des Gedankens beschäftigen.

- Wenn in den kommenden Tagen das ursprüngliche Gefühl oder einer dieser A-Gedanken wieder auftaucht, fragen Sie sich: Wie verbunden fühle ich mich mit mir selbst und mit den Menschen, die mich umgeben? Wenn Sie allein sind, fragen Sie: Wie nah oder entfernt fühle ich mich von den Menschen, an die ich ständig denke? Die Antwort auf diese Fragen wird Ihnen zeigen, welche Auswirkungen diese mentalen Verunreinigungen auf Ihr Leben hatten.
- Arbeiten Sie weiterhin mit den Listen, auf denen Sie all Ihre Gedanken und Vorstellungen festhalten.

Kapitel 4
Wie Sie sich vom Unglücklichsein verabschieden

Obwohl die meisten Menschen, besonders wenn sie noch Kinder sind, eine grundlegende Form des Glücks in sich tragen, ist die Frustration in unserem Leben dennoch von Anfang an »programmiert«. Denken Sie nur einmal daran, wie oft Kinder weinen und wie sogar Ein-, Zwei- oder Dreijährige wütend oder unglücklich wirken. Wenn wir uns als Erwachsene der Welt mit der Direktheit eines Kindes nähern, bedeutet das nun nicht, dass sich die Welt dadurch ändert. Sie ist nicht so, wie sie nach unserer Vorstellung sein sollte, und auch Kinder stoßen sich ununterbrochen an dieser Tatsache. Der Unterschied ist nur, dass Kinder diese Erfahrung dann auch wieder loslassen können. Und sie regen sich normalerweise nicht über etwas auf, was – im Augenblick wenigstens – noch gar nicht eingetroffen ist.

Nur wenige Erwachsene können der Versuchung widerstehen, aus einer Mücke einen Elefanten zu machen. Auch Kinder und Jugendliche erfahren genügend Frustration, doch sobald sich die Lage wieder beruhigt hat, kehrt bei ihnen in der Regel wieder dieser natürliche Glückszustand ein. Erwachsene hingegen nehmen ihre Zuflucht eher bei der Unzufriedenheit. Woher kommt das? Kinder haben so viel weniger Erfahrung. Daher sollten doch eigentlich gerade sie mehr unnötige Probleme haben als Erwachsene, und Erwachsene sollten mit der Welt viel leichter fertig werden als Kinder?!

Wie Sie Ihre Nachlässigkeit loslassen

Wir sagen immer, dass »Kinder schließlich keine Verantwortung tragen«. Doch ein einziger Blick auf den Tagesablauf eines Kindes zeigt uns, dass sie genauso wichtige Ziele haben wie wir. Nur nehmen Erwachsene die Vorhaben der Kinder meist nicht ernst. Wir sehen, wie ein kleiner Junge auf den Himmel wütend wird, weil er es genau am Tag seiner Geburtstags-Gartenparty regnen lässt; und wir lächeln jovial, da wir wissen, dass Wolken nicht »böse« sind und Tiefdruckgebiete sich nicht befehligen lassen. Kinder von ein oder zwei Jahren können nicht verstehen, weshalb das sechs Monate alte Baby nicht der Spielkamerad sein kann, den sie sich die ganze Zeit gewünscht haben. Und wieder lächeln wir, wenn wir sehen, wie sie ein Brettspiel anschleppen oder dem Kleinen erklären, welche »Kräfte« jede der Actionfiguren hat, die sie vor ihm ausbreiten.

Man möchte doch meinen, dass die Menschen lernten, das Leben so zu nehmen, wie es kommt, wenn sie älter werden. Doch paradoxerweise scheint genau das Gegenteil der Fall zu sein. Wir sind nämlich nicht nur zornig auf den »Himmel«, sondern auch auf laute Müllmänner, Schecks, die zu spät kommen, Reservierungen, die platzen, Menschen, die die Telefonleitung blockieren, Läden, die pünktlich schließen, und Kolleginnen, die übelste Chemikalien in ihr Parfüm zu mischen scheinen.

Generell kann man sagen, dass die Menschen offensichtlich immer inflexibler, ängstlicher und reizbarer werden, je älter sie sind. Sie finden weniger leicht Freunde als früher und unternehmen selten mal etwas Neues. Ihre natürliche Neugier, ihre Fähigkeit, sich zu freuen, lässt nach. Sie werden geiziger und unversöhnlicher.

Nur sehr wenige »reifen mit dem Alter« wie ein guter Rotwein. Obwohl auch wir anfangs dem Leben mit einer Haltung der Ganzheitlichkeit und des Humors begegnen, werden wir permanent unglücklicher und fühlen uns immer weniger mit dem Ganzen verbunden, je älter wir werden – wenn wir nichts dagegen unternehmen.

Dieser Rückschritt kann wohl kaum die Frucht eines gesteigerten Verständnisses der Welt und ihrer Natur sein. Je länger wir uns auf dem Fußballrasen bewegen, desto klarer wird uns, wohin der Ball rollt. Je länger wir ein Computerprogramm benutzen, umso deutlicher kennen wir seine Grenzen. Je mehr Kilometer Sie mit Ihrem Wagen fahren, desto genauer wissen Sie, wie andere Fahrer sich unter Umständen benehmen. Stellen Sie Ihren Wagen vor einem Gymnasium ab, sehen Sie zu, wie die Teens mit ihren Mofas davonbrausen, und Sie wissen, was ich meine: Hier sehen Sie Fahrer, die wirklich keine Ahnung zu haben scheinen, wie andere Verkehrsteilnehmer sich verhalten könnten. Daher sind beispielsweise in den USA jugendliche Fahrer fünfmal häufiger an Unfällen beteiligt als erwachsene.

Selbst wenn man sonst nichts Positives am Älterwerden entdecken kann, so sollte es uns doch wenigstens an Erfahrung reicher machen. Warum aber werden wir stattdessen reicher an Sturheit, schlechter Laune, Ungeduld und Unglück? – Weil wir unseren Geist *vernachlässigen.* Wir starten mit einem »funkelnagelneuen« Geist ins Leben, und wir tun absolut nichts, damit er diese Qualität des Strahlens nicht verliert. In keinem anderen Bereich des Lebens – seien es nun die Finanzen, die Gesundheit, das Haus oder der Wagen – gehen wir davon aus, dass Nachlässigkeit einen positiven Effekt haben könnte …

Nehmen wir als Beispiel einmal die Fehler, die wir in unseren Beziehungen machen. Wir alle begehen täglich kleinere und größere Fehler, die unsere Partner verletzen und die uns später Leid tun. Unzulänglichkeiten in Beziehungen gehören zum Alltagsleben, doch nur wenige Menschen haben eine Methode entwickelt, sie auch wirklich täglich zu korrigieren. »Es ist zwar nicht gut«, sagen viele sinngemäß, »aber diese Dinge passieren nun mal. Vielleicht würde ich es ja mit jemand anderem besser hinkriegen, aber normalerweise klappt das nicht. Also denke ich lieber gar nicht erst darüber nach.«

Doch das ist ein Teufelskreis. Wir vergessen nämlich nichts, was man uns »angetan« hat, und unsere Partner ebenso wenig.

Wenn Sie je die Gelegenheit hatten, sich mit Menschen zu unterhalten, die am Ende ihres Lebens stehen, dann sind Sie vielleicht ebenso erstaunt wie ich, wie viel Bedauern die meisten mit ins Grab nehmen. Doch im Gegensatz zu dem, was viele glauben, bezieht sich dieses Bedauern keineswegs auf nicht erreichte Ziele, verpasste Erfahrungen oder Orte, die man immer besuchen wollte, aber dann doch nie gesehen hat. Nein, die meisten Menschen empfinden Bedauern, weil sie jemanden verletzt oder bestimmte Dinge für jemand anderen nicht getan haben. Das ganze Leben lang haben sie diesen Schmerz mit sich herumgeschleppt, diese wunden Stellen im Geist, und dann glauben sie, es sei zu spät, noch nach Heilung zu suchen.

Natürlich haben auch andere Formen mentaler Vernachlässigung negative Auswirkungen auf unseren Geist, doch stellen Sie sich einmal vor, was geschieht, wenn wir gerade diese eine Form der Verunreinigung – die Verletzungen, die wir anderen zugefügt haben – nicht loslassen! Wie begrüßen wir damit den Morgen? Wie finden wir Frieden im Schlaf? Was geschieht mit unserer Kraft, unserer Vitalität, unserer Fähigkeit, uns zu freuen? Unseren Geist an diesem Punkt nachlässig zu behandeln, kann unser Leben ruinieren. Und genau das geschieht bei den meisten Menschen.

Aber weshalb lassen wir dies überhaupt zu? – Weil wir zutiefst davon überzeugt sind, dass unser Geist nicht zählt.

Das Ego glaubt nur an die äußere Erscheinung. So kehrt man die weiche Seite beim Flanell nach außen, wenn man einen Pyjama näht – dann sieht er nämlich wenigstens weich aus. Die Ziernähte von Socken und Unterwäsche reiben auf der Haut – aber sie sehen zumindest hübsch aus. Häuser werden danach ausgesucht, ob sie »Ausstrahlung haben« – auch wenn man kaum darin leben kann. Und unsere Lebenspartner wählen wir, weil sie gut aussehen – nicht etwa, weil sie gute Menschen wären.

Ist Ihnen schon einmal aufgefallen, dass nette Männer nicht

immer in der schönsten »Verpackung« daherkommen und dass es hübschen Frauen manchmal an innerer Schönheit fehlt? Wenn Sie Ihre »potenziellen« Partner und Freunde einmal Revue passieren lassen, werden Sie schnell feststellen, dass die äußere Erscheinung nicht alles ist. Ganz im Gegenteil: Normalerweise ist sie völlig bedeutungslos.

Und trotzdem sorgen die meisten Menschen nicht einen Morgen ihres Lebens dafür, dass sie emotional und geistig gut auf den Tag vorbereitet sind. Auf der ganzen Welt ziehen sich die Menschen morgens mehr oder weniger sorgfältig an, schlüpfen in beide Schuhe und ordnen irgendwie ihr Haar. Es scheint eben zu reichen, dass wir gut vorbereitet *aussehen* – und aus diesem Grund vernachlässigen wir unseren Geist.

Den Geist kann man nicht sehen. Er hat auf der Werteskala der Erscheinungen keinen Eintrag. Gut, manchmal sieht man, was Menschen denken – an ihrem Gesicht, an ihrer Körpersprache –, oder man hört es am Klang ihrer Stimme. Doch normalerweise lernen wir auch, diese Untertöne zu kontrollieren und an ihre Stelle Signale zu setzen, die entsprechend »wirken«. Wenn wir beispielsweise auf Fragen antworten müssen wie »Gefallen dir meine neuen Schuhe?«, »Siehst du, wie viel ich abgenommen habe?« oder »Bist du sicher, dass du nicht wütend bist, weil mir mein Onkel all das Geld hinterlassen hat?«, dann kontrollieren wir dabei unsere Körpersprache und unser Mienenspiel sehr genau – jedenfalls die meisten von uns. Aber was macht das schon, solange es nur so *aussieht*, als würde unser Geist richtig reagieren?

Natürlich liegt auch hier die Lösung nicht in einer »ehrlichen« Antwort auf diese Fragen. Menschen mit angeblich »aufrichtigen« Worten zu verletzen, macht unseren Geist auch nicht klarer. Doch wenn wir Aufforderungen hören wie »Spuck's aus«, »Lass es raus«, »Red's dir von der Seele«, »Mach klar Schiff« oder »Du musst es aus ›deinem System‹ entfernen«, könnte man meinen, dass verletzende Aufrichtigkeit irgendetwas mit Selbstreinigung zu tun hat. Diese Art von Eingeständnis, Bekenntnis oder brutal geäußerter Kritik verlagert die Last von den Schultern des Sprechers auf denjenigen, der sich dieses Zeug anhören muss, und ist daher tatsächlich eine Art momentaner Erleichterung. Doch nun wurde die andere Person wirklich verletzt, und daher ist die Bürde auf den Schultern des Sprechers in Wahrheit größer geworden.

Auch wenn wir anderen sagen, dass wir sie betrogen haben, mag das zunächst aussehen, als würden wir für unser Verhalten Verantwortung übernehmen und sozusagen »reinen Tisch« machen. Tatsächlich aber ist das Gegenteil der Fall. Ob Sie nun einem Menschen, den Sie lieben, bestätigen, dass er tatsächlich »alt« aussieht, oder ihm mitteilen, dass Sie ihn betrogen haben – in beiden Fällen handeln Sie nicht als Freund. Sie haben Ihre Wahrnehmung nicht korrigiert, haben die Zerstörungskraft Ihrer Handlungen genauso wenig im Griff wie Ihre eigenen Fehler, und Sie haben ganz sicher eines nicht getan: Ihren Geist geklärt.

Aber wenn wir unseren sich schuldig fühlenden Geist nicht klären können, indem wir jemand anderem unsere Last auferlegen, und wenn wir andererseits auch nicht mehr vergessen können, was wir anderen angetan haben, wie sollen wir es dann anstellen, unser Bedauern loszulassen?

Der erste Schritt ist der, dass wir dem bereits Vorhandenen nichts Neues dieser Art hinzufügen. Wenn unser Ego munter aufkocht, dann sollten wir den Deckel darauf legen, damit die Spritzer nicht andere Menschen verletzen. Denn sonst ziehen wir andere »Egos« in unser Fehlverhalten mit hinein und komplizieren die Sache nur noch weiter. Falls Sie sich tatsächlich »Luft machen« und andere belasten, nehmen die Probleme eine Art Eigenleben an und gleiten Ihnen aus der Hand. Wenn Sie merken, dass Sie gerade dabei sind, jemand anderen zu kritisieren, zu betrügen, zu übervorteilen oder sonst irgendwie auszutricksen, dann fällen Sie augenblicklich die Entscheidung, diesen Vorsatz nicht auszuführen. »Keine weiteren Verletzungen«: Diese Maxime ist immer der erste Punkt, den wir bei der »Selbstreinigung« beachten müssen.

Übung 7

Zeit: ein Tag oder mehrere

- Wenn Sie am Morgen aufstehen, nehmen Sie sich nur diese eine Sache vor: »Ich will diesen Tag verbringen, ohne jemanden zu verletzen. Ich werde weder im Denken noch im Tun mich oder andere verletzen.«

Das sind keine bloßen Worte. Damit bekunden Sie Ihre Absicht und setzen sich ein Ziel. Wenn Sie nun im Lauf des Tages immer wieder auf dieses Ziel zurückkommen, dann werden Sie dadurch erfahren, dass der Geist sehr wohl zählt. Denn obwohl sie äußerlich überhaupt nicht sichtbar wird, verändert diese eine Verpflichtung die Qualität Ihres Lebens erheblich: »Ich werde mich oder andere weder im Denken noch im Tun verletzen.« Das ist ein Vorsatz, der Ihren Geist sofort aus seiner Zersplitterung befreit und Sie leichter, freier und glücklicher fühlen lässt. Unabhängig davon, ob andere Menschen Ihren Vorsatz bemerken, Sie werden ihn auf jeden Fall wahrnehmen. Und wenn bereits ein einziges Ziel, das aufrichtig verfolgt wird, diesen Effekt hervorrufen kann, stellen Sie sich vor, was erst geschehen kann, wenn all Ihr mentaler Müll beseitigt ist und das Licht hervorkommt, das sich im Augenblick noch hinter dem Müllberg versteckt!
Der nächste Schritt ist es, sich zu fragen, was Sie davon haben, wenn Sie weiterhin in Schuldgefühlen und Selbstvorwürfen baden, weil Sie früher Fehler gemacht haben. Diese Gedanken sind in Wirklichkeit nichts weiter als eine Form der »Selbstbefriedigung«. Denn damit übernehmen Sie immer noch keine Verantwortung, was Ihren Geisteszustand betrifft, da Sie Ihren Geist nicht einsetzen, um Wunden zu heilen. Wenn Sie Ihre Gedanken nämlich einmal etwas aufmerksamer betrachten, werden Sie feststellen, dass sie sich nur um Sie selbst drehen und keineswegs um die Person, die Sie schlecht behandelt haben. Dies ist eine Art Selbstgeißelung ohne wirkliche Reue, Strafe ohne Liebe. Das

Ganze nutzt Ihnen kein bisschen, und Schuldgefühle helfen der Person, die Sie verletzt haben, ebenfalls nicht weiter. Sie heilen nicht, sie trösten nicht. Tatsächlich begehen Sie nur immer wieder denselben Fehler: Vorher haben Sie diese Person angegriffen. Jetzt tun Sie das Gleiche mit sich selbst. Angriff ist ein Problem, keine Lösung. Eine Lösung wäre es, auf den Menschen, den wir verletzt haben, zuzugehen und ihm die Hand zu reichen.

Übung 8

Zeit: zwei oder mehr Tage

Der Erfolg dieser Übung hängt ganz allein von Ihren Zielvorstellungen ab.
Daher ist es wichtig, dass Sie Ihre Aufmerksamkeit immer wieder überprüfen und sich Ihre Absichten stets von neuem ins Gedächtnis rufen. Ihr Ziel ist einfach und klar. Sie versuchen, Stück für Stück Ihre mentalen Wunden zu erkennen und sie dann – immer nur eine – zu heilen.
Wenn Sie also bemerken, dass Sie sich über etwas, was Sie einem anderen Menschen angetan haben, Sorgen machen, dann konzentrieren Sie sich ganz auf dieses eine Ereignis.

- Lassen Sie sich alles, was geschehen ist, so genau wie möglich durch den Kopf gehen. Betrachten Sie einfach noch einmal die Fakten, doch dieses Mal, ohne sich selbst zu kritisieren bzw. in Schuld- oder Schamgefühle abzugleiten. Wenn Sie beispielsweise ein Ereignis versäumt haben, das für jemand anderen sehr wichtig war, dann gehen Sie einfach die Tatsachen noch einmal durch, die dazu führten, dass Sie nicht anwesend waren, und alles, was im Anschluss daran passiert ist. Vielleicht hatten Sie ja eine Entschuldigung, die der andere auch akzeptiert hat, aber der wahre Grund, weshalb Sie nicht kommen konnten, war, dass Sie einfach keine Lust dazu hatten.

Wenn dies der Fall ist, dann machen Sie sich Ihre wahren Gründe klar. Und machen Sie sich bewusst, welchen emotionalen Preis Sie dafür bezahlt haben, dass Sie dieser Motivation gefolgt sind.

- Fragen Sie sich, ob Sie der anderen Person dies irgendwie offen mitteilen können. Um bei unserem Beispiel zu bleiben: Wenn Sie diesen Menschen jetzt anrufen und ihm erzählen, dass er Ihnen damals einfach nicht genug wert war, dann wird ihm dies weder Frieden noch Freude bringen. Wissen Sie allerdings sicher, dass diese Person Ihre Haltung bemerkt hat, dann sollten Sie darüber nachdenken, ob eine wohlüberlegte und vollständige Entschuldigung nicht angebracht wäre.

Wenn wir Menschen uns entschuldigen, dann schaffen wir es meist nicht, am Ende einen Punkt zu machen und die Sache damit auf sich beruhen zu lassen – fertig! Normalerweise kommt stattdessen noch irgendeine Erklärung. (»Ich war ja damals so mit mir selbst beschäftigt.« – »Meine Arbeit hat mich vollkommen in Anspruch genommen.« – »Wir hatten erst vor kurzem gestritten.« Und so weiter.) Gehen Sie nicht in diese Falle. Entschuldigen Sie sich einfach, werfen Sie sich in den Staub, aber halten Sie dann den Mund.

Manchmal sind die Gesten, mit denen wir uns entschuldigen, auch nicht ausreichend. Wenn eine bestimmte Entschuldigung für Sie wirklich wichtig ist, dann sollten Sie darüber hinaus vielleicht über ein hübsches Geschenk nachdenken. Oder gewisse Gefälligkeiten als solches darbieten. Oder beides. Tun Sie etwas, das Ihren Fehler von damals wirklich »ausgleicht«. Gehen Sie dabei auf Nummer sicher. Schicken Sie Menschen, die Sie verletzt haben, anonym einen Blumenstrauß. (Die Anonymität stellt sicher, dass es auch aufrichtig gemeint ist.) Schicken Sie ihnen gegebenenfalls anonym Geld. (Gott im Himmel, hat er etwa Geld gesagt?) Legen Sie ein Gelübde ab, immer nur Gutes über sie zu sagen, wenn irgendwo das Gespräch auf sie kommt. Denken Sie

daran: Sie wollen Ihren Geist heilen, und dafür ist Ihnen keine Anstrengung zu groß.
Wenn Sie sich entschuldigen, sollten Sie sich vorher bewusst machen, dass die andere Person vermutlich die Gelegenheit ergreifen wird, den alten Groll wieder aufzuwärmen und Ihren Fehler unter Umständen maßlos zu übertreiben, kurz gesagt: Sie wird noch wütender auf Sie sein, als sie es vor Ihrer Entschuldigung war. Treten Sie dem gelassen entgegen. Wehren Sie sich nicht. Das gehört dazu. Dieser Mensch braucht es, dass er Ihnen etwas sagen kann, was Sie sich vorher nicht anhören wollten. Hören Sie ihm dafür jetzt zu. Verteidigen Sie sich nicht, denn sonst wird die Entschuldigung Ihren Geist nicht heilen.
All das kann Ihnen trotzdem nicht garantieren, dass Ihre Entschuldigung akzeptiert wird. Aber das ist auch nicht Ihre Sache. Sie wollen mit Ihrem Fehler Frieden schließen – im Geist und im Herzen. Und dafür gibt es immer eine Möglichkeit. Diesen Prozess mit einem offenen Akt der Entschuldigung einzuleiten, ist, wenn machbar, schon deshalb gut, weil wir ja alle glauben, dass äußere Gesten mehr Macht haben als innerlich vollzogene.

- Wenn Sie aber auf dieser äußeren Ebene nichts unternehmen können, beispielsweise weil sich der Betroffene weigert, mit Ihnen Kontakt aufzunehmen, dann treffen Sie die Entscheidung, diesen Menschen innerlich jedes Mal zu segnen, wenn Sie an ihn denken. Die Entscheidung muss Ihnen heilig sein. Sie werden das immer tun, sogar noch, wenn der Adressat des Segens schon längst gestorben ist. Schließlich geht es darum, Ihren Geist zu heilen, und dabei ist kein Gedanke unnötig oder überflüssig.
- Wenn Sie glauben, Ihr Fehler war so groß, dass auch dies Ihre Wunde nicht heilen kann, dann fragen Sie sich selbst, was Sie noch tun können. Als meine Mutter starb, war ich unglücklich, weil ich aus der Stadt weggezogen war, in der sie lebte. In der Rückschau bekam ich das Gefühl, dass ich nicht ausreichend versucht hatte, ihr die Notwendigkeit meines Tuns zu erklären.

Und nach dem Umzug habe ich nicht oft genug geschrieben bzw. angerufen. Ich umhüllte sie in Gedanken mit Licht, betete für sie, doch all das konnte die Reue, die ich empfand, nicht heilen. Ich fand heraus, dass ich außerdem eine Form der Buße brauchte. Wie diese genau aussah, möchte ich hier nicht erläutern, weil darin noch eine andere Person verwickelt war, die ich nicht nennen möchte. Doch als ich dies vollbracht hatte, war ich geheilt.

Die Macht der Buße wird gewöhnlich unterschätzt. Dabei geht es weniger um die Buße, die uns von anderen auferlegt wird, als um das, was wirklich aus unserem Herzen kommt. Eine Buße des Herzens sieht so aus: »Nachdem ich alles unternommen habe, um den Kummer zu heilen, den ich dir zugefügt habe, werde ich noch dies tun. Ich werde meinen Lieben, meiner Gemeinde oder der Welt in deinem Namen ein Geschenk machen.« Dieses Geschenk sollte alles umfassen, was wirklich benötigt wird, seien es nun Zeit, Geld oder andere Dienste, um zu sagen: »Ich liebe dich. Ich segne dich. Ich heile deine Zersplitterung.« Auf diese Art und Weise heilen Sie Ihren eigenen zersplitterten Geist.

- In einem letzten Schritt erarbeiten Sie einen Plan, wie Sie mit den Reuegedanken umgehen werden, die Ihr Ego Ihnen wieder aufzudrängen versucht. Wenn Sie sicher sind, dass Sie den fraglichen Vorfall auf die bestmögliche Weise losgelassen haben, antworten Sie kurz und entschieden auf alle Schuldgefühle, die Ihnen durch den Kopf gehen. Hier sind ein paar Beispiele:

Lassen Sie den Segen Gottes in die Szene einfließen, die Sie sehen. Sprechen Sie Worte der Wahrheit, die Ihnen zeigen, dass Gott nahe ist. Gott versteht. Gott führt jeden von uns heim.

Umhüllen Sie jeden Menschen, auf den sich Ihr Schuldgefühl bezieht, auch sich selbst, in Gedanken mit Licht.
Segnen Sie jeden Menschen in der fraglichen Szene mit einem Wort der Wahrheit, zum Beispiel: »Gott liebt dich und segnet dich für immer und ewig.«

- Wenn Sie Ihr heilendes Werk an einem Schuldgefühl vollendet haben, picken Sie ein anderes heraus und verfahren damit auf dieselbe Weise. Wie lange Sie dazu brauchen werden, hängt ganz von Ihnen ab. Ich nehme einmal an, dass zwei ganze Tage für die Heilung genügen. Nehmen Sie sich diese Zeit. Sie haben sich zum Ziel gesetzt, Ihre Reuegefühle zu heilen, und dies gehört zu den größten Geschenken, die Sie sich selbst machen können, weil dadurch Ihre persönliche Freiheit wächst.

Wie Sie die Furcht vorm Glücklichsein loslassen

Schuldgefühle sind ein Beispiel, wie wir unseren Geist vernachlässigen und so unser Glück blockieren. Doch sie sind beileibe nicht die einzige Methode, die wir anwenden. Bevor wir aber fortschreiten, sollten wir uns einmal mit der Frage beschäftigen, weshalb wir uns gegen die weitere Erforschung unserer Glücksblockaden so sehr wehren. Erwachsene haben Angst vor dem Glücklichsein, manchmal sogar panische Angst. Den meisten Menschen ist das nicht bewusst. Und trotzdem muss uns dies ganz klar werden, denn sonst machen wir auf unserem Weg zu einem freien, ganzheitlichen Geist keinerlei Fortschritte. Daher möchte ich mich hier mit einigen der offenkundigeren Gedankenbilder auseinander setzen, die uns dazu veranlassen, Schwieriges dem Einfachen vorzuziehen, Härte über Flexibilität zu stellen, Unglück über Glück – und so weiter. Danach sollten die Mechanismen, die uns Angst vor dem Glück empfinden lassen, etwas klarer vor uns liegen.

Acht Rechtfertigungen für unser Unglücklichsein

1. Es ist einfach unpassend, glücklich zu sein

Die Bilder im Fernsehen, die Berichte in Radio, Zeitungen und Zeitschriften, die Geschichten, die wir tagtäglich im Büro hören, aber auch unsere Erinnerungen und unsere Träume - alles erinnert uns ständig daran, dass Unglück und Pech alltägliche Bestandteile des menschlichen Lebens sind.
Aus allen Teilen der Welt, sogar aus den illustren Kreisen der wenigen Menschen, die Ruhm, Macht und Reichtum in sich vereinen, bewegt sich ein ununterbrochener Strom von Storys auf uns zu, in denen es nur um Katastrophen und Dramen geht. Kein Wunder, dass wir glauben, wir hätten kein Recht auf persönliches Glück. Viele der spirituellsten Menschen der Geschichte, also diejenigen, welche Gott am nächsten sein sollten, litten unendliche Qualen. Daher hat sich im Hintergrund unseres Geistes ein Gedanke eingenistet, der uns suggeriert, dass es nur gerecht wäre, wenn wir leiden, da doch die Geringsten und die Höchsten gleichermaßen vom Leid betroffen sind.
Solange wir äußere Umstände für die wahre Ursache des Glücks halten und nicht innere Ruhe und Frieden, müssen wir wohl oder übel schließen, dass Glück zu haben letztlich unfair ist.

2. Die Gegenwart ist gefährlich

Da die Zukunft für uns alle nur Negatives bereitzuhalten scheint, möchte man doch meinen, die Gegenwart sei alles, was uns bleibt, ein Augenblick oder zwei bevor das Unvermeidliche geschieht. Und natürlich ist es moralisch in Ordnung, glücklich zu sein, wenn dies niemandem schadet. Und selbstverständlich gestehen wir jedermann das Recht zu, glücklich zu sein, wenn es denn möglich ist.
Das Recht, sein Glück zu suchen, ist für uns »unveräußerlich«. Nur finden sollte es möglichst niemand. In unserer Kultur traut man

fröhlichen Menschen nicht. Wir vermuten hinter jedem sonnigen Charakter finstere Motive. Unsere Mitmenschen dürfen uns zwar erzählen, wie glücklich sie einst waren und wie glücklich sie in Zukunft zu sein hoffen, doch dass sie jetzt glücklich sind – das kann doch wohl nicht sein!

So halten wir gut gelaunte Menschen für etwas einfach gestrickt, für intellektuelle Leichtgewichte, die »es nun mal nicht blicken«. Auf dieselbe Weise reagieren wir auf Bücher, Filme und Gedanken, die vom Glück handeln. Der Grund ist vollkommen klar. Unsere bisherigen Erfahrungen mit der Gegenwart regen nicht gerade zu Optimismus an. Denn es ist nicht nur unwahrscheinlich, dass wir in der Gegenwart je glücklich sein werden, es ist sogar viel wahrscheinlicher, dass wir unglücklich sind. Die Momente, in denen die meisten Menschen ihrer Ansicht nach je voll präsent waren, waren meist Augenblicke, in denen sie entweder sehr krank waren, verletzt oder von einem negativen Gefühl überwältigt worden sind.

Was hat die Gegenwart uns also zu bieten? Sogar ein Preis, den wir in der Gegenwart erhalten, hat keinerlei Bedeutung, wenn das Leben danach so weitergeht wie bisher. Erst die Vorstellung, was daraus wohl werden mag, verleiht dem Preis seine eigentliche Bedeutsamkeit. Daher sehen wir Glück häufig als etwas, was in Zukunft geschehen wird. Schmerz dagegen bringt uns sofort in die Gegenwart.

Gewöhnlich ist unser Geist so laut und so überladen, dass nur sehr wenige Menschen den Klang der Stille hören und den Frieden erfahren, der uns die lebendige Gegenwart, das zeitlose Jetzt fühlen lässt. Und doch ist es nur diese Erfahrung, die unsere Angst vor dem Hier und Jetzt zum Verschwinden bringt.

3. Normalerweise wird das, was unser Glück mehren soll, zum Anlass für noch mehr Leid

Im Lauf eines Lebens erfahren die meisten Menschen, dass die traditionellen Belohnungen, welche die Welt so zu bieten hat, das

Leben nur noch mehr komplizieren. Tatsächlich zieht ein »warmer Regen« umso mehr Chaos, Begrenzung und Unglück nach sich, je höher wir ihn schätzen.

Nehmen wir einmal das Beispiel Geld. Man sollte doch annehmen, dass jemand, der urplötzlich reich geworden ist, sich sagt: »Nun habe ich wenigstens keine Geldprobleme mehr. Endlich mal ein Bereich im Leben, um den ich mir keine Sorgen zu machen brauche.« Doch was geschieht in Wirklichkeit? Wenn Sie einen Augenblick lang an die Menschen Ihres Bekanntenkreises denken, die sehr viel Geld haben, dann werden Sie feststellen, dass diese sich mehr Gedanken ums Geld machen als jene, die weniger haben – wenn Sie nicht gerade ein paar sehr ungewöhnliche Menschen kennen. Zu Menschen in dienender Stellung sind sie meist weniger großzügig, und an Sankt Martin geben sie den Kindern kaum Süßigkeiten. Arbeitslose, Obdachlose oder gemeinnützige Organisationen rufen in ihnen Wut hervor. Und die üblichen Kleinigkeiten wie Verspätungen, Autopannen, schlechter Service, Flecken, verschütteter Orangensaft und dergleichen regen sie weit mehr auf als andere Menschen, denen sie ohnehin nur mit Misstrauen begegnen, weil sie hinter allem finstere Motive vermuten. Da sie sich anderen überlegen fühlen, beschränken sie sich meist auf eine bemerkenswert kleine Anzahl von Freunden, Lokalen und Aktivitäten.

Auch körperliche Schönheit ist so ein Gut, das zwar die meisten Menschen anstreben, das letztlich aber eher zerstörerisch auf sie wirkt. Wenn der Körper endlich durch zahllose Diäten, monatelange Kuren oder gar Schönheitsoperationen das gewünschte Aussehen erlangt hat, sollte man doch glauben, dass der bzw. die Betreffende sich nun erst einmal zurücklehnt und sagt: »Nun sehe ich so blendend aus, dass ich mich wirklich nicht mehr um mein Äußeres kümmern muss.« Aber setzen Sie sich nur einmal in ein Straßencafé und fragen Sie sich, wer wohl selbstbewusster ist: die Schönen oder die »Normalbürger«? Wer sieht sich, sobald er ein Restaurant betritt, sofort um, ob er auch genügend Beachtung findet? Wer zieht die oberflächlichsten Beziehungen an, sorgt

sich endlos um seine Kleidung, liegt im ständigen Kampf mit dem Alter und beurteilt andere nur nach dem Aussehen?
Ein weiterer weltweit aktiver Virus ist der Wunsch nach Besitz. Und doch sind Menschen, die mehr besitzen als andere, so unglücklich, dass ganze Familien auseinander brechen, wenn das kostbare Familienerbe aufgeteilt wird. Menschen, die sich alles leisten können, stopfen normalerweise ihr Heim und ihr Leben mit Dingen voll, die sie weder brauchen noch wollen. Die meisten von uns wünschen sich vielleicht ein repräsentatives Auto – das teuer in der Reparatur ist, eher gestohlen wird und immer dort geparkt werden muss, wo es ja keinen Kratzer bekommen kann. Ein Auto, das die meisten Menschen dazu bringt, Sie nicht zu mögen, und den Händler dazu verführt, Ihnen noch ein paar Mark mehr zu berechnen ... Auch ein enormes Grundstück – das Unsummen für die Erhaltung verschlingt – ist so eine Lieblingsfantasie der meisten Menschen. Doch besitzen Sie gar mehrere dieser Dinge, dann vervielfachen sich Ihre Probleme, und Ihr Ego, mit dem Sie sich künftig auseinander setzen müssen, wird immer aufgeblasener.

4. Eine »gute Partie« ist gar keine

Auch wenn Beziehungen mit einfachen Männern bzw. Frauen im Durchschnitt länger halten und weniger »Erhaltungsaufwand« erfordern, sind sie offenbar nicht so beliebt wie Beziehungen zu komplizierteren Typen. Die Erwartungen fallen sofort ins Bodenlose, wenn ein potenzieller Rendezvouspartner nur als »nett« beschrieben wird. Menschen, die irgendwie prominent werden, trennen sich fast augenblicklich von jenen, die sie lieben und verstehen, um sich jemanden zu suchen, der zu ihrem neuen Status passt. Dummerweise muss man sich dieser »Trophäe« auch irgendwie anpassen. Da kann man nicht einfach mit Mundgeruch und Hängebauch ankommen. Sie müssen abends gut aussehend zu Bett gehen und morgens noch schöner erwachen.
Vielleicht hilft Ihnen ja der gute Schlaf dabei. Denn im Gegensatz

zu dem, was die meisten Menschen denken, führt Sex mit einem »super« aussehenden Partner nicht zu verstärktem Lustempfinden, sondern nur zu mehr Spannung und Unsicherheit. Menschen, die mit sich und dem anderen zufrieden sind, ganz normale, gewöhnliche Menschen also, sind es nämlich, die das befriedigendste Sexualleben haben. Außerdem sollten Sie sich immer vor Augen halten, dass Sie von Ihrem »Traumpartner« wahrscheinlich eher früher als später verlassen werden, wenn Ihr Aussehen bzw. Ihre Macht geringer wird. Aber Sie können natürlich auch Ihre Anstrengungen verdoppeln.

5. Das Glück hat seine Kehrseite

Glück ist zweifellos etwas, dem man nicht trauen kann, nicht einmal, wenn es um die so genannten »kleinen Freuden des Lebens« geht. Betrachten wir nur einmal einige der bekanntesten: Je appetitanregender die Mahlzeit, je erotischer die Begegnung, je länger der Urlaub, je aufregender der Seitensprung, je stärker die Vernarrtheit, desto größer ist auch der Absturz danach. Eine Untersuchung weiß zu berichten, dass jeder Lotteriegewinner erheblich an Gewicht zugelegt hat und dass 85 Prozent der Männer, die ihr Leben während einer sexuellen Begegnung lassen mussten, in diesem Moment nicht mit ihrer Partnerin schliefen. Viele dieser großartigen Augenblicke, in denen wir uns »gehen lassen«, haben eine Kehrseite. Daher lernen wir, sie zu meiden. Ein delikates Geheimnis zu verraten, unseren Partner hinter seinem Rücken zu kritisieren, einen anderen Fahrer anzubrüllen, so viel zu essen bzw. zu schlafen, wie wir wollen, oder hin und wieder ein »unschuldiger« Flirt kann eine Zeit lang ganz nett sein. Doch das Bedauern und die Angst, welche diese Dinge in uns fast sofort hervorrufen, das Chaos, das sie unter Umständen verursachen, zeigen, dass sie am Ende doch nicht die beste Wahl waren.

Wir glauben, Glück sei kein »ernsthafter« oder »wichtiger« Geisteszustand. Wir machen es also noch verdächtiger, indem wir es aus unseren Verpflichtungen völlig ausschließen. Wenn wir uns die Zeit nehmen, glücklich zu sein, dann weichen wir dem, was wir eigentlich empfinden sollten, aus. Daher haben die meisten Menschen nach einem glücklichen Erlebnis immer ein wenig Schuldgefühle. Wir glauben, dass Glück und Freude nur ein Weg sind, unserer Verantwortung aus dem Weg zu gehen. Es gibt so vieles auf der Welt, was getan werden muss, so viele Fehler, die ihrer Behebung harren, dass es aussieht, als kehrten wir der Welt den Rücken, wenn wir uns Zeit nehmen, um glücklich zu sein.

Ein Viertel der Weltbevölkerung litt und leidet immer noch unter Hunger. Ein Drittel aller Staaten auf der Welt befindet sich im Krieg, und das war immer schon so. Allein in den USA sterben mehr Kinder an Schussverletzungen als an allen natürlichen Ursachen zusammen. Alle zwanzig Sekunden wird eine Frau in ihrem eigenen Heim verprügelt. Jeden Tag werden fünfhundert Erwachsene und Kinder sexuell missbraucht.

Die Welt kennt so viele ernsthafte Probleme, dass uns dies manchmal buchstäblich überwältigt. Wollen Sie noch ein paar mehr hören? Nuklearwaffen, zu wenig Intimsphäre, Rezessionsgefahr, Teenagerschwangerschaften, Umweltverschmutzung, Viren und Bakterien mit ihren jeweiligen Mutationen, politische Korruption, Drogenmissbrauch, Gift in der Nahrung, der sich ausbreitende Terrorismus, Unfälle im Verkehr, im Haushalt, am Arbeitsplatz, der nicht abreißende Strom geologischer Katastrophen, Obdachlosigkeit, Folter, Diskriminierung aufgrund der Rasse, des Alters, des Geschlechts, das Aussterben der Arten, nicht zu vergessen die Zerstörung unseres ganzen Planeten.

Betrachten wir so das Minenfeld, auf dem sich die Menschheit täglich bewegt, sollten wir nicht glücklich sein, sondern eher ... ja, was denn nun? Zornig? Traurig? Schockiert? Starr vor Furcht? Zynisch? Verzweifelt?

Nur selten stellen wir die Haltungen infrage, die wir anstelle des Glücksgefühls für richtig befinden. Nur wenige Menschen fragen, was diese negativen Gefühle an Wohlergehen, heilender Kraft oder positiver Veränderung mit sich bringen. Nützen Wut, Schock, Angst irgendjemandem? Gut, manche meinen, dass diese Gefühle starke Motoren sind, die uns motivieren. Wenn dies der Fall ist, so müssen wir uns doch wohl fragen, was uns am meisten anspornt, anderen zu dienen – ein friedvolles Herz oder ein zorniges? Zornige Retter haben meist eine recht zweifelhafte Geschichte. Ich jedenfalls würde mich lieber in die Hände Buddhas, Gandhis, Jesu oder Mutter Teresas begeben. Denn diese Menschen haben ohne Wut doch eine ganze Menge zustande gebracht.

7. Wenn wir unser Unglück loslassen, sind wir uns selbst nicht mehr treu

Der innere Stress, den wir »Unglück« nennen, ist ein Gefühl, besser gesagt: ein Bündel von Gefühlen. Innerer Schmerz, zu dem Angst, Depressionen, Traurigkeit und vieles andere beitragen. Doch so unangenehm diese Gefühle auch sein mögen, so wehren wir uns doch gegen eine Veränderung unseres Blickwinkels, weil die Ideologie unserer Zeit dies nicht zulässt.
Emotionen haben neue Weihen erlangt. Sie gelten als »wahre Gefühle« und sind so zum neuen Selbst avanciert, das man früher eher als Seele, Geist oder Gewissen bezeichnet hätte. Wenn wir also Ärger, Traurigkeit, Verliebtheit oder andere Gefühle anzweifeln, bedeutet dies, dass wir unser heiligstes Selbst infrage stellen. Daher scheint es nicht nur unehrlich zu sein, wenn wir das Unglücklichsein loslassen, es kommt uns auch noch so vor, als würden wir uns untreu.
Diese Neudefinition unseres inneren Kerns hat uns noch tiefer ins Chaos manövriert, vor allem weil wir dadurch auch das Prinzip persönlicher Integrität neu bestimmt haben. Früher bedeutete Integrität, dass man sich selbst treu war. Wenn man heute sagt:

»Ich muss mir selbst treu sein«, bedeutet dies meist: »Ich missbrauche dich, indem ich meinen Emotionen folge.«
Lassen Sie uns das Dilemma, in das wir uns hineinmanövriert haben, weil wir unbedingt unsere Emotionen für unser innerstes Selbst halten mussten, doch einmal genauer betrachten. Wie können wir uns selbst treu sein, wenn sich dieses Selbst alle fünf Minuten verändert? Aber genau dies tun Emotionen. Und unsere Gefühle sind nicht nur extrem veränderlich, sie widersprechen sich manchmal auch noch selbst. Wenn wir während eines Disputs all die widerstreitenden Emotionen beschreiben müssten, die das Thema in uns weckt, dann könnten wir nie auch nur einen Satz zu Ende bringen – denn schon während des Beschreibungsversuchs würde sich alles wieder ändern.
Ich halte also meinem Partner gerade einen Vortrag darüber, »wie ich mich fühle«, und ich bin eben so richtig in Fahrt, als ich bemerke, dass ich all dies gar nicht mehr empfinde. Wer bin ich also? Ich war gerade dabei, mir selbst so richtig treu zu sein, als mir dieses Selbst mitten in der Diskussion plötzlich abhanden kam. Was tue ich in diesem Fall? Natürlich ist es eine Frage der Ehre, hier fortzufahren, auch wenn mein Herz gar nicht mehr bei der Sache ist, denn sonst hält man mich vielleicht noch für unbeständig und launisch.
Da die meisten Emotionen nicht länger als zwei oder drei Minuten dauern, kann fast jeder, der schon mal einen längeren Streit hatte, ein Lied davon singen, wie viel Verwirrung die unterschiedlichen Positionen, die wir so einnehmen, manchmal stiften. Das Problem liegt darin, dass wir ja ständig einen bereits überholten Standpunkt vertreten, der längst nicht mehr existiert, und dabei aber ein oder zwei neue Gefühle übersehen, die sich mittlerweile eingeschlichen haben.
Emotionen sind wie geöffnete Dateien auf einem Bildschirm. Diejenige, die wir aktuell wahrnehmen, sehen wir nur deshalb, weil wir sie gerade erst geöffnet haben. Und sogar dieses Bild ist eigentlich schon unzulässig vereinfacht, denn wenn man dabei bliebe, müsste man noch zugeben, dass die Inhalte der Dateien ein

Eigenleben führen und auch die Maus hin und wieder macht, was sie will. Wesentlich ist aber nur, dass wir unsere Emotionen für unser wahres Selbst halten und dass dies der Grund für allerhand Chaos in unserem Inneren ist.

Es gibt einen »inneren Ort«, an dem wir in Kontakt treten mit dem Ewigen, der absoluten Schönheit, einen Ort, an dem wir in Frieden unser wahres Selbst erfahren. Dieses Selbst muss nicht regelmäßig hervorgeholt, zerlegt oder gar definiert werden. In ruhigen, stressfreien Zeiten tritt es ohnehin ganz klar hervor, und wir erkennen, wie vertraut es uns ist. Denn dieses Selbst ist ganz und gar unser eigenes.

8. Glückliche Menschen sind ein wenig unheimlich

Vor kurzem stand ich während eines Matchs neben einem jungen Tennisprofi. Er sah einem zwölfjährigen Mädchen bei einem Übungsspiel zu. Obwohl sie sich ganz gut hielt, während sie gegen einen erfahreneren und auch talentierteren Spieler antrat, bekümmerte sie ihr Niveau so sehr, dass sie fast den Tränen nahe war. Da sagte der junge Mann, der selbst noch aufs College ging, zu mir: »Ihr Problem ist, dass sie glaubt, glücklich sein zu müssen. Sie weiß noch nicht, dass Glück darin besteht, hin und wieder gut zu essen, und wenn du sehr viel Dusel hast, auch mal ein gutes Fernsehprogramm angucken zu können.«
Das war eine überraschend genaue Beschreibung der Rolle, die Glück im Leben der meisten Menschen spielt. Ich glaube, dass der Hauptgrund für diese geringe Bedeutung, die wir dem Glück beimessen, einfach darin liegt, dass wir Glück für etwas Verdächtiges halten. Erst letzte Woche waren Gayle und ich im Kaufhaus, wo wir ein kleines Mädchen von etwa drei Jahren sahen, das aus voller Kehle sang. Da beugte die Mutter sich zu ihr hinunter und

sagte zwischen zusammengebissenen Zähnen: »Das ist aber kein gutes Benehmen.«
Natürlich hatte die Mutter insofern Recht, als schieres Glück in der Gesellschaft Erwachsener meist unangebracht scheint. So gelten *zu* glückliche Menschen auch häufig als leicht »daneben«, wenn nicht gar als gefährlich. Sie ziehen eine Menge seltsamer Blicke auf sich, werden bei Beförderungen grundsätzlich übergangen, und vielleicht winkt die Polizeikontrolle sie sogar heraus und lässt sie ins Röhrchen blasen. In unserer Gesellschaft ist es in Ordnung, wenn man stillvergnügt zusieht, wenn ein Freund eine Niederlage erleidet, sich laut freut, wenn die gegnerische Fußballmannschaft verliert, und in Freudenrufe ausbricht, wenn man jemandem etwas »heimzahlen« kann, der einen irgendwann mal ausgetrickst hat. Doch wenn Sie aus irgendeinem Grund im Kaufhaus zu singen anfangen, dann kommt gleich der Wachdienst gelaufen.

Übung 9

Zeit: zwei Tage

Diese Übung ist optional. Sie soll nur vertiefen, worum wir uns bisher gekümmert haben. Wenn Sie sicher sind, dass es Ihnen ohne weiteres gelingt, die Gedanken zu identifizieren, die in Ihrem Inneren für Stress und Konflikte sorgen, dann blättern Sie weiter vor, bis Sie zur Übung mit den A-Gedanken kommen.

A. Wenn Sie an den nächsten beiden Tagen Stress, Kummer oder Konflikte fühlen, nehmen Sie sich zweimal am Tag eine »Auszeit«, und setzen Sie sich damit auseinander. Frieren Sie den Inhalt Ihres Kopfes quasi ein. Betrachten Sie danach gründlich, was Sie vorfinden. Es geht einzig und allein darum, jeden einzelnen Gedanken völlig klar zu sehen.

Schreiben Sie diese Gedanken alle kurz nieder. Nur den Inhalt, keine Kommentare. Sorgen Sie dafür, dass Sie immer ein Notizbuch oder ein Taschendiktiergerät zur Hand haben.

B. Am Ende jedes Tages umkleiden Sie das dürre Gerüst, das Sie bisher erarbeitet haben, mit Substanz. Versuchen Sie, alle, auch die ungreifbarsten, Gedanken zu finden und schriftlich festzuhalten, die irgendwie mit dem Gefühl zusammenhängen, das Sie kurz notiert haben. Sie können dabei zum Beispiel folgende Fragen stellen:

- Welche Person, welche Situation scheint diese Emotion auszulösen? Wer oder was steht dahinter?
- Was bedeutet diese Person oder Situation für mich? Mit anderen Worten: Wofür stehen die Beteiligten und woran erinnern sie mich?

Ein Beispiel: Sie stellen fest, dass viele ihrer unangenehmen Erlebnisse auf Geräusche zurückgehen, die Sie stören: jemand, der im Büro laut isst; das Telefon oder die Türglocke, die »zur falschen Zeit« läutet; eine Frage oder Bitte, mit der man Sie bei Ihrer Lieblings-TV-Show stört; bellende Hunde, kreischende Kinder. Vielleicht stufen Sie diese Geräusche zunächst einfach als störend oder unhöflich ein. Möglicherweise erinnern Sie sich aber auch nach einigem Nachdenken, dass man Ihnen als Kind häufiger gesagt hat, Sie sollten doch leise sein, die anderen nicht stören oder zumindest nicht herumbrüllen, als seien Sie auf dem Spielplatz. Dann schreiben Sie jetzt nieder, diese störenden Geräusche bedeuteten in Ihren Augen, dass Sie nicht ernst oder wichtig genommen werden und dass andere Menschen Sie kontrollieren wollen.
Oder Sie erkennen, dass Sie wütend werden, wenn etwas aus Ihrem Besitz verloren oder kaputt geht. Während Sie nun darüber nachdenken, spüren Sie vielleicht, dass dahinter die Gleichgültigkeit Ihres letzten Partners steht, der dauernd vergaß, Sie anzu-

rufen oder die Post einzuwerfen, der Sie mit aufgeschnapptem Klatsch nervte und dauernd Ihre Schlüssel verlor. Oder Ihnen fällt ein, dass die Dinge, die Sie als Kind in Ihrem Zimmer gesammelt haben, immer weggeworfen wurden. Dass vielleicht Ihre Spielsachen an andere Kinder verschenkt wurden und einmal sogar Ihre geliebte Miss Piggy verschwand und Ihre Eltern Ihnen erzählten, sie sei weggelaufen. In diesem Fall würden Sie jetzt niederschreiben: Die Tatsache, dass jemand etwas verliert, was Ihnen gehört, hat für Sie immer bedeutet, dass diese Person Sie nicht wahrnimmt oder versteht.

- Welcher meiner Glaubenssätze macht diese Umstände für mich so wichtig, dass ich mich aufrege?

Wenn wir bei unserem ersten Beispiel bleiben, wäre die Antwort vielleicht: »Ich möchte mich auf die Dinge konzentrieren, die ich für wichtig halte. Ich möchte tun können, was ich mir vorgenommen habe. Ich möchte, dass meine Zeit und mein Vorhaben akzeptiert werden. Daher sind störende Geräusche für mich wichtig genug, um mich aufzuregen.«
Für das zweite Beispiel hingegen wäre folgende Aussage denkbar: »Meine Besitztümer sind wichtig für mich. Einige sind mit wichtigen Erinnerungen verbunden, andere spielen eine Rolle in meinen Beziehungen zu anderen Menschen. Daher fühle ich mich angegriffen, wenn jemand etwas verliert oder kaputt macht, was mir gehört.«

- Wenn ich mir vorstelle, die Situation wäre noch schlimmer, als sie ohnehin schon ist, wie würde das aussehen? Was könnte mir dabei geschehen?

An diesem Punkt stellen Sie sich vor, dass das Geschehene noch öfter passiert und noch schwerwiegender wird: Es gehen immer mehr von Ihren Besitztümern kaputt oder verloren, der Lärm wird mehr statt weniger. Was geschieht in Ihrem Inneren auf emotionaler, körperlicher oder geistiger Ebene? Gehen Sie? Verlassen Sie den Menschen, der Ihnen dies antut? Werden Sie krank, deprimiert oder gar selbstmordgefährdet?

C. Machen Sie die Übungen A und B mindestens zwei Tage lang. Am Ende des letzten Tages nehmen Sie sich Ihre Notizen noch einmal vor und lesen durch, was Sie innerlich so aufgewühlt hat. Bleiben Sie dabei so unbeteiligt wie möglich, das heißt: Verurteilen Sie weder sich selbst noch andere Menschen.

Können Sie beim Lesen irgendwelche Denkmuster erkennen? Gibt es verbindende Strukturen, die hinter Ihren Stressmomenten stehen? Verbirgt sich beispielsweise die Angst dahinter, weniger ernst genommen zu werden, weniger »wirklich« oder wichtig zu sein? Oder die Furcht, eine bestimmte Beziehung nicht halten bzw. überhaupt nie die Beziehung haben zu können, die Sie sich wünschen? Vielleicht drehen Ihre Ängste sich auch hauptsächlich ums Geld. Wenn ja, wie stehen Sie generell zu Geld? Seien Sie dabei so aufrichtig und genau wie möglich.

A-Gedanken

In Übung 9 haben Sie versucht, Gedankenmuster zu erkennen, die bei Ihnen Stress auslösen. Ob Sie solche nun gefunden haben oder nicht – der Hauptzweck der Übung war es, Ihre Verbindungen zwischen Gedanken und Gefühlen zu erkennen. Wenn Sie damit weitermachen, werden Sie die Quelle Ihres Denkens jederzeit identifizieren können. Außerdem lernen Sie, zwischen Ihren *wirklichen* Gedanken und den A-Gedanken zu unterscheiden. (Das »A« steht für »Auslöser«.)
Ihre *realen* Gedanken sind ganzheitlich und lösen keine Konflikte aus. Sie sind Quelle Ihrer Energie, Inspiration und Liebesfähigkeit.

Sie erlauben uns, uns selbst, andere Menschen und Situationen so wahrzunehmen, wie sie wirklich sind. Und sie lassen uns den Ort erfahren, an dem die Herzen sich verbinden. Ein A-Gedanke dagegen ist eine Art Glaubenssatz, den wir irgendwann im Leben, meist in der Kindheit, entwickelt haben und der nun unserer Fähigkeit, Verbundenheit und Frieden zu erleben, im Weg steht. Wenn irgendetwas in unserem Tagesablauf einen A-Gedanken hervorruft, läuft die Gruppe von Emotionen, die damit verknüpft sind, quasi automatisch ab, wie ein Tonband oder ein Computerprogramm. Diese Gefühle steuern dann unsere Entscheidungen und unsere Wahrnehmung der Lage.

Da jeder Mensch andere A-Gedanken hat, regen Dinge, die den einen zum Wahnsinn treiben, den anderen überhaupt nicht auf. Ich habe vor kurzem beispielsweise einen Mann kennen gelernt, den behinderte Bettler wütend machten. Ich selbst werde fürchterlich betrübt, wenn ich ein Kind höre, das darum bittet, nicht den Hintern versohlt zu bekommen.

Ein typisches Kennzeichen für A-Gedanken ist die Tatsache, dass wir sie fast jeden Tag bestätigen. Tun wir das nicht, dann harren sie schlafend aus. Wenn wir herausfinden, auf welche Weise wir sie bestätigen, fällt es uns leichter, den A-Gedanken klar zu erkennen.

Die folgende Übung konzentriert sich auf A-Gedanken als machtvolle Quelle innerer Unruhe. Nun wollen wir herausfinden, weshalb diese Gedanken, die belastende Emotionen nach sich ziehen, genau dann unseren Geist »betreten«, wenn sie es tun. Wir müssen uns das Ganze etwa so vorstellen: Wir essen etwas, das scheinbar keinen nachteiligen Einfluss auf unseren Magen hat, ihn aber füllt. Stunden später essen wir dann etwas anderes, und plötzlich reagiert unser Magen gereizt. Normalerweise würde auch diese Nahrung uns nichts ausmachen, aber unser Magen ist eben schon vorbelastet und reagiert daher entsprechend.

Andere Beispiele sind etwa Momente, in denen wir uns ärgern, weil wir müde sind. Oder in denen wir im Straßenverkehr stecken bleiben, was normalerweise kein Problem wäre, aber jetzt stehen wir eben schon zum fünften Mal im Stau, und es reicht allmählich. In all diesen Momenten ist unser Geist schon vorher bereit zu reagieren.

Wir machen unseren Geist bereits am Morgen reaktionsfertig, kurz nachdem wir aufgewacht sind. Dann »laden« wir sozusagen ein oder zwei A-Gedanken in unser Bewusstsein. Und diese färben dann jede Art von Stress oder Ärger ein, die wir im Lauf des Tages erleben. Gelingt es uns, diesen morgendlichen »Ladevorgang« bewusst zu machen, verlieren die A-Gedanken schon einen Großteil ihrer Macht. Die simple Bewusstheit genügt, weil der »Ladevorgang« einfach darin besteht, dass wir den aufkommenden Gedanken auch wirklich glauben. Wird uns klar, dass wir die Gedanken annehmen müssen, dann steigen gleichzeitig Zweifel an unserem Tun auf, und der jeweilige Gedanke wird geschwächt. Die Bewusstheit selbst macht uns sensibler für diesen Gedanken, sodass wir auch im Lauf des Tages leichter bemerken, wenn er aktiv wird.

Warum aber akzeptieren wir diese A-Gedanken überhaupt? Weshalb lassen wir etwas so Zerstörerisches jeden Tag in unser Inneres? Die Antwort liegt zum Teil einfach darin verborgen, dass die A-Gedanken die absolute Grundlage unseres Egos sind. Wie war das noch? Unser Ego ist der Wunsch, sich von den Menschen unserer Umgebung zu unterscheiden. Und in einer Welt, in der Getrenntheit Trumpf ist, strebt jeder danach, die Verbundenheit aufzulösen, zumindest bis zu einem gewissen Grad. Wenn wir also die A-Gedanken nicht in uns aufnähmen, könnten wir ganz wir selbst sein, vollkommen frei. Dann würden wir unser Einssein mit allem und allen erleben.

Dies ist unser Ziel, aber die meisten von uns sind einfach noch nicht so weit. Wir müssen uns immer noch darum kümmern, was unser Ganzwerden, unsere Liebe und Einssein blockiert. Wir versuchen herauszufinden, wie und wann wir uns zurückhalten wollen. Eine der besten Möglichkeiten ist es, zu erkennen, wann wir unsere tägliche Ration A-Gedanken aufnehmen.

Übung 10

Zeit: vier oder mehr Tage

- Beginnen Sie damit, unmittelbar nach dem Erwachen einen kurzen Überblick über Ihren Geisteszustand zu gewinnen. Sie werden bemerken, dass – zumindest einige Sekunden lang – Ihr Geist vollkommen leer ist. Es gibt immer ein oder zwei solcher Augenblicke, bevor das übliche Denkmuster seinen Platz einnimmt. Die Übung besteht nun darin, Ihre ersten Gedanken zu beobachten und herauszufinden, wie die ersten fünf Minuten Ihres Tagesablaufs in Ihrem Bewusstsein aussehen. Wenn Sie es eilig haben, notieren Sie nur den Inhalt jedes Gedankens und füllen Sie das Ganze später auf. Vielleicht könnten Sie sich aber auch ein paar Minuten früher wecken lassen und jeden Gedanken gleich detailliert beschreiben.
- Halten Sie auch die Stimmung fest, die jeder Gedanke über Ihren Tag wirft. Es ist möglich, dass die ersten ein oder zwei Gedanken noch keinen bestimmten Gemütszustand auslösen, aber wenn Sie weiterhin auf Ihren Geist achten, werden Sie bald merken, wie sich eine nur zu bekannte Stimmung bei Ihnen einschleicht.

Einige A-Gedanken haben scheinbar gar nichts mit dem vor Ihnen liegenden Tag zu tun. Trotzdem verleihen Sie dem Tagesablauf eine bestimmte Färbung, indem sie eine Art genereller Vorausinterpretation liefern, in deren Licht Sie alles wahrnehmen, was geschieht. Später am Tag spüren Sie vielleicht einen bekannten Ärger gegenüber einer bestimmten Menschengruppe oder ein Vorurteil, das Sie gegenüber einer gewissen Person hegen. Vielleicht fühlen Sie auch Trauer über etwas längst Vergangenes. Ist das so, dann gibt es dazu auch einen zentralen Gedanken, der diese Emotionen begleitet. Und ebendieser Gedanke »betritt« ihren Geist morgens, wenn der Tag beginnt.
Bei der morgendlichen Erfahrung, welche die alten Interpreta-

tionen oder A-Gedanken wieder an ihren Platz holt, fühlen Sie sich manchmal so, als erinnerten Sie sich plötzlich wieder an die Bedeutung Ihres Lebens. In der Folge möchte ich Ihnen eine Auswahl möglicher Gedanken vorstellen, die angeblich diese Bedeutung Ihres Lebens ausdrücken. Gayle und ich haben sie während zahlloser Beratungsgespräche aufgesammelt.

»Ich muss immer die ganze Arbeit erledigen.«

»Keiner versteht mich.«

»Mein Partner ist die Quelle all meiner Schwierigkeiten.«

»Nichts klappt bei mir.«

»Ich habe eine bestimmte Aufgabe in dieser Welt.« (»Gott liebt mich mehr als andere Menschen.« – »Ich kenne eine Wahrheit, die anderen verborgen bleibt.« – »Mir wurde vom Schicksal eine besondere Rolle zugedacht.«)

»Ich werde immer allein bleiben.«

»Ich habe ein wunderbares Leben.« (»Das Glück ist auf meiner Seite.« – »Ich habe immer Dusel.« – »Ich habe eine Menge gutes Karma.« – »Bei mir klappt immer alles.«)

»Wenn ich nur frei wäre!« (»Ständig nimmt man dir die Freiheit.«)

»Ich zerstöre das Glück der anderen.« (»Ich bereite allen nur Kummer.«)

»Ich habe nie genug Zeit.« (»Ich muss das sofort erledigen.«)

»Ich bin überlegen. Daher sind meine Gefühle immer angemessen.«

Wie Sie sehen, gibt es auch positiv klingende A-Gedanken. Menschen mit einer solchen Grundeinstellung glauben häufig, diese müssten sie ja wohl *nicht* loslassen. Sie nehmen ganz im Gegenteil an, die positiven Gedanken machten sie zu etwas Besonderem, weil sie das Selbstbewusstsein stärken. Gerade darin liegt das Problem.

Wenn Sie jemals mit Eltern gesprochen haben, die ihr Kind für ein Musik- bzw. Sportgenie oder einfach für einen potenziellen Klassenprimus halten, kennen Sie vermutlich die Probleme, welche diese Art von »Wertschätzung« nach sich zieht. So ein Kind fürchtet nur wenig mehr als die Worte »Wir wissen, dass du es schaffen wirst«. Ist Ihnen so etwas gar selbst geschehen, dann erinnern Sie sich vermutlich noch gut an den enormen Druck, den diese Erwartungen auf Ihre Schultern häuften. Jedes Mal wenn Sie es nicht schafften, dieser »positiven« Erwartungshaltung gerecht zu werden, war Ihre ganze Familie enttäuscht. Und die Liebe Ihrer Eltern schien Ihnen nicht mehr bedingungslos zu sein, denn Sie konnten ja sehen, wie Ihre Eltern im Kreis der Freunde und Verwandten immer weiter an dieser kleinen Legende über Ihre Person strickten.

Ist unser A-Gedanke also in diesem Sinne ein »positiver«, versetzen wir uns selbst in die gleiche Situation, wie solche Eltern es mit ihrem Kind tun. Lautet Ihr A-Gedanke beispielsweise: »Alles ist gut«, dann ergibt eine nähere Betrachtung, dass dieser Gedanke den Großteil der Menschheit aus Ihrem Blickfeld ausschließt. Jeder, der Zeitung lesen kann, wird Ihnen sagen, dass für Tausende, ja Millionen von Menschen keineswegs alles gut ist. Sie sterben bei Hungerkatastrophen, durch Krieg und Völkermord sowie Erdbeben, Feuer, Flutwellen, Epidemien und so weiter. Ein weiterer Blick sagt Ihnen, dass nicht einmal Sie selbst von diesem Gedanken profitieren, weil er Sie für Enttäuschungen anfällig macht. Denn auch in Ihrem Körper oder in Ihrem Alltagsleben geht keineswegs immer alles gut.

Jeder dergestalt »positive« oder »spirituelle« Gedanke, der uns »aus der ›Menge‹ heraushebt«, schneidet uns von Gleichheit, Brüderlichkeit und Verbundenheit ab und lässt uns Menschen, die wir als »anders« empfinden, verurteilen.

Menschen, die den A-Gedanken hegen: »Ich bin gut gelaunt, ein Optimist eben; ich sehe stets frohgemut in die Zukunft«, distanzieren sich immer mehr von ihrer Umgebung. Schon der Drang, im Gespräch generell negativen Ansichten entgegenzutreten und eine positive Auffassung zu äußern, beruht auf dem Urteil, das jene ausgrenzt, die von negativen Dingen sprechen. Dasselbe gilt, wenn wir glauben, nur noch positiv denken zu dürfen. Wir sitzen einem Urteil über unseren eigenen Geist auf, das besagt, negative Gedanken wären schlecht. Sind wir also der Auffassung, dass nur Positives gesagt und gedacht werden darf, dann verlangt dies von uns eine dauernde mentale Gymnastik, weil wir uns ja anstrengen müssen, alles mit Zuversicht zu sehen.

Das Gegenteil von Zynismus ist keineswegs Optimismus. Positives Denken lässt uns noch immer »reagieren«. Auf diese Weise bleiben wir Opfer dessen, was andere Menschen sagen, Opfer unseres Geistes. Wir erlegen den Ereignissen ja immer noch unsere eigene Interpretation auf. Ist unser Geist dagegen ruhig und in sich geschlossen, können wir mitfühlend und aus der Gegenwart heraus handeln. Wir sehen die Dinge klar, intuitiv und frei von vorgestrickten Denkmustern. Wir erkennen, was zerstörerisch wirkt und was nicht, fühlen jedoch keinen Drang, anderen Menschen unsere Erkenntnisse aufzunötigen. Wir liegen weder mit ihrem Geist noch mit unserem im Clinch.

Die Grundeinstellung, die sich in unseren A-Gedanken zeigt, ist fast immer sehr subtil, weil wir so sehr an sie gewöhnt sind. Die meisten Menschen glauben einfach, das Leben wäre halt so, wie ihr A-Gedanke es ausdrückt. Sie sind davon überzeugt, sie sähen das Leben so, wie es eben sei. Lautet der A-Gedanke: »Nichts haut jemals hin«, dann wird der Betreffende nicht nur seinen Tagesablauf dementsprechend interpretieren, er wird darüber hinaus alles in seiner Macht Stehende tun, um zu beweisen, dass wirklich nichts klappt. Gayle und ich kennen einen Künstler mit dieser Einstellung, der für seine eigene Sammlung die wunderbarsten Werke schafft; doch kaum soll er für einen Auftraggeber bzw. eine Ausstellung arbeiten, bringt er es nicht über sich, genauso viel Zeit und Sorgfalt darauf zu verwenden. Das Ergebnis sind mindere Arbeiten, die unweigerlich seiner Karriere schaden.

Den A-Gedanken morgens zu laden, ist, als zögen wir ein altes Kleidungsstück an. Wir betrachten es schon gar nicht mehr, weil

wir so sehr daran gewöhnt sind, obwohl es uns mittlerweile längst nicht mehr passt. Daher ist es hilfreich, wenn Sie mit Ihrer Erforschung des eigenen Geistes bereits am Morgen beginnen, wenn der Unterschied zwischen einem klaren Geist und einem Geist, der von einer bestimmten Einstellung zur Wirklichkeit geprägt ist, besonders deutlich sichtbar wird.
Sobald der A-Gedanke sich in unserem Geist ausbreitet, erleben viele Menschen dies als energetische Veränderung. Häufig wird es als leichter Energieverlust empfunden, wenn der A-Gedanke morgens zum ersten Mal gedacht wird. Sind Ihre Lebensumstände allerdings gerade besonders aufregend, kann es auch sein, dass Sie eine unbestimmte Angst oder gar einen Energieanstieg verspüren.
Wenn wir erst einmal in der Lage sind, die Gedanken zu identifizieren, die mit den ersten Stimmungen, Energieveränderungen und Emotionen des Tages in Zusammenhang stehen, sind wir dem Zweck dieses Buches bereits einen gewaltigen Schritt näher gekommen. Achten Sie also auf jeden Gedanken, der einem Gefühlsumschwung oder dem Aufkommen einer allgemeinen Stimmung vorangeht. Halten Sie alle Gedanken fest, die Ihnen in den ersten fünf Minuten des Tages durch den Kopf gehen, dann ist bestimmt auch Ihr A-Gedanke dabei.

- Während der Beobachtungszeit am Morgen registrieren Sie alle Gedanken. Später am Tag genügt es, wenn Sie einfach darauf achten, ob ein oder zwei Gedanken, die Sie bereits am Morgen hatten, vielleicht des Öfteren wiederkehren. Unter Umständen müssen Sie den »geistigen Rückwärtsgang« einlegen, um dies herauszufinden. Greifen Sie eine Ihnen bekannte Stimmung heraus, und gehen Sie dem Gedanken nach, der dahinter steckt. Sie müssen diese Gedanken nicht schriftlich festhalten. Beobachten Sie sie nur einige Sekunden, und lassen Sie dann Ihren Geist sich wieder in der gewohnten Weise mit Gedanken füllen.

Übung 10 ist wirklich sehr wichtig. Sie sollte daher mindestens vier Tage lang vollständig ausgeführt werden.

Bitte denken Sie daran, dass Sie Ihrem Ziel, nämlich einem klaren, nicht zersplitterten Geist, keineswegs näher kommen, wenn Sie entscheiden, dass Sie selbstsüchtig, kleinlich, rachsüchtig, arrogant, schwach, überängstlich und Ähnliches sind, nur weil Sie solche Züge in Ihren Gedanken entdecken. Zwischen dem Erkennen von bereits vorhandenen Gedanken und dem Umorganisieren derselben zu einer dunklen und unumstößlichen Entscheidung über Sie selbst liegen Welten.

Wenn Sie anfangen, sich über den Inhalt jedes Ihre geistige Einheit aufsplitternden Gedankens Sorgen zu machen, schaden Sie Ihrem Wohlbefinden, Ihren Beziehungen und Ihrer Freude am Leben. Daher ist es zwar wichtig, die Wirkungen auszumachen, welche Ihre Gedanken auf Sie selbst und andere haben, trotzdem sollten Sie daraus keine generellen Schlüsse über Ihren Geist und Ihr Herz ziehen. Festzustellen, dass Sie sich ziemlich viel Sorgen machen, ist etwas anderes, als sich für einen Angsthasen oder einen Menschen ohne Rückgrat zu halten.

Wenn Sie also den Weg gehen, den dieses Buch Ihnen vorzeichnet, dann bedeutet das durchaus, dass Sie Ihr Ego ans Licht zerren und ihm ins meist nicht so schöne Antlitz sehen werden. Aber Sie sollten das, was Sie sehen, nicht für einen »Fehler« Ihrerseits halten. Hier geht es nicht um hässliche Bilder Ihres Geistes oder um das, was Sie »wirklich« sind. Wichtig ist die klare, unerschütterliche Erkenntnis, dass Sie Gedanken und Impulse haben, die Sie nicht besonders mögen. Suchen Sie auf diese Weise Abstand zu Ihrem Ego zu gewinnen, wird es Ihnen leichter fallen, es loszulassen.

Kapitel 5
Wie Sie die Kontrolle loslassen

Kennen Sie den folgenden Witz?
Bisher habe ich noch keinen anderen Autofahrer verflucht. Ich habe weder zu viel Zucker noch zu viel Fett gegessen. Kein Familienmitglied hat mir widersprochen. Und bei der Arbeit war auch alles in Ordnung.
Bis jetzt läuft alles Spitze.
Blöderweise ist es nun Zeit zum Aufstehen.
Zumindest bestimmen wir, wann wir aufstehen!
Oder?
Seien Sie vorsichtig mit der Antwort, denn wenn Sie nicht völlig ehrlich sind, fallen Sie sicher noch einigen anderen Suggestionen zum Opfer, die Sie im Lauf des Tages zu hören bekommen, ob sie nun aus dem Fernsehen oder dem Mund Ihres Lieblingsfeindes stammen. Dann sind Sie nämlich leichte Beute. Für wen? Für Erfolgsbücher, Ratgeber und Talkshowmaster. Vielleicht werfen Sie sogar Ihr gutes Geld zum Fenster hinaus, damit ein Motivationsexperte Ihnen einredet, dass Sie »Ihr Leben kontrollieren« können.
Also erlauben Sie mir doch, die Frage zu wiederholen: Bestimmen Sie wirklich, wann Sie aufstehen?
Oder denken Sie: »Ich sollte jetzt aber wirklich aufstehen«, nur um sich noch einmal im Bett umzudrehen?
Ah, aber stehen Sie denn auf, wenn Sie sich dafür entscheiden?
Oder drücken Sie auf den Knopf am Wecker, denken: »Ich bleibe noch ein bisschen liegen«, um dann wie von der Tarantel gestochen aus dem Bett zu schnellen? Oder viel länger als »ein bisschen« liegen zu bleiben. Ich möchte fast wetten, dass Sie auch Tage kennen, an denen Sie bis abends im Bett bleiben und ständig denken: »Gott, ich sollte wirklich aufstehen.«

Das Einzige, was niemals geschieht, ist, dass wir denken: »Jetzt stehe ich auf«, und uns im selben Moment erheben.
Mit anderen Worten: Haben wir denn diese simpelste aller Tätigkeiten wirklich unter Kontrolle? Wir sind der einzige Faktor, auf den es bei dieser ersten Entscheidung des Tages ankommt. Dabei gehe ich jetzt einfach mal davon aus, dass Sie sich nicht in den Betttüchern verheddern bzw. Ihrem Partner gerade etwas besonders Lustvolles einfällt. Aber wenn wir nur noch ein Element hinzufügen – einen Virus, einen Wadenkrampf oder ein Kind, das auf Ihren Bauchmuskeln Trampolinspringen trainiert –, dann ist schon völlig klar, dass wir über die Situation keine Kontrolle mehr haben.
Und dabei reden wir noch nicht von den tausend anderen möglichen Faktoren, die Einfluss auf unsere Entscheidung nehmen könnten. Kommen solche dazu, so schaffen Sie es vielleicht trotzdem, aufzustehen. Aber sind wirklich Sie es, der bestimmt, wann Sie sich erheben, wie Sie Ihre Beine aufsetzen, wie sich Ihre Muskeln und Gelenke anfühlen, welcher Fuß auf den Haarballen steigt, den die Katze gerade hochgewürgt hat, und in welcher Stimmung Sie sind, wenn Sie dem Leben endlich aufrecht entgegentreten?
Bevor wir uns also der Frage zuwenden, ob wir unser Leben kontrollieren können, lassen Sie uns doch ganz ehrlich diese weit einfachere Frage beantworten: Kann jemand diese simpelste aller Handlungen, nämlich den Start in den Tag, selbst bestimmen? Denn wenn wir dies nicht kontrollieren können, dann können wir auch alles andere vergessen. Und ich bin der Auffassung, dass wir in Wirklichkeit überhaupt nichts kontrollieren. Aus diesem Grund nämlich ziehen wir aus dem Alleinsein keine Freiheit und aus persönlichem Reichtum keinen Schutz. Daher sind wir nicht frei, wenn unsere Kinder flügge sind und in die Welt hinausstreben, und was dergleichen unsinnige Annahmen mehr sind, welche unsere Kultur, die auf das Prinzip des »Hilf dir selbst« vertraut, uns in die Wiege legt. Aber wem helfen wir denn eigentlich, wenn wir uns selbst helfen?

Wie Sie »ich«, »mich« und »mein« loslassen

Wenn wir unsere Augen schließen und versuchen, in unserem Herzen anzukommen, dort, wo Stille und Frieden herrschen, so lässt sich dieser Ort mit Sicherheit finden. Er ist immer da. Und er hat keine Kontrollbedürfnisse. Es ist ein anderer Teil von uns, das Ego, also der konfliktbeladene Teil unseres Geistes, der ständig auf der Suche nach dem ist, was er als Nächstes unter Kontrolle bekommen muss.

Die meisten von uns denken aber, dass dieser Teil ihr »Ich« ist. Wenn wir »uns« fragen, was wir möchten, dann richten wir unsere Frage ausschließlich an diesen Teil unserer selbst. Und wir arbeiten unermüdlich nur für sein Wohlergehen. Wir schützen seine »Grenzen«, achten darauf, dass er auch ja genügend Respekt und Achtung erfährt, und überwachen eifrig seine Bedürfnisse, damit sie auch erfüllt werden, wenn sie zu drängend werden drohen.

Aber dieses »Ich«, das uns ständig alles kontrollieren lassen möchte, unterliegt selbst keiner Kontrolle. Wir schuften uns also für einen Tyrannen ab, den wir nicht einmal selbst gewählt haben.

Obwohl die Bedürfnisse, welche das »Ich« ausmachen, bei jedem Individuum anders sind, geben wir ihnen blind Vorrang vor unserem Lebenspartner, unseren Kindern, Freunden, vor den Anforderungen unseres Berufs und unserem Glück. Sich ausschließlich der Erfüllung seiner eigenen Bedürfnisse zu widmen, ist ein so enger, armseliger und kindischer Lebensentwurf, dass wir genauso gut tot sein könnten. Und doch tun wir das täglich, ohne uns je zu fragen, weshalb wir unser Leben für etwas kontrollieren sollen, das sich selbst jeder Kontrolle entzieht.

Von den Tausenden von Faktoren, die »uns«, unser Ego, unsere weltliche Identität prägten, haben wir nicht einen einzigen selbst bestimmt. Wir hatten keine Kontrolle über die Emotionen unserer Eltern, als sie uns zeugten, noch auf die Zeit, zu der sie dies taten.

Wir konnten nicht kontrollieren, welches Spermium schließlich das Rennen machte, wie die Gene zueinander fanden oder was unsere Mutter während der Schwangerschaft aß und trank. Als das Fruchtwasser brach, geschah dies ohne unsere Einmischung. Wir wissen nicht einmal, wie lange unsere Mutter brauchte, bis sie im Säuglingsheim war, oder über welche Schlaglöcher der Wagen hinwegholperte. Wir hatten keinerlei Einfluss darauf, wer damals im Säuglingsheim Dienst tat, wie lange die Entbindung dauerte, mit welchen Methoden man uns aus dem Mutterleib holte, wie die Himmelskörper gerade standen und wie lange wir ohne Versorgung im Babyraum lagen. Ob wir Erst- oder Zweitgeborene waren, entzog sich ebenso unserer Kontrolle wie die Tatsache, ob und wie lange wir gestillt wurden.

Und dabei sind wir noch gar nicht bei den prägenden Jahren angelangt.

Nichts, buchstäblich nichts davon unterlag unserer Kontrolle. Nicht einer der Faktoren, die schließlich zur Schaffung des kostbaren »Ichs« beitrugen, das wir für unsere persönliche Wahl halten. Und trotzdem bringt unsere Kultur uns dazu, Herz, Seele und Geist den Bedürfnissen dieses »Ichs« unterzuordnen, das wir gar nicht geschaffen haben.

Hugh und Gayle

Vor meiner dritten Verabredung mit Gayle fragten mich meine beiden Zimmergenossen an der Uni, ob es mir denn ernst mit ihr sei. Ihre Frage empörte mich. Wie gesagt, Gayle und ich hatten uns gerade erst kennen gelernt. Wir hatten vielleicht insgesamt acht Stunden miteinander verbracht. Gayle habe nicht die richtige politische Einstellung, erklärte ich ihnen. Auch ihre Religion passte mir nicht. Sie rauchte, trank und aß ungesunde Hamburger. Sogar auf einem Motorrad war sie schon einmal gesehen worden! Zusammengefasst könnte man meine Antwort etwa so wiedergeben: »Würdet ihr ernsthaft mit jemandem zusammen sein wollen, der Countrymusik hört?«

Ein paar Stunden später saßen Gayle und ich in meinem Wagen. Wir hatten vor einem Café geparkt und fragten uns, ob wir wohl hineingehen sollten. Unser Gespräch verlief so:

Ich: »Möchtest du lieber etwas anderes tun?«

Gayle: »Ja, ich glaube, schon.«

Ich: »Möchtest du heiraten?«

Gayle: »Ja, ich glaube, schon.«

Wir lebten in Dallas. Dort musste man drei Tage warten, bis man heiraten konnte. Eine Stunde später befanden wir uns auf dem Weg nach Oklahoma, wo dies sofort möglich war.

Etwa auf halbem Weg fragte Gayle: »Glaubst du, dass das etwas wird?«

»Nein«, antwortete ich. »Glaubst du das denn?«

»Nein«, sagte sie.

Dennoch fuhren wir nach Oklahoma, wo wir ein paar Stunden später getraut wurden.

Auf dem Weg zurück sagte Gayle zu mir: »Ich hoffe, dir ist klar, dass ein Stück Papier keinem Mann ein Recht auf meinen Körper gibt.« Und mit diesen Worten stolzierte sie in ihr Apartment und lehnte zwei Wochen lang jedes Rendezvous ab.

Als wir anfingen, Bücher zu schreiben, spielte sich mehr oder weniger das Gleiche ab.

Und als wir unser erstes Kind bekamen.

Laiengeistliche wurden wir auf dieselbe Weise. Sie verstehen wohl langsam, worauf ich hinauswill.

Fünfunddreißig Jahre später haben wir drei wunderbare Söhne (einen aus einer früheren Ehe). Wir haben fünf wundervolle Haustiere. Und dies hier ist unser fünfzehntes Buch. Wir dienen einer Kirche, die uns niemals ordiniert hat. Und leben in einer Stadt, in der das Thermometer im Sommer regelmäßig über fünfunddreißig Grad Celsius klettert. Und in den letzten vier Nächten haben wir neununddreißig ausgewachsene Skorpione erschlagen, die rund um unser Haus wohnten. (Was wir mit ihren Nachkommen gemacht haben, dazu möchte ich mich hier nicht äußern.)

Uns geht es wie allen Menschen – manchmal gut, manchmal weniger gut. Und unser Leben ist wie das aller anderen – wir haben darüber keine Kontrolle.

Einige Dinge sind wirklich einfach. Hier ist eines: Entweder Sie entspannen sich und lassen Ihr Leben einfach seinen Gang gehen. Dann werden Sie erfahren, was Frieden ist. Oder Sie versuchen, Ihr Leben unter Kontrolle zu bringen. Dann werden Sie erfahren, was Krieg ist.

Übung 11

Zeit: zwei oder mehr Tage

A. Wenn Sie kurz nach dem Erwachen merken, dass sie wach sind, achten Sie darauf, wann Sie sich entscheiden, aufzustehen. Und wann Sie tatsächlich aufstehen.

B. Irgendwann im Lauf des Tages fragen Sie sich, was Sie wohl in fünf Minuten tun werden. Antworten Sie so genau wie möglich:

»Welcher Tätigkeit werde ich mich widmen?«
»Was hat dabei mein Körper zu tun? Werde ich diese oder jene Position einnehmen?«
»Welche Gedanken werde ich hegen?«
»In welcher Stimmung werde ich sein?«
Dann stellen Sie einen Kurzzeitwecker, sodass er in fünf Minuten läutet.
Sobald die Zeit vorüber ist, vergleichen Sie das, was Sie tatsächlich tun, mit dem, was Sie zu tun vorhatten.

C. Sie sollten die ganze Übung an zwei aufeinander folgenden Tagen je einmal täglich machen.

In dieser Übung geht es einzig darum, herauszufinden, ob wir vorhersagen können, was die nächsten fünf Minuten unseres Lebens bringen werden. Wir fragen uns – oder unsere Freunde – ja noch nicht, ob wir zum Beispiel Charlie heiraten sollen, den wir zufällig im Wartezimmer des Zahnarztes kennen gelernt haben. Oder ob wir lieber nach Terre Haute fahren sollen, das in diesem *Life-Magazine*-Artikel, den wir im selben Wartezimmer gelesen haben, so interessant dargestellt war.

Übung 12

Zeit: zwei oder mehr Tage

- Während der nächsten beiden Tage – idealerweise auch noch an den folgenden Tagen bzw. Wochen – achten wir darauf, wie häufig kleine Routineabläufe nicht so verlaufen, wie man es eigentlich hätte erwarten können. Falls Sie zum Beispiel Brot und Cracker auf Ihrem Küchentisch vergessen, wenn Sie zur Arbeit gehen, dann sind die Cracker am Abend weich, während das Brot hart ist. Diese Übung verlangt von Ihnen einfach nur, dass Sie Ihr Aufmerksamkeitsspektrum etwas erweitern. Wir sind nämlich an das Chaos so sehr gewöhnt, dass wir es meist schon gar nicht mehr wahrnehmen. Doch genau dieses »Wegsehen« ermöglicht uns, zu glauben, es gebe einen Weg, Ereignisse und andere Menschen zu kontrollieren.

Während der nächsten beiden Tage beobachten Sie Ihren Körper aufmerksam dabei, wie er die Ihnen vertrauten Aufgaben ausführt, Dinge, die Sie seit jeher tun. Fragen Sie sich, ob alles so läuft, wie es sollte, wenn Sie Ihre Schuhbänder binden, die Lampe einschalten, ein Papierkügelchen vom Boden aufheben, Ihr Haar kämmen, Cornflakes in die Milch schütten und so weiter. Geht alles den erwarteten Gang?

Übung 13

Zeit: ein Tag oder mehrere

Hier möchte ich Sie nur kurz an das erinnern, was ich vorher schon einmal gesagt habe: Sie werden mehr von den Übungen haben, wenn Sie nicht mehr als eine pro Tag machen. Jede Übung lenkt Ihre Aufmerksamkeit auf einen ganz bestimmten Punkt, und diese Punkte zu mischen, verringert die Möglichkeit zur Einsicht, die sie Ihnen vermitteln können. Denken Sie bitte daran, während Sie diese Übung machen.

- Bevor Sie sich schlafen legen, schreiben Sie folgende Worte auf ein Blatt Papier. Bringen Sie das Blatt dann so an, dass es Ihnen unmittelbar nach dem Aufwachen ins Auge fällt.

»Nichts wird heute klappen. Also werde ich mich entspannen und es genießen.« Was zunächst ein wenig eigenartig klingen mag, setzt nur das um, worum es schon die ganze Zeit geht. Der Schlüssel zu geistiger Freiheit ist, die Welt so zu sehen, wie sie ist, und dann jedem noch so leisen Ruf zu widerstehen, der Sie auffordert, das Wesen der Welt zu ändern. Das soll nicht bedeuten, dass wir niemals etwas ändern, um damit uns oder unseren Lieben etwas Gutes zu tun. Alles, was wir unternehmen, sogar ein einfaches Gähnen oder das faule Herumliegen in der Badewanne, verändert die Welt. Und diese Veränderungen können auf friedliche Weise geschehen. Das ist kein politisches Manifest, auch kein Aufruf zum Weltfrieden, in dem Kopfläuse und ähnliche lebende Wesen nicht mehr getötet werden dürfen. Vielmehr handelt es sich dabei um eine Beobachtung. Wir können unseren Weg nach Hause sanft und ohne Widerstände beschreiten. Oder wir können uns festkrallen, treten und kreischen, während wir zentimeterweise trotzdem vorwärts treiben.

Wie Sie sich vom Ergebnis verabschieden

Wir können Ereignisse und andere Menschen zwar nicht kontrollieren, nicht einmal ansatzweise, doch eines unterliegt auf jeden Fall unserem Einfluss: die eigene Entscheidung, etwas kontrollieren zu wollen. Wir können sie loslassen und frei sein. Oder wir können weiterhin sinnlose Schlachten schlagen. Beides geht nicht. Wir können uns nur auf Inhalt oder Form konzentrieren, auf das Wesen oder die äußere Erscheinung. Wenn wir beschließen, das Ergebnis loszulassen, opfern wir damit nichts Wirkliches. Wir öffnen nur unser Herz und unseren Geist für die Erfahrung der Ganzheitlichkeit.

Ein gutes Beispiel für einen Kontrollversuch, der sich das Deckmäntelchen der Liebe umhängt, obwohl er eigentlich nur die gegenseitige Verbundenheit stört, ist der krampfhafte Versuch, eine bestimmte Zeit »für die Familie« einzuplanen oder einmal am Tag ein »Familienessen« einzuführen. Wenn natürlich alle Betroffenen wirklich hinter dieser Entscheidung stehen, hat das »Familienessen« nichts mit Kontrolle zu tun. Ist das aber nicht so, dann schafft dieses Ereignis eine künstliche Einheit, die nur allzu leicht auf Kosten wirklicher innerer Verbundenheit geht. Dann sind zwar alle zur selben Zeit am selben Ort und spielen »Monopoly« oder nagen an den warmen Maiskolben, doch dahinter steht keine wahrhafte Einheit.

Dasselbe geschieht, wenn ein Partner den anderen dazu bringt, ihn öfter aus dem Büro anzurufen, öfter Sex zu haben oder Gespräche vom Typus »Na, wie ist es denn bei dir heute gelaufen?« zu führen, statt in die Glotze zu starren. Dies mag zwar auf den ersten Blick nach mehr Kontakt aussehen, in Wirklichkeit aber erhöht es das innere Voneinander-getrennt-Sein nur noch. Jede Form von Kontrolle kann nicht zu mehr Liebe führen, weil Kontrolle selbst auf die Mittel des Krieges setzt.

Becka und Larry

Becka und Larry kamen vor einigen Jahren zu Gayle und mir in die Beratung. Sie hatten ein Problem, das etwa neunzig Prozent der Paare haben, die uns konsultieren, nämlich unterschiedliche Vorstellungen in Bezug auf die Häufigkeit von Sex. Larry hätte gerne zwei- bis dreimal die Woche Sex gehabt, Becka höchstens ein- bis zweimal pro Monat. Daher hatten sie einen Kompromiss geschlossen, der Sex für den Samstagabend vorsah, ganz egal, ob sie nun in Stimmung waren oder nicht. Die Situation wurde noch komplizierter durch die Tatsache, dass Larry glaubte, Becka liebe ihn nicht, weil sie nicht so oft Sex haben wollte. Und Becka hielt Larrys Bedürfnis nach Masturbation für eine Form der Untreue.

Wir baten sie zuerst, dem jeweils anderen zu sagen, was sie an ihm besonders liebten, und so mindestens zehn Dinge aufzuzählen. Diese einfache Übung lenkt die Aufmerksamkeit der Partner weg von dem, was sie nicht haben können, und hin zu dem, was sie bekommen. Sie wenden sich also vom konfliktbeladenen, auf Trennung ausgerichteten Teil ihres Geistes ab und öffnen sich dem Frieden ihrer Herzen, der sie miteinander verbindet. Der Augenblick, in dem dies stattfindet, ist immer deutlich sichtbar: Das Paar wirkt auf einmal glücklich. Die beiden strahlen sich an, lachen und kichern miteinander.

Als Nächstes baten wir sie, die Augen zu schließen, in ihr Herz zu blicken und sich zu fragen, welchem Zweck Sex in ihrer Beziehung dienen sollte. Mit anderen Worten: Wie sollten ihre Beweggründe für Sex aussehen und wie sollte sich ihrer Auffassung nach der gemeinsame Akt auf ihre Beziehung auswirken?

Obwohl Larry die Augen länger geschlossen hielt als Becka, teilten sie uns mehr oder weniger das Gleiche mit: Sie wollten, dass die Sexualität ein Akt der Liebe sein und das Erlebnis sie fester zusammenschweißen solle.

Sie haben vielleicht schon bemerkt, dass Autoren gern ihre eigenen Erfolge herausstreichen, und unsere Sitzung mit diesem Paar schien wahrhaftig ein Erfolg zu werden, denn als Nächstes sagte Becka: »Wir sollten aus unserem Dauerstreit wohl eher ein andauerndes Fest der Liebe machen.« Und Larry sagte in einem Moment höchster Euphorie (den er – wie wir wohl wussten – später bereuen würde): »Liebes, ich will bestimmt nie wieder Sex, wenn du es nicht willst.« Wir alle gingen über diesen Kommentar großzügig hinweg.

Mit so viel gutem Willen ließ sich natürlich auch gut praktisch arbeiten. Gayle sagte also zu Larry: »Haben Sie je ein wunderbares Essen aufgetragen bekommen, bei dem Sie sich so voll gestopft haben, dass wirklich kein Krümel mehr in sie hineingepasst hätte?«

»Leider viel zu oft«, antwortete Larry.

»Nun, dann versuchen Sie mal, sich vorzustellen, wie Sie sich fühlen würden, wenn Becka nach so einer Mahlzeit zu Ihnen sagte: ›Larry, ich möchte, dass du gleich noch so eine Portion verdrückst. Wenn du mich wirklich liebst, dann tust du das jetzt.‹ Als Frau kann ich Ihnen versichern, dass man sich genauso fühlt, wenn man Sex haben soll, ohne es zu wollen.«

Ich für meinen Teil erklärte Becka, wie die männliche Sexualität sich von der weiblichen unterschied. Wenn der Samen im Körper gebildet wird, empfinden Männer einen immer stärkeren Drang, ihn loszuwerden. Wenn sie sich lange genug zurückhalten, wird ein so genannter »feuchter Traum« daraus. Ich sagte ihr auch, ich wisse zwar, dass es so etwas auch bei erwachsenen Männern gab, aber keinen Mann kenne, der wirklich so lange durchgehalten hätte. Auch ich benutzte ein sprachliches Bild, um Becka die Vorstellung zu ermöglichen. Was sie von Larry forderte, nämlich nur ein- bis zweimal im Monat Sex zu haben, aber trotzdem nicht zu masturbieren, hieße, dass man nur alle zwei bis drei Tage essen und zwischendrin nicht mal einen Snack zu sich nehmen dürfe.

Das Ergebnis der Sitzung war, dass Becka und Larry beschlossen, sich mit ihren unterschiedlichen sexuellen Rhythmen gegenseitig zu helfen. Becka schenkte Larry schließlich ein Set mit Masturbationshilfsmitteln, zu denen ihr eine Freundin geraten hatte, die in einer Klinik für Paare arbeitete, die keine Kinder bekommen konnten. Außerdem schenkte sie ihm noch einen »wöchentlichen Freibrief«, den er einlösen durfte – Sex auf Wunsch, sozusagen.

Larry hingegen gestand Becka fünf Wünsche zu, die ihr Sexualleben für sie befriedigender gestalten sollte. Außerdem versprachen beide, sich zu informieren, auf welche Weise sie sexuelle Kontakte gestalten konnten, ohne regelrecht Verkehr zu haben. Und was noch wichtiger ist: Sie versprachen sich, dass sie nicht aufhören würden, zu forschen, wenn die ersten Versuche etwa nicht zum gewünschten Ergebnis führen sollten. So lange, bis sie etwas gefunden haben würden, das beide befriedigte. Anders gesagt, sie kamen überein, das Problem einfach mit Ausdauer zu lösen.

Später sagten sie uns, sie hätten nach ein paar Fehlstarts eine »recht angenehme« Methode gefunden, sodass Sex zwischen ihnen kein Streitpunkt mehr war. Ich wünschte, ich könnte hier von einem fabelhaften Sexualleben nach unserer Beratung berichten, doch eine angenehme sexuelle Beziehung, bei der es nur hin und wieder Schwierigkeiten gibt, ist doch auch schon ein ordentliches Ergebnis.

Natürlich wird nicht jedes Paar dieses Problem so kurz und schmerzlos lösen, wie Becka und Larry es taten. Trotzdem möchte ich hier noch einmal hervorheben, warum sie überhaupt in der Lage waren, eine Lösung zu finden.

Sie hörten auf, sich gegenseitig zu kontrollieren.

Sie richteten ihre Aufmerksamkeit auf Gedanken, die sie verbanden, und nicht auf solche, die sie trennten. Diese Gedanken waren bereits vorhanden. Es waren also keineswegs nur Worte über Gedanken, die sie gern gehabt hätten.

Als sie den jeweils anderen mit Liebe betrachteten, erkannten sie, dass sie sich das Leben gegenseitig einfacher machen wollten, und so versuchten sie, die Bedürfnisse des Partners zu begreifen. Dies ist etwas, was sogar ein Hundebesitzer für sein Tier tun würde.

Sie stellten versuchsweise einen Plan auf und setzten ihn um – immer in dem Wissen, dass sie es einfach wieder versuchen würden, wenn es beim ersten Mal nicht gleich klappte. Und dass sie es so lange versuchen würden, bis beide zufrieden waren.

Kurz zusammengefasst lässt sich Folgendes festhalten: Sie können weder Ereignisse noch das Ego anderer Menschen kontrollieren. Einzig worauf Sie Ihre Aufmerksamkeit richten, können Sie kontrollieren. Konzentrieren Sie sich also auf all das, was Ihren Geist eint, klärt und beruhigt. Wenn ein Gedanke dies behindern sollte, richten Sie Ihre Aufmerksamkeit auf ihn, bis Sie erkennen, dass Sie dies nicht wirklich denken. Achten Sie darauf, dass Sie diese Tatsache sehen und erkennen, nicht nur denken oder sagen. Sie werden sofort wissen, wenn Sie wirklich erkannt haben, was Sie glauben, weil Sie dies glücklich machen wird. Sie sehen, dass Sie mit den Menschen in Ihrer Umgebung tief verbunden sind, und diese Verbundenheit schenkt Ihnen Zufriedenheit.

Kapitel 6
Wie Sie innere Konflikte gehen lassen

Mir ist klar, dass ich eine Menge von Ihnen verlange, wenn ich Sie bitte, sich von Ihren belastenden Gedanken zu verabschieden, damit Ihr Geist klar werden kann. Unsere Kultur hat nämlich diese Art der Gedanken geradezu zur Kunstform erhoben.

Das hohe Ansehen, in dem diese Weise des Denkens steht, macht vor Büchern, Theaterstücken, Nachrichten und so weiter keineswegs Halt. Kritiker halten einen zutiefst »verstörenden« Film bzw. ein entsprechendes Buch für ein bedeutendes Kunstwerk, eines mit Tiefgang, eines, das uns weiterbringt. Je schockierender die Band oder das Bekenntnis in der Talkshow, je skandalträchtiger der Sportler, desto höher sind die Zuschauerzahlen und die Werbeeinnahmen. Je geschickter jemand die Meinung der Menschen ausnutzt, desto heller strahlt das Rampenlicht, in welches die Medien diesen »Profi« hüllen. Auch Lehrer, Priester und Fernsehmoderatoren wünschen sich, dass ihre Botschaften »verstören« mögen. Sie möchten das Publikum aus seiner »Apathie« reißen. Dahinter steht die Annahme, dass ihre Zuhörer erst dann »mitzudenken« anfangen, wenn sie entsprechend geschockt werden.

Doch die Tiefen unseres Geistes öffnen sich nicht dem Schock und der Verstörung. Wir erreichen sie vielmehr nur, wenn unser Geist ruhig wird. Wollen wir wissen, was wir tief in unserem Inneren glauben, wollen wir auf die Stimme unserer Intuition hören und uns der Liebe für unsere Nächsten erinnern, dann sind aufgewühlte Gedanken wenig nützlich. Vielleicht ist es ja die Erkenntnis, dass die Wahrheit nur in der Ruhe erkannt und Frieden nur in

Friedenszeiten gelebt wird, die sich in dem chinesischem Fluch »Mögest du aufregende Zeiten erleben« ausdrückt.

Wie ich bereits gesagt habe, erliegen wir immer der Illusion, dass wir etwas Bedeutsames tun, wenn wir aufgeregt sind. Wir glauben, die Erregung selbst sei schon eine Leistung. Fast jede Zeitung hat ein Editorial, in dem der Herausgeber ein bestimmtes Problem präsentiert. Die Menschen, die diesen Abschnitt lesen, gelten meist als »interessierter« und »aufgeklärter« als jene, die es nicht tun. Aber nur wenige Zeitschriften liefern dem Leser dann auch Vorschläge, wie man die hier angeprangerten Missstände beseitigen könnte. Dem Ego-Anteil unseres Geistes genügt es nämlich, sich aufzuregen, jemandem die Schuld zu geben und einen »Standpunkt« einzunehmen. Die wenigsten Menschen, die einen so genannten »verstörenden« Film verlassen, tun dies mit der festen Entschlossenheit, etwas gegen die dargestellten Zustände zu unternehmen. Vielmehr kommen sie aus dem Kino mit der festen Absicht, über diese Probleme zu *reden.*

Wir sind alle süchtig nach einem »guten Kampf«. Und es ist uns ziemlich egal, woher wir einen solchen bekommen. Es befriedigt uns, Konflikte im Fernsehen anzusehen oder über sie zu lesen. Ist es gar noch Reality-TV – umso besser! Aber am allerbesten ist es, wenn wir selbst uns von einem Konflikt in den anderen stürzen können.

So ist die Atmosphäre, in der wir leben. Darum verstehe ich, dass es einige Überwindung kosten kann, die Übungen in diesem Buch durchzuführen. Vergessen Sie nicht: Hier geht es um geistige Einheit, nicht um strenge Kontrolle unseres Denkens und Verhaltens. Geistige Ruhe, nicht sanft gesprochene Worte und schale Gefühle. Geistigen Frieden, nicht mangelnde Loyalität und schüchtern vorgetragene Meinungen. Alles in diesem Buch soll der inneren Heilung dienen, dem Loslassen. Es geht hier nicht um das Bild, das Sie der Außenwelt präsentieren.

Wenn Sie Ihren Widerstand auf sanfte Weise überwinden und die Übungen so bewusst wie möglich machen, wird Ihnen klar werden, dass verstört zu sein weder Ihnen noch Ihren Lieben etwas nutzt. Der innere Aufruhr verursacht ein seelisches Hupkonzert, in dem die wahre Stimme Ihrer Gedanken und Gefühle untergeht. Verbannen Sie ihn aus Ihrem Geist, dann wird sich der Friede ganz automatisch ausbreiten. Wie vor dem Einsetzen des Straßenlärms am Morgen, wenn Sie zwitschernde Vögel, sich entfaltende Blätter und sogar die aufgehende Sonne wahrnehmen können.

Wie Sie sich von nicht existenten Beziehungskonflikten verabschieden

Unser Glaube daran, dass der Konflikt etwas Positives ist, zeigt sich nirgendwo so deutlich wie in unseren Liebesbeziehungen. Wir verschwenden unglaublich viel Zeit und Energie darauf, unserem Partner vergeblich klar zu machen, dass wir im Recht sind. Obwohl natürlich auch das Streiten letztlich eine gemeinsame Unternehmung ist, müssen wir uns eingestehen, dass wir nur selten dasselbe Ausmaß an Energie darauf verwenden, zusammen mit unserem Partner ein Thema endlich einmal hinter uns zu lassen. Meist interessieren wir uns lediglich dafür, wie wir unsere Seite des Konflikts möglichst wirkungsvoll darstellen können.
Gayle und ich beraten einige hundert Paare im Jahr. Den meisten von ihnen sind ihre Zwistigkeiten wichtiger als ihre Gemeinsamkeiten. Sie erzählen uns, wie wütend sie sind, dass ihre Wut nicht ernst genommen wird, dass der Partner zu wütend bzw. nicht wütend genug sei oder sie nicht so wütend werden dürfen, wie sie das eigentlich gern hätten. Die Zeit, die sie allein verbringen, verschwenden sie meist mit den Gründen für ihren Zorn. Sie lesen Bücher und Zeitschriften darüber oder sehen sich Talkshows an, in denen es um ebendiese Gründe geht. Und die Freunde bzw. Verwandten, mit denen sie über ihre unbefriedigende Beziehung sprechen, machen sie unweigerlich noch wütender, als sie es ohnehin schon sind.

Normalerweise folgt die Trennung dann auf den Fuß; wir verlassen das sinkende Schiff. Natürlich haben wir einen Rettungsring. Wir gelangen also sicher an Land, auch wenn das Schiff untergeht. Ha, schön wär's! Leider spielt uns auch hier unsere Leidenschaft für Äußerlichkeiten einen Streich.

Wenn Menschen sich nämlich scheiden lassen, dann trennen sie ihre Körper, ihre Kinder und Finanzen voneinander; ihr Geist aber klebt immer noch an der Beziehung, die in die Brüche gegangen ist. Und wie er klebt! Normalerweise fertigen die meisten Menschen im Geiste eine detaillierte Anklageschrift, in der sie dem Partner den Prozess machen. Und diese beten sie dann für jedermann herunter, so als bestünde der Weg zu geistiger Gesundheit und Freiheit in Ressentiments, Groll und Missgunst. Damit aber schleifen sie die belastenden Gedanken nur immer tiefer und tiefer in ihre Psyche ein. Und schleppen sehr mächtige geistige Bilder, in denen sie das konservieren, was ihnen angeblich angetan wurde, mit in die nächste Beziehung.

Als Berater sitzt man dann daneben und hört mit an, wie eine Frau Stewart, ihren früheren Partner, ausschimpft, während ihr gegenüber eigentlich Fred sitzt, mit dem sie gerade zusammen ist. Dabei weiß sie nicht einmal, dass sie das tut. Sie sehen mit an, wie ein junger Mann auf seine Mutter reagiert, obwohl er glaubt, er hätte es mit seiner Freundin zu tun. Tatsächlich war das Verhältnis zu seiner Mutter ja gestört, aber er sieht einfach nicht ein, dass die Beziehung, die er im Augenblick hat, deshalb ja nicht genauso schief gehen muss. Dies ist im wahrsten Sinne des Wortes Emotionssucht. Ein altes Muster beherrscht alles, und der »Süchtige« ist Opfer seiner Vergangenheit. Er lebt nicht wirklich in der Gegenwart.

Drogensüchtige erreichen sehr schnell den Punkt, an dem die Substanz, nach der sie süchtig sind, keine Wirkung mehr zeitigt. Von diesem Moment an mögen sie sie nicht mehr. Häufig hassen sie die Droge sogar. Doch angesichts der chemischen Falle, in die ihr Körper getappt ist, sind sie machtlos. Bei Paaren ist die Falle geistiger Natur, aber diese alten Muster sind ebenso mächtig und außerdem noch auf Selbsterhalt programmiert.

Menschen, die bewusstseinsverändernde Drogen nehmen, sehen regelrecht, wie sich die Realität vor ihren Augen verändert. Ein nettes Bild an der Wand, ein ganz normaler Mensch, der ihnen auf der anderen Seite des Raumes gegenübersitzt, beides erscheint dem Drogenkonsumenten plötzlich in höchstem Maße verdächtig. Und die Droge lässt auch nicht den leisesten Verdacht aufkommen, dass diese Wahrnehmung fragwürdig sein könnte. In den Augen des Drogensüchtigen nimmt die Außenwelt plötzlich bedrohliche Züge an. Er hat es gewissermaßen schwarz auf weiß, dass irgendetwas nicht stimmt. Wo die Ursache liegt und wo die Wirkung, wird erst deutlich, wenn die Droge wieder abklingt und der Junkie sieht, was tatsächlich los ist – und dieser Zustand dauert auch nur so lange, bis die Sucht nach weiteren Dosen der Droge verlangt.

Wird aber eine neue Beziehung durch die Brille der alten gesehen, dann ist die Wahrnehmungsverzerrung längst nicht so offensichtlich. Und sie endet auch nicht nach ein paar Minuten oder maximal ein paar Stunden. Jede gescheiterte Beziehung verstärkt die »Brillengläser« noch. Am Ende ist der Ort, an dem die Herzen zueinander finden, gar nicht mehr sichtbar.

Man wird traurig, wenn man sieht, wie viele Beziehungskrisen nicht aus der tatsächlichen Partnerschaft, sondern aus den Gedanken an die alte »Zweier-Kiste« entstehen. Solche Paare haben keinerlei Chance. Sie können das Potenzial der neuen Beziehung gar nicht spüren, weil sie nicht wirklich in dieser Beziehung leben.

Das Problem kann nicht behoben werden, solange es da noch – um bei unserem Beispiel zu bleiben – machtvolle Gedanken an Stewart oder an die Mutter gibt. Irgendwie glaubt man immer, es würde schon reichen, wenn man weiß, dass es nicht gut ist, alten Beziehungsmüll mit in die neue Partnerschaft zu schleppen. Doch häufig krampfen sich unsere Hände heftig um den Henkel des Abfalleimers, und bevor wir uns versehen, ist der Müll Teil unseres Selbst geworden.

Andererseits erlangen jene Menschen, die sich diese Zusammenhänge bewusst machen, vollkommene Freiheit. Gleichgültig, wie tief Sie von vorhergehenden Beziehungen (zu Eltern, Freunden oder Partnern) beeinflusst wurden, wenn Sie eifrig daran arbeiten, die dadurch entstandenen Gedanken ans Licht des Bewusstseins zu bringen, werden Sie schließlich unabhängig im Handeln und im Fühlen.

Ein gutes Beispiel für diese Art der Beeinflussung ist die Art, wie Menschen die Vorurteile ausleben, die sie während der Kindheit hinsichtlich der Rassenzugehörigkeit, der Sexualität oder der finanziellen Situation aufgesammelt haben. In jedem Teil des Landes gibt es eine starke Lobby gegen eine ganz bestimmte Gruppe. Welche Gruppe dies ist, hängt ganz vom Umfeld ab. Menschen, die viel reisen, hören fast identische Ressentiments, die sich jedoch immer auf verschiedene Gruppen beziehen. So sind es in Santa Fé die Indianer, in Dallas die Mexikaner, in Los Angeles die Koreaner, in New York die Puertoricaner, die zum Sündenbock für alles gestempelt werden. Diese Gruppierungen haben so wenig gemein, dass allein dies schon deutlich machen müsste, dass die Bevölkerung in ihnen nichts anderes als die eigenen Vorurteile sieht.

Höchstwahrscheinlich haben auch Sie einige dieser vorgefassten Meinungen über eine bestimmte Bevölkerungsgruppe in sich aufgenommen, wenn nicht in Ihrem Zuhause, so doch in der Schule oder in der Nachbarschaft. Wenn Sie sich von anderen Menschen nicht allzu sehr unterscheiden, dann finden in Ihrer Grundeinstellung zum Leben einige dieser Vorurteile einen gewissen Widerhall, auch wenn Sie sich intellektuell hundertmal sagen, dass das Unfug ist.

Wenn Sie zum Beispiel im Personalbüro Ihrer Firma arbeiten und ein Bewerber spaziert zur Tür herein, der zu ebenjener Gruppe gehört, die in Ihrer Jugend nicht gerade große Wertschätzung genoss, dann kann Ihr erster Eindruck von dieser Person durchaus aufgrund dieser frühen Prägung verfälscht sein. Sind Sie sich dieser Probleme aber bewusst und wissen Sie, woher sie stammen, dann können Sie sich darauf konzentrieren, dass sie Ihre Sicht

von diesem Menschen nicht beeinträchtigen. Schließlich kann er ja auch gut ein Gewinn (nicht nur) für die Firma sein. Auf jeden Fall wird die Bewusstheit dieser Grundeinstellung Sie dazu veranlassen, zu jenem Menschen besonders fair zu sein.
Ein anderes Beispiel ist das Bild, das Männer von Frauen haben, und umgekehrt, also die generellen Vorurteile, über die man so gern lacht, wenn Frauen bzw. Männer unter sich sind. Normalerweise aber sind die meisten Menschen klug genug, diese Dinge außen vor zu lassen, wenn es darum geht, sich mit einem potenziellen Partner zu treffen.
Ich nehme an, dass Sie Menschen kennen, die sich in beiden Fällen dieser Grundeinstellung nicht bewusst sind, sodass die entsprechenden Gedanken sie beim Auswählen eines Bewerbers (für den Job bzw. für das Rendezvous) beeinflussen. Auf diese Weise geht ihnen so manche Chance durch die Lappen. Denn der Mensch, der vor ihnen steht, wird dann tatsächlich als mit jenen Mängeln behaftet wahrgenommen, die dem generellen Feindbild entsprechen.
Sie haben vielleicht auch schon die Erfahrung gemacht, dass es nicht viel Sinn hat, einen solchen Menschen auf seine verborgenen Vorurteile hinzuweisen. Warum das so ist? Nun, der Betreffende muss sich seiner unbewussten Einstellung bewusst werden *wollen*. Erst wenn er sich selbst anstrengt, kann er sie loslassen.
Welch tragische Effekte unbewusste Motivationen manchmal nach sich ziehen, ist vielen Menschen klar. Und trotzdem nehmen sie sich nicht die Zeit, sich den mentalen Müll bewusst zu machen. Oder sie sehen, wie gescheiterte Beziehungen das Leben ihrer Freunde und Bekannten beeinflussen. Und doch glauben sie, bei ihnen wäre alles anders.
Vielleicht spüren wir ja, dass wir eine alte Beziehung innerlich noch nicht völlig losgelassen haben. Aber da diese Überreste äußerlich nicht sichtbar sind, tun wir so, als wären wir längst frei. Wir erzählen Freunden, Verwandten und völlig Fremden, dass wir mit dem Verflossenen »nichts mehr zu tun haben wollen«. Wir können »ihn nicht mehr ertragen«. Er »macht uns krank«. Der

»bloße Gedanke an ihn« lässt uns schon erschauern. Glücklicherweise »haben wir alles überstanden«. Er »braucht ja wirklich Hilfe«. Er »ist ja so krank«. Oder »er tut uns Leid«. Wir »bedauern ihn zutiefst«. Wir jedenfalls »haben unsere Lektion gelernt«. Wir sind ja so froh, »endlich frei zu sein«. Und »diesen Fehler machen wir bestimmt nie wieder«.
Wieso glauben wir nur, wir könnten im Feuer landen und nicht verbrannt werden? Und wenn wir uns verbrannt haben, dann ist der verwundete Teil unseres Körpers ausgesprochen hitzeempfindlich. Er reagiert auf Hitze sogar besonders stark. Schon Temperaturen, die in Wirklichkeit keinerlei Schaden anrichten, sind für »gebrannte Kinder« kaum zu ertragen, weil es sich so anfühlt, als würde man verletzt. Ihr neuer Partner tut keineswegs dasselbe wie Ihr alter Partner. Man empfindet es nur einfach so ...
Nach einer gescheiterten Beziehung hat Ihr Geist an mehreren Stellen Brandwunden. Stellen, an denen Sie verletzt, angebrüllt, ausgetrickst, herabgesetzt, belogen, manipuliert, schikaniert oder als verrückt beschimpft wurden. Alles, was nur annähernd nach einer ähnlichen Verwundung aussieht, ist für Sie der neuerliche Versuch, Sie zu verletzen. Und wenn Sie dies glauben, werden Sie auf jeden Fall so handeln, als habe man Sie in dieser Weise gekränkt. Damit aber zerstören oder verkrüppeln Sie Ihre neue Partnerschaft.

Sollten Sie aus diesem Buch nichts weiter mitnehmen wollen, dann möchte ich Ihnen doch Folgendes ans Herz legen: Wenn Sie etwas glauben, werden Sie dementsprechend handeln. Wenn Sie weiter daran glauben, werden Sie wieder und wieder so handeln.

Natürlich kann es in manchen Fällen auch sein, dass die Kränkung wirklich weitergeht. Obwohl alle möglichen Bücher die These aufstellen, dass wir »bestimmte Menschen und Probleme

anziehen«, haben Gayle und ich in unseren fünfundzwanzig Jahren Paartherapie nichts dergleichen feststellen können. Es gibt neue Konflikte, aber diese sind nicht die alten. Dummerweise macht man sich die neuen Konflikte nicht so gern bewusst.
Was also sollen Sie mit den Gedanken über Ihre frühere Beziehung nun anstellen? Bewusst machen und loslassen. Das trifft auf jede Art gescheiterter Beziehung zu – ob es dabei nun um die Eltern, die Geschwister, Liebhaber, Freunde oder den Vater bzw. die Mutter Ihrer Kinder geht.

Übung 14

Zeit: ein Tag oder mehr

- Diese Übung verlangt viel Ehrlichkeit und Aufmerksamkeit. Nehmen Sie sich also zwanzig Minuten Zeit, und begeben Sie sich an einen Ort, an dem Sie nicht gestört werden. Nehmen Sie sich etwas zum Schreiben mit, und machen Sie es sich gemütlich. Ihre Einsichten werden klarer, wenn Sie wirklich längere Zeit ungestört bleiben.
- Nehmen Sie sich nur eine gescheiterte Beziehung vor, möglichst die erste in Ihrem Leben. Als gescheitert soll jede Beziehung gelten, die in mindestens einem wichtigen Aspekt den Erwartungen nicht entsprach. Daher ist die erste Beziehung meist die zu den Eltern oder zur wichtigsten Bezugsperson der Kindheit. Wenn Sie Ihre Beziehung zu beiden Eltern als Fehlschlag betrachten, dann beginnen Sie mit derjenigen, von der Sie glauben, dass Sie sie am meisten beeinflusst hat. Das kann durchaus der Elternteil sein, der nicht ständig anwesend war – wenn er beispielsweise die Familie verlassen hat, nur Samenspender war, ganz vom Beruf in Beschlag genommen wurde oder einfach emotional nicht greifbar war. Sofern beispielsweise einer Ihrer Elternteile mit jemand anderem weglief, dann

hat dies in Ihnen sicher einige machtvolle Glaubenssätze verankert, die Ihre aktuelle Beziehung beeinflussen.

Mir ist klar, dass die wenigsten Menschen Beziehungen als gescheitert betrachten wollen, auch wenn dies der Fall ist. Ob es sich nun um die Eltern, die erwachsenen Kinder oder den langjährigen Ehepartner handelt, wir ziehen es vor, alle Erfahrungen als »Lektionen« zu bezeichnen. Man müsse das eben nur erkennen. Doch dieses Ideal wenden wir halt sehr halbherzig an. Denn wir haben kein Problem damit, ein schlechtes Geschäft, eine nicht funktionierende Niere, eine kaputte Geschirrspülmaschine oder eine Reifenpanne als »Schicksals-« oder »Fehlschlag« zu sehen. Natürlich gibt es Beziehungen, die schlicht gescheitert sind. Kein Elternteil, kein Ehepartner erwartet doch zu Anfang, dass die Beziehung in Chaos und Krise endet. Auch ein Fehlschlag hat uns viel zu sagen. Tatsächlich lernen wir am meisten und schnellsten aus unseren Fehlern oder denen anderer Menschen.

- Rufen Sie sich Ihre allererste Erinnerung, die Sie hinsichtlich dieser Beziehung haben, ins Gedächtnis. Von dem Punkt an gehen Sie alles, was danach geschehen ist, Schritt für Schritt durch. Wenn die Beziehung noch besteht, dann führen Sie diesen Prozess bis zur Gegenwart fort. Falls von einem bestimmten Augenblick an die Beziehung nur noch positiv war, dann gehen Sie mit Ihren Betrachtungen bis zum Ende der Krisenzeit.

Achten Sie dabei besonders sorgfältig auf alles, was Sie in irgendeiner Weise jetzt noch stört. Rufen Sie sich die Emotionen, die Sie dabei hatten, die Gedanken, die Ihnen damals durch den Kopf gingen, möglichst exakt wieder ins Gedächtnis. Schreiben Sie sie nieder, und gehen Sie dann weiter zum nächsten Ereignis.

- Sie sollten nicht mehr als zwei solcher Sitzungen von etwa zwanzig Minuten pro Tag machen. Fahren Sie damit so lange fort, bis Sie die ganze Beziehung aufgearbeitet haben.

- Wenn Sie fertig sind, setzen Sie sich hin und gehen Ihre Notizen durch. Versuchen Sie, die zentrale Einstellung herauszufinden, welche hinter alldem steht. Welcher Gedanke zieht sich wie ein roter Faden durch das, was Sie aufgeschrieben haben? Dies ist Ihr A-Gedanke oder zumindest einer Ihrer A-Gedanken. (In Übung 6 und 10 finden Sie eine Aufzählung typischer A-Gedanken.)

Übung 15

Zeit: ein Tag oder mehr

- Nachdem Sie Übung 14 gemacht haben, nehmen Sie sich Ihre letzte Liebesbeziehung vor. Verfahren Sie genauso wie in Übung 14 beschrieben.
- Nachdem Sie auch hier Ihre Notizen durchgelesen und zusammengefasst haben, vergleichen Sie das Ergebnis mit dem von Übung 14. Versuchen Sie nun, das Fazit beider Übungen in einem einzigen Gedanken zusammenzufassen. Wenn Sie zum Beispiel in Übung 14 auf den Gedanken »Immer mache ich Ärger« gekommen sind und in Übung 15 Ihr Fazit lautete: »Was ich auch tue, es scheint nie auszureichen«, dann könnte sich beides widerspiegeln in: »Ich verursache jedermann Schwierigkeiten, weil ich nie zu einem Ende komme.« Dies wäre dann Ihr A-Gedanke, etwas genauer formuliert.

Übung 14 und 15 könnte man auch als Intuitionstraining betrachten. Sie versuchen zuerst zu erspüren, welcher Art Ihre frühere Beziehung war (zum Beispiel zu Ihrem Vater), und dann, wie die innere Haltung, die Sie dadurch angenommen haben, sich in der späteren Beziehung (zum Beispiel zu Ihrem letzten Liebhaber) bemerkbar machte. Hier gibt es keinen perfekten Weg, dies zu tun, und es gibt auch kein Ergebnis, das zu erreichen ist. Trotzdem können diese Übungen nicht sinnvoll durchgeführt werden, ohne dass sich dabei Ihre Aufmerksamkeit verfeinert. Und genau dies ist der entscheidende Punkt, wenn Sie weiterhin Ihren Geist klären wollen, sodass er eins mit sich selbst wird.

Maggie

Eine Frau namens Maggie schickte Gayle eine E-Mail, in der stand, dass sie seit etwa sechs Monaten nach jedem Telefongespräch mit ihrer Mutter traurig sei. Gayle fragte zurück, ob dies früher schon vorgekommen sei. Maggie antwortete mit Nein. Ihre Mutter sei sehr gesund, und ihr Leben habe sich in den letzten Monaten auch in keiner Weise verändert.

Gayle bat Maggie, sich in den nächsten zwei Wochen nach jedem Telefongespräch mit der Mutter hinzusetzen und dem Gefühl der Traurigkeit nachzugehen. Dabei sollte sie jeden Gedanken, der ihr durch den Kopf ging, aufschreiben.

Zwei Wochen später kam die nächste E-Mail an, in der Maggie schrieb, dass sich die Worte »Versagerin« und »Du bist eine Versagerin« ständig wiederholten. »Aber meine Mutter ist keine Versagerin. Sie ist eine sehr beliebte Lehrerin, die sogar einen Preis gewonnen hat. Und ich habe in meinem Beruf als Physiotherapeutin auch Erfolg und betrachte mich ebenso wenig als Versagerin.«

Gayle trug Maggie auf, sich in den nächsten Tagen ein- oder zweimal hinzusetzen und allen Erinnerungen nachzugehen, die mit dem Wort »Versager« verbunden seien. Außerdem sollte sie nach dem nächsten Telefonat mit ihrer Mutter noch einmal ihre Gedanken festhalten.

In der folgenden Woche meldete Maggie sich wieder und war sehr aufgeregt über das, was sie entdeckt hatte. Sie hatte sich vor sechs Monaten mit ihrem Vater getroffen, der sich von ihrer Mutter hatte scheiden lassen, als Maggie zehn Jahre alt war. Sie waren miteinander essen gegangen, und er hatte seiner Tochter anvertraut, er habe sich von ihrer Mutter getrennt, weil sie »so eine Versagerin« gewesen sei, da sie ihre höchsten Karrierewünsche im Schuldienst sah und nicht an mehr den-

ken konnte. Maggies Vater hatte einen Doktortitel und die Frau, mit der er damals weggegangen war, ebenfalls.
Gayle fragte Maggie, ob es denn in ihrem eigenen Leben auch einen Aspekt der »Erfolglosigkeit« gebe. Maggie antwortete, sie sei jetzt siebenunddreißig Jahre alt und habe es noch nie geschafft, eine längerfristige Beziehung einzugehen. Ihr augenblicklicher Partner habe sie gebeten, sie zu heiraten, aber irgendetwas hielte sie zurück. Er sei ein wunderbarer Mann, trotzdem widerstrebe ihr der Gedanke an eine Ehe.
Auch hier bat Gayle Maggie, sich möglichst in dieses Gefühl des Widerstrebens fallen zu lassen, wenn es auftrat, und dabei alles, was ihr so einfiel, schriftlich festzuhalten.
In ihrer vorletzten E-Mail erzählte Maggie, dass sie etwas ziemlich Merkwürdiges entdeckt habe, nämlich dass sie glaubte, sie würde zur Versagerin werden, wenn sie heirate. »Wie kann ich nur so etwas denken?« Gayle antwortete: »Nun, du hast jahrelang mit deinen Eltern zusammengelebt, und dein Vater war immer davon überzeugt, dass deine Mutter eine Versagerin ist. Da du zur Hälfte vom Vater und zur anderen von der Mutter abstammst, ist es klar, dass du dir diesen Gedanken zu Eigen gemacht hast. Schließlich war er machtvoll genug, um die Ehe deiner Eltern zerbrechen zu lassen.«
In ihrer letzten E-Mail berichtete Maggie, sie habe ihre Entdeckung mit ihrem Freund besprochen und er könne sie sehr gut verstehen. Die Heirat wurde zwar verschoben, aber immerhin hatte Maggie ihren Freund gebeten, bei ihr einzuziehen. Auf diese Weise wollten sie vorher testen, wie es zwischen ihnen lief.

Wie Maggie, so entdecken die meisten Menschen, mit denen Gayle und ich arbeiten, dass ihr A-Gedanke etwas mit einer Kindheitserfahrung zu tun hat, die sich über längere Zeit erstreckte, und keineswegs nur mit einem einzigen traumatischen Ereignis. Eine Klientin namens Anna fand auf diesem Weg heraus, dass ihre Eltern sie niemals gewollt hatten und dass ihr A-Gedanke war, sie sei nirgendwo wirklich erwünscht, ob es nun um den Arbeitsplatz oder um die engere Familie ging.
Douglas konnte seinen A-Gedanken (»Ich werde nie Erfolg ha-

ben«) bis auf seinen Vater und seinen Großvater zurückverfolgen. Beide hatten ihrem Sohn eingetrichtert: »Du wirst niemals der Mann sein, der ich bin.«

Lorrin war acht, als ihre Mutter starb. Daraufhin kümmerte sich ihr älterer Bruder zehn Jahre lang um sie – verantwortungslos und auf völlig willkürliche Weise. Lorrins A-Gedanke war: »Du kannst dich auf niemanden verlassen.«

Dass all diese A-Gedanken völlig irrational sind, ist kein Zufall. A-Gedanken sind gewöhnlich Produkte der zweiten bzw. dritten »Generation«; das heißt, die Umstände, aus denen sie entstanden, entsprechen schon lange nicht mehr der Gegenwart. Ein Freund von mir, Mike Michelson, sagte einmal: »Mein A-Gedanke wird seit Generationen auf der väterlichen Seite meiner Familie weitervererbt. Er lautet: ›Michelsons sind allen anderen überlegen, auch anderen Michelsons.‹ Meinem Kenntnisstand zufolge gibt es nichts in der Geschichte unserer Familie, was diese Überlegenheit rechtfertigen würde. Aber ich nehme an, dass irgendetwas in der Vergangenheit diesen Gedanken hervorgebracht haben muss. Jetzt jedenfalls ist er völlig unzutreffend – was ihn aber nicht im Geringsten geschwächt hat.«

Wie bei Mike, so sind auch alle anderen A-Gedanken immun gegen Vernunft. Nur aus dem Herzen kommendes Verständnis kann sie überhaupt ausmachen und bewirken, dass sie langsam schwächer werden. Gayle und ich haben niemals einen Menschen kennen gelernt, dessen A-Gedanke in irgendeiner Form vernünftig gewesen wäre. Diese besondere Eigenschaft der A-Gedanken macht sie der Erkenntnis nicht unbedingt zugänglicher. Die meisten Menschen können gar nicht fassen, dass sie wirklich so etwas Absurdes glauben wie: »Mein Vater hielt meine Mutter für eine Versagerin. Deshalb werde ich mich zur Versagerin entwickeln, sobald ich heirate.« Und dass dieser sinnlose Gedanke dann auch noch für fünfzehn Jahre instabiler Beziehungen verantwortlich ist.

Aber wir müssen unsere Kindheit und ihre Auswirkungen auf unseren Geist so sehen, wie sie wirklich sind. Unsere Kindheit ist vorüber. Jetzt sind wir für unseren Geist selbst verantwortlich.

Wenn wir uns einreden, dass etwas nicht sein kann, weil es nicht sein darf, dann blockieren wir nur unsere geistige Befreiung. Natürlich hätte dies nicht so kommen sollen. Aber es war nun einmal der Fall.

Verschwenden Sie Ihre Zeit nicht mit Urteilen über Ihre Eltern. Auch sie hatten Eltern.

Achten Sie einmal darauf, wie viele Menschen in beleidigtem Ton erzählen, was ihre Eltern ihnen angetan haben. Damit verzögern sie nur ihre Entwicklungsprozesse. Wir alle machen diesen Fehler, doch am Ende müssen wir einsehen, dass in Bezug auf unsere Vergangenheit die einzig sinnvollen Fragen lauten: »Wann werde ich endlich akzeptieren, was geschehen ist?« Und: »Wann werde ich endlich die Verantwortung für mein Ego übernehmen?« Wenn Sie dies erreicht haben, können Sie anfangen, an sich zu arbeiten, und sich zu mehr Ganzheit hin entwickeln.

Übung 16

Für besondere Bedürfnisse

Diese Übung ist speziell für diejenigen unter uns gedacht, die einen langen Rattenschwanz gescheiterter Beziehungen hinter sich herziehen. Wenn die Beziehung nicht durch den Tod des Partners endete, dann betrachten wir sie als gescheitert, wenn sie auseinander bricht. Dies bedeutet nicht, dass es dafür keine guten Gründe gibt. Aber wenn Ihnen immer wieder eine Beziehung, die Sie für eine feste hielten, einfach entgleitet, dann ist es höchstwahrscheinlich so, dass hier mehr im Spiel ist als nur simples Pech.

Als Zeichen dafür, dass irgendetwas an Ihnen beteiligt ist an diesem Scheitern, kann es gedeutet werden, wenn die Beziehungen immer wieder gleich enden. Zum Beispiel: Sie gehen. Oder der Partner geht. Oder der Partner hat eine andere Beziehung bzw. ist verheiratet. Oder es geht bei der Trennung hauptsächlich um Sex. Oder um Geld. Oder um zu wenig Einsatz von Seiten des anderen Partners.

Beziehungen können auf die gleiche Weise enden, ohne dass dies auf den ersten Blick sichtbar ist. Vielleicht liegt die Gemeinsamkeit ja in Ihrer Reaktion auf irgendetwas: Eine bestimmte Verhaltensweise des Partners – die Art, wie er isst, geht, spricht, sich kleidet – wird mit einem Mal so unerträglich, dass Sie entweder gleich gehen oder daraus ein Thema für die Diskussionen machen, an denen die Beziehung schließlich zugrunde geht. Oder das Aussehen der anderen Person – irgendein Gesichtszug zum Beispiel – wirkt auf Sie plötzlich abstoßend. Dasselbe kann mit der Art geschehen, in der jemand sich sprachlich ausdrückt: Seine Lieblingsthemen, seine Art, die Dinge zu analysieren oder nicht zu analysieren, der Mangel an kultureller oder politischer Bildung – das geht Ihnen mit einem Mal ungeheuer auf die Nerven. Manchmal kommt auch einfach immer dasselbe Gefühl auf: der Drang, wegzugehen, um frei zu sein; ein immer stärker werdendes Unwohlsein; Nervosität und Stress im Allgemeinen; Angst, weil Sie mehr und mehr Warnsignale wahrnehmen; zunehmende Hoffnungslosigkeit; sich verstärkendes Misstrauen.

Auch bei dieser Betrachtungsweise muss nicht alles genau passen. Es gibt durchaus Beziehungen, die auf andere Weise auseinander gehen. Doch generell sind die Ähnlichkeiten beim Scheitern von Beziehungen ein guter Indikator. Jeder potenzielle Partner ist ein Mensch mit eigenen Zügen. Wenn Ihre Beziehungen dann trotzdem auf eine recht ähnliche Art zerbrechen, dann ist ein A-Gedanke am Werk.

Viele Menschen sind sich ihrer A-Gedanken so wenig bewusst, dass sie die Muster bei scheiternden Beziehungen gar nicht erkennen können, bevor sie sich nicht näher damit auseinander gesetzt haben. Die folgende Übung hat sich als wirkungsvoll erwiesen, wenn Sie tatsächlich den Gedanken herausfinden wollen, der für Ihre Gefühle und Wahrnehmungen verantwortlich ist und Beziehungen immer und immer wieder zum Scheitern bringt. Wichtig ist jedoch, dass Sie die Übung ganz machen.

- Konzentrieren Sie sich auf die letzte Ihrer gescheiterten Beziehungen (falls Sie Übung 15 noch nicht gemacht haben), und nehmen Sie sich das erste belastende Gefühl oder Ereignis vor, an das Sie sich erinnern. Rufen Sie es sich so detailgetreu wie möglich ins Gedächtnis. Schreiben Sie rund um diesen ersten Stolperstein alles genau auf. Schildern Sie die Umstände, unter denen ein bestimmtes Gefühl bei Ihnen zum ersten Mal auftauchte, oder ein spezielles Ereignis in seinem ganzen Verlauf. Halten Sie jeden Gedanken fest, an den Sie sich erinnern.
- Nachdem Sie also diese erste »Störung« eingehend betrachtet haben, nehmen Sie jeden Gedanken, den Sie auf Ihrem Blatt festgehalten haben, und verfolgen ihn so weit zurück, wie Sie nur können. Was geschah unmittelbar vor dem störenden Ereignis, an das dieser Gedanke Sie erinnert? Und davor? Wie gesagt: Gehen Sie so weit zurück, wie Sie sich erinnern können.

Bitte verzichten Sie darauf, die Gedanken zu interpretieren, um herauszufinden, was sie wohl aussagen. Sie interessieren sich nur für das, was auf der Hand liegt. Fällt Ihnen nichts mehr ein, dann gehen Sie weiter zum nächsten Gedanken. Auf diese Weise fahren Sie fort, bis alle Gedanken zu diesem ersten Problem in Ihrer Beziehung aufgearbeitet sind.

- Nehmen Sie sich nun das zweite Ereignis, das zweite Gefühl vor, das Sie als störend empfanden. Arbeiten Sie es auf dieselbe Weise durch. Fahren Sie fort, bis Sie jede einzelne »Störung« in der Beziehung aufgeklärt haben.
- Dann konzentrieren Sie sich auf die vorletzte Liebesbeziehung und gehen auf die gleiche Weise vor. Machen Sie weiter, bis Sie

alle gescheiterten Beziehungen durchgegangen sind, auch Ihre allererste.

- Schließlich lesen Sie alles durch, was Sie geschrieben haben, möglichst in einer Sitzung. Alle unbewussten Gedanken, die auf Sie eingewirkt haben, werden klar wie der lichte Tag vor Ihren Augen erstehen.

Terry

Ein Mann namens Terry hatte ziemlich viele gescheiterte Beziehungen hinter sich. Zu dem Zeitpunkt, als wir uns unterhielten, war er gerade wieder mit einer Frau zusammen und stand im Begriff, sie zu verlassen. Nachdem er alle Gedanken in Zusammenhang mit dieser Partnerschaft niedergeschrieben hatte, an die er sich erinnern konnte, sah er deutlich, dass sein ursprüngliches Liebesgefühl sich langsam in Abneigung gewandelt hatte. Dazu kam noch das Bedürfnis, wegzulaufen, begleitet von einem Anflug von Panik.

Während er in seinem Geist nach anderen Gedanken suchte, die er im Hinblick auf seine gescheiterten Beziehungen gehegt hatte, fiel ihm auf einmal ein, wie er seinerzeit als Heranwachsender seine Mutter bei der großen Wäsche beobachtet und gedacht hatte: »Sie wird nie den richtigen Mann finden.« Diese Erinnerung fand er etwas merkwürdig, denn seine Mutter war damals mit seinem Vater zusammen, und sie ist es bis heute.

Als er diese Erinnerung zurückverfolgte, entsann er sich eines Vorfalls, den er vollkommen vergessen hatte. Einige Jahre vor der »Wäscheszene« hatte seine Mutter ihm anvertraut, dass sie mit dem wunderbarsten Mann der Welt verlobt gewesen war, ihn aber nicht heiraten konnte, weil er bei einem Unfall ums Leben gekommen war. Kurz nach der Tragödie lernte sie Terrys Vater kennen, und ein Jahr später waren die beiden verheiratet. Sie hatte hinzugefügt: »Dein Vater sah damals ziemlich gut aus.« Offensichtlich hatte sie das Zweitbeste getan, als sie Terrys Vater ehelichte.

Mit einem Mal fiel es Terry wie Schuppen von den Augen, und er erkannte den A-Gedanken, der bisher all seine Beziehungen zunichte gemacht hatte: »Das ist nicht die Richtige. Was man bekommt, ist ja immer nur das Zweitbeste.« Dabei war dies nicht einmal sein eigener Glaubenssatz, sondern der seiner Mutter. Er hatte, wie es gewöhnlich in der Kindheit geschieht, einige der tief verwurzelten Ideen und Ansichten seiner Eltern übernommen, als wären es seine eigenen – wie die meisten von uns.

Nun wusste Terry, weshalb er seine eigenen Beziehungen immer wieder aufgab. Er wollte sich einfach nicht mit dem Zweitbesten zufrieden geben. Damit begann der langwierige Prozess, in dem dieser Gedanke aus allen Reaktionen in seiner gegenwärtigen Beziehung und in seinem Leben herausgefiltert werden musste. Jedes Mal wenn er seine Partnerin (und andere Menschen) wieder kritisierte, sie anzweifelte und sich von ihr zurückzog, überprüfte er seine Gedanken gründlich. Schließlich konnte er aufhören, diese A-Gedanken auszuleben.

Immer wieder erkannte er, dass hinter seinem Impuls, sich zu trennen, nur der Wunsch stand, das Zweitbeste zu vermeiden. Da er dies nun wusste, hatte er in seiner gegenwärtigen Beziehung die Wahl, ob er seinen A-Gedanken ausagieren wollte, was vorher nicht der Fall gewesen war. Immer wenn ein negatives Gefühl gegenüber seiner Partnerin auftauchte, sagte er sich: »Ja, das ist das Gefühl, auf das ich programmiert wurde. Wie aber sehen meine wahren Gefühle aus?« Dann konzentrierte er sich still darauf, was sein Herz sagte.

Nachdem er seine tieferen Beweggründe erkannt hatte, konnte er sich von ihnen befreien und musste nicht mehr die Haltung seiner Mutter einnehmen.

Mittlerweile hat Terry enorme Fortschritte gemacht, aber er ist immer noch nicht »durch«. Das Problem liegt darin, dass er die Abneigung gegen seine Partnerin als etwas sehr »Reales« empfindet und seine Anstrengungen, deren wahren Hintergrund zu erkennen, ihm gefährlich erscheinen. Wenn man weiß, woher eine Emotion rührt, heißt das nämlich noch lange nicht, dass sie deshalb verschwindet. Wir müssen zuerst versuchen, einen Gedanken zu finden, der tiefer in unserem wahren Selbst verankert ist, und dann von dieser Ebene her agieren.

Glücklicherweise hat Terry eine Partnerin, die viel Geduld besitzt und willens ist, das alles mit ihm durchzuarbeiten. Daher ist die Aussicht, dass er sich irgendwann seiner alten Beziehungsmuster entledigt haben wird, wirklich gut.

Wie Sie sinnlose Blockaden auf dem Weg zur Beziehung loslassen

Mit Übung 16 legen Sie den Grundstein für eine glückliche und dauerhafte Partnerschaft. Sie erkennen, was Sie blockiert, und so werden Sie in die Lage versetzt, sich bewusst für eine Beziehung zu entscheiden. Alles, was Sie jetzt noch tun müssen, ist, diese innere Verpflichtung in die Praxis umzusetzen.

Natürlich brauchen Sie dazu einen Partner, wenn Sie noch keinen haben. Das heißt, dass Sie mit dem aktuellen Angebot an Partnern zurechtkommen müssen. So ist das nun mal! Warum also wollen Sie nicht einfach die Auswahlkriterien ein wenig lockern? Oder ist es wirklich unspirituell bzw. »irgendwie nicht richtig«, sich in Partnerschaftsanzeigen, auf Internet-Seiten für Singles, in entsprechenden Instituten oder an Orten, wo der Mensch, den Sie suchen, sich vermutlich aufhalten wird, nach dem oder der »Richtigen« umzusehen?

Wenn wir uns nach Geschenken für unsere Lieben umschauen, eine Wohnung suchen oder ein paar schicke Klamotten für eine Hochzeit bzw. eine Reise, verlassen wir uns schließlich auch nicht auf unser Glück. Natürlich kennen wir alle die Geschichte vom Traumjob (oder dem Traum-Sonstwas), der uns einfach in den Schoß fällt. In einer chaotischen Welt gibt es so etwas tatsächlich. Aber es ist sicher nicht besonders klug, wenn wir glauben, es sei natürlich, spirituell oder zeige mehr Gottvertrauen, wenn wir auf die wirklich wichtigen Dinge in unserem Leben einfach warten. Ob dies nämlich Ergebnisse zeitigt, bleibt ganz dem Zufall überlassen.

Beim Einkaufen sehen wir ja auch nach, ob die Bananen Flecken haben. Wir schütteln die Wassermelonen und drücken die Avocados. Und schließlich gehen wir mit dem, was wir uns ausgesucht haben, zur Kasse. Wenn Menschen ein Kind zur Adoption suchen, sehen sie sich auch vorher um. Nur wenn es um einen guten Partner geht, dann sollen das Universum, das mystische Gesetz vom Seelenpartner oder Gott selbst plötzlich Lieferservice spielen. Wenn es sinnlose Kämpfe gibt, auf die man gut verzichten kann, dann ist diese selbst auferlegte Hürde auf dem Weg zu einer guten Partnerschaft sicher eine der wichtigsten.

Wie Sie sich von »Kaugummigedanken« befreien

Wenn Sie mit Ihrer Gedankenmaschinerie erst einigermaßen vertraut geworden sind, fällt Ihnen auf, dass es eine Reihe von Bildern und Ideen gibt, die Ihnen immer wieder durch den Kopf gehen. Die meisten sind dabei recht flink, und da sie uns nicht sonderlich interessieren, flitzen sie schnell vorüber. Einige aber bleiben uns erhalten.

Von Zeit zu Zeit gelingt es einem Gedanken, unsere Aufmerksamkeit so zu fesseln, dass wir geradezu auf ihm »herumkauen«. Diese Art von Gedanken macht die Einheit unseres Geistes zunichte, sodass wir erneut in das Gefühl des Getrenntseins verfallen.

Ich werde Ihnen nun ein paar Beobachtungen schildern, die ich zum Thema »Kaugummigedanken« gemacht habe. Sie sind recht hilfreich, wenn es darum geht, diese Gedanken, die unsere Aufmerksamkeit so sehr fesseln, gehen zu lassen. Vielleicht leuchtet Ihnen das, was ich hier sage, noch nicht so recht ein. In der weiteren Arbeit an unserem Geist aber wird klar werden, was ich meine.

- Jeder Gedanke, den wir nicht glauben oder für wichtig halten, kann unseren Frieden, unser Einssein mit uns selbst, nicht stören.
- Jeder Gedanke, der uns Sorgen macht, zieht belastende Gefühle nach sich (Angst, Wut, Kummer, Hass, Entmutigung, Eifersucht und so weiter).
- Gedanken, die solche Emotionen hervorbringen, beeinflussen unsere Entscheidungen negativ, sodass wir damit unser Leben in eine schädliche Richtung lenken.
- Alle Gedanken, die belastende Gefühle mit sich bringen, haben viele unbewusste Aspekte. Das bedeutet, dass wir nur einen Teil des Gedankens wirklich wahrnehmen können.
- Die unbewussten Aspekte dieses Gedankens sind es, die unsere Faszination für, ja unsere Sucht nach diesem Gedanken auslösen.
- Wenn wir belastende Gefühle erfahren, dann läuft ein Teil unseres Denkens unbewusst ab. Daher hat es nicht viel Sinn, einfach nur mechanistisch vermeintlich »positive« oder »spirituelle« Gedanken an die Stelle der negativen zu setzen, da dies den Geist nur noch mehr zersplittert.
- Der unbewusste Teil des Gedankens diktiert, welche Emotionen in uns entstehen – nicht der bewusste.
- Uns auf einen Gedanken zu fixieren – egal, auf welchen –, ist eine Entscheidung, die wir in der Gegenwart treffen. Wir können dies daher auch jederzeit ändern.
- Ein Weg, einen belastenden Gedanken loszuwerden, ist, ihn bewusst zu machen. Sobald wir den Gedanken in seiner Gänze erkennen, hören wir auf, an ihn zu glauben, bzw. wir wollen ihn nicht länger behalten. In diesem Moment können wir ihn loslassen.

Übung 17

Zeit: ein Tag oder mehr

Solange wir am Straßenrand stehen und den Karnevalszug, der an uns vorbeizieht, nur beobachten, haben wir keine Schwierigkeiten. Wenn wir aber die Rolle des Zuschauers aufgeben und anfangen, hinter den Narrenwagen herzulaufen, laden wir den Ärger förmlich ein. Jagen wir also unseren flüchtigen Gedanken nach, lösen wir damit einen unnötigen Rummel in unserem Geist aus.

- Heute und morgen werden Sie eine Übung machen, von der wir hoffen, dass sie Ihnen zur lebenslangen Gewohnheit wird. Beobachten Sie in jeder ruhigen Minute friedlich und aufmerksam Ihren Geist. Achten Sie darauf, welche Gedanken aufkommen und welche Gefühle sie nach sich ziehen. Lassen Sie beides einfach vorbeigehen. Dann kommt der nächste Gedanke und der übernächste und so weiter. Ihr einziges Ziel ist, ruhig zuzuschauen. Sie wollen auf dem Fließband des Geistes jedes Produkt klar erkennen, ohne darauf anders als mit einer Haltung des Friedens zu reagieren. Sie versuchen nicht, die Gedanken oder Emotionen loszuwerden, sie zu beurteilen, hochzustilisieren oder ihnen hinterherzulaufen. Nehmen Sie einfach ihre Gegenwart wahr, und beobachten Sie ruhig, was als Nächstes kommt.
- Vielleicht fällt Ihnen während dieses ruhigen Beobachtens auf, dass es in Ihrem Geist einen Ort gibt, an dem Sie ruhig und glücklich sind. Ein stiller See, der Sie willkommen heißt im Land der Glückseligkeit. Sie können in das Wasser dieses Sees eintauchen, wann immer Sie wollen. Wenden Sie sich ruhig diesem Land zu und nehmen Sie den Willkommensgruß in Ihr Herz auf. An diesem Ort ist der Karnevalszug Ihrer Gedanken ohne jede Bedeutung. Hier können Sie ihn völlig außer Acht lassen. Suchen Sie diesen Ort so oft wie möglich auf. Verweilen Sie in seiner Stille, im sanften Licht des Göttlichen.

Wie Sie sich von der düsteren Stimmung befreien

In Übung 17 haben Sie vielleicht einen Vorgeschmack davon bekommen, dass man innere Konflikte auch loslassen kann, indem man den Geist einfach in die Stille eintauchen lässt. Ob wir unseren Geist nun klären, indem wir Stück um Stück seine »Verunreinigungen« ans Licht des Bewusstseins holen oder ihn einfach mit Reinheit durchfluten, ist nicht wirklich wichtig, denn das Ergebnis ist dasselbe: ein konfliktfreier Geist. Trotzdem wird es nicht schlecht sein, über beide Möglichkeiten zu verfügen, denn es gibt Zeiten, in denen einzelne belastende Gedanken unseren Geist so intensiv in den Griff bekommen, dass die Option, in die Stille einzutauchen, gar nicht besteht, bevor wir uns bewusst von diesen einzelnen Gedanken getrennt haben. Ist unser Geist hingegen aufnahmebereit, dann kann es müßig sein, noch einen weiteren Gedanken durch Bewusstseinsarbeit loswerden zu wollen, weil dann das Eintauchen in die Ruhe wie von selbst gelingt.

Unser Problem ist es nicht, den Geist zu klären. Tatsächlich lassen wir jeden Tag eine große Zahl an Gedanken und Erinnerungen gehen. Gewöhnlich aber wird uns dieser Prozess nicht bewusst.

Eine wunderbare Möglichkeit, den Geist zu reinigen, ist unsere Fähigkeit, uns zu amüsieren. Lachen ist Loslassen. Lachen – wahres Lachen, jenes, das uns einander näher bringt, statt uns voneinander zu trennen – bedeutet, dass wir sofort alle Ängste, Gefühle der Entmutigung und ähnliche »zersplitterte« Geisteszustände gehen lassen. Und doch denken die meisten Menschen, dass das Lachen sie gleichsam überraschen muss. Nein, wir können uns jederzeit für das Lachen entscheiden. Es ist ein wirkliches »Geschenk des Geistes«.

An jüngeren Kindern können wir sehr gut beobachten, dass die Gabe, alles loszulassen, indem wir uns dem Lachen und dem Entzücken hingeben, ein Geburtsrecht ist. Wie ich bereits erwähnt habe, lachen Kinder nicht doppelt so oft wie Erwachsene, sondern um ein Vielfaches mehr. Kinder sind die Anwälte des Lachens. Bei ihnen ist das Amüsement quasi in der »Hardware« verankert. Daher sind sie auch in der Lage, belastenden Gedanken auszuweichen, indem sie ihre Aufmerksamkeit verlagern. Sie richten ihr Augenmerk nicht mehr auf die belastende Tatsache, sondern auf etwas, was ihnen Spaß macht.

Sarah

Vor einigen Monaten kam uns ein Freund besuchen, der in einem anderen Bundesstaat lebt. Dieser Freund kaufte in einem Laden für indianische Folklore einen so genannten »Traumfänger«. Dieses Ding sieht aus wie ein Tennisschläger, nur dass es mit Rohlederstreifen bespannt ist. In das Netz hinein verwoben sind »reinigende« Perlen und Federn. Wenn man ihn über das Bett hängt, dann soll er böse Träume abhalten, weil durch das Netz nur die guten Träume dringen.

Unser Freund erzählte uns, dass der Traumfänger für seine vierzehnjährige Tochter Sarah gedacht war, die seit einiger Zeit an schlimmen Albträumen litt. Unser Freund flog also wieder nach Hause, überreichte seiner Tochter den Traumfänger und erklärte ihr, wie er funktioniert. Sarahs Augen weiteten sich vor Entzücken angesichts des bunten Dings, und sie umarmte ihren Vater liebevoll.

Nachts wachte sie auf und kam ins Zimmer ihrer Eltern. »Daddy«, sagte sie, »ich brauche diesen Traumfänger jetzt.« Also stand unser Freund auf und sah sich in ihrem Zimmer nach einem Ort um, wo er ihn aufhängen konnte. Ein Traumfänger muss nämlich nicht nur über dem Träumenden hängen, sondern auch noch so angebracht werden, dass die Strahlen der Sonne darauf fallen. Das Licht lässt die eingefangenen schlechten Träume sich auflösen wie den Morgennebel, der von der Sonne vertrieben wird. Leider fand unser Freund keinen solchen Platz, aber er erkannte an der Stimme seiner Tochter, dass es sich hier wirklich um einen Notfall handelte. Also hängte er den Traumfänger an den Deckenventilator. Das war zwar nicht direkt über seiner Tochter und

auch keineswegs in einer Linie mit den einfallenden Sonnenstrahlen, aber es musste eben genügen.
Als ich mich einige Monate später mit ihm unterhielt, hing der Traumfänger immer noch am Ventilator, und trotzdem hatte Sarah seit dieser Nacht keinen einzigen Albtraum mehr gehabt.
Das Geschenk ihres Vater machte das Mädchen glücklich. Ihr Geist hatte sich mit diesen Albträumen angelegt, also überflutete sie ihn mit dem Entzücken, welches das Geschenk in ihr auslöste. Wie es für Kinder typisch ist, war sie nur allzu bereit, ihr Unglück durch Glück zu ersetzen.

Viele Erwachsene würden diese Lösung infrage stellen, denn »sie ist der Ursache der Träume doch niemals richtig auf die Spur gekommen«. Nun, vielleicht wäre das bei einem sehr konfliktbeladenen Geist, wie er für Erwachsene typisch ist, tatsächlich ein wichtiger Gesichtspunkt. Aber es tut doch auch ganz gut, zu sehen, wenn der Geist sich in einem hervorragenden Zustand befindet. Wir alle haben Momente, in denen wir geistig klar sind. Dann können wir loslassen, ohne uns auf das Schlimmste gefasst machen zu müssen. Kinder in Sarahs Alter haben nur selten viel Konfliktstoff angesammelt. Daher konnte sie ihre Albträume einfach gehen lassen, und diese kehrten tatsächlich niemals wieder.
Sobald Sie die zerstörerischsten Aspekte Ihres Egos abgebaut haben, werden auch Sie in der Lage sein, die Dinge, die Sie während des Tages so aufsammeln, einfach aus Ihrem Geist zu schwemmen. Sie drehen einfach den Wasserhahn auf. Tatsächlich sollte uns dieser Prozess zur Gewohnheit werden, denn wir überstehen nur selten einen ganzen Tag, ohne »Müll« mitzunehmen. Seien Sie dabei großzügig. Sie wollen ihn ja »wegspülen«, nicht wahr? Ein dünnes Rinnsal ist dafür nicht ausreichend. Lassen Sie die schimmernden Wasser des Lachens, des Verzeihens und des Loslassens schrankenlos durch Ihren Geist strömen. Lassen Sie zu, dass die Flut kleinliche Gedanken, weinerliche Selbstkritik, schädliche Erinnerungen einfach wegträgt. Tun Sie dies möglichst den ganzen Tag über, besonders aber vor dem Schlafengehen.

»Aber mir ist gar nicht nach Lachen zumute!«, sagen die meisten Erwachsenen – und dies scheinbar mit gutem Grund. Stellen Sie sich vor, Sie haben die Aufgabe, den Müll zusammenzutragen und zum Mülleimer zu bringen. Das macht zehn Minuten Ihres Lebens aus, zehn Minuten, die in Ihrer Grabrede sicher nicht auftauchen werden. Zehn Minuten, die Ihnen weder Geld noch Ruhm, weder Gesundheit noch Vergnügen einbringen. Leider ist der Alltag erwachsener Menschen in unserer Kultur ausgefüllt von genau dieser Art Tätigkeit: Auto fahren, die Teller in die Küche tragen, ins Bad gehen, Vorräte einkaufen, anziehen, ausziehen, Schlange stehen, reden über Dinge, die niemanden interessieren, und zwar mit Menschen, die sie nicht leiden können.
Es gibt nur ganz wenige so genannte »Gipfelerlebnisse«, bei denen wir uns wirklich schrankenlos freuen können, und in der Rückschau bewerten wir auch diese manchmal noch als fragwürdig. Die Ziele und Träume der meisten Menschen nehmen, sogar wenn sie verwirklicht wurden, nur einen kleinen Teil der unzähligen Augenblicke in ihrem Leben ein. Wenn das Gefühl der Erfüllung von diesen wenigen Hochs im Leben abhängt, dann sind wir wirklich dem Unglück geweiht, denn wir werden ein langweiliges und humorloses Leben haben. Ein Blick in die Runde sagt uns, dass die meisten Menschen genau so ein Leben führen. Vergnügen gehört nicht zu ihrer »Hardware«. Das »Schließlich habe ich nichts zu lachen« ist in ihnen so fest verankert, dass nichts ihnen je ein Lächeln entlockt.

Der gerechte Zorn eines Vaters

Ironischerweise hatte ich gerade den oben stehenden Absatz beendet, als das Telefon klingelte. Ich hob ab und hörte einen Mann sagen: »Wer ist dort?«
Ich antwortete: »Ich bin Hugh Prather.«
Er sagte: »Irgendjemand aus Ihrem Haus hat gerade bei mir angerufen.«

»Und wer?«, fragte ich.
»Ein Junge rief an und fragte nach meiner Tochter. Ich sagte ihm, dass sie nicht da ist, und fragte, wer dran ist. Er antwortete, es sei nicht so wichtig. Er würde meine Tochter sowieso in einer Stunde beim Spiel treffen. Und schon hatte er aufgelegt.«
Ich bat den Mann, am Apparat zu bleiben, und fragte meinen fünfzehnjährigen Sohn und seinen Freund, ob sie etwas über die Sache wüssten. Tatsächlich hatte der Freund meines Sohnes diese Nummer gewählt und genau das gesagt, was der Mann mir gerade berichtet hatte.
Ich ging also ans Telefon zurück und sagte ihm, dass der Anruf tatsächlich aus unserem Haus gekommen war. Der Mann antwortete, dass der Junge seinen Namen nicht genannt habe. Wenn ich wolle, könne ich zu ihm rüberkommen. Er habe den Anruf aufgezeichnet. Er meinte noch, dass er ja nicht wisse, wie es bei uns zugehe, aber in seinem Haus werde so ein Verhalten nicht geduldet. Ich fragte ihn, ob er jemals andere Anrufe von unserem Apparat erhalten habe. Er gab zurück, dass dies nicht wesentlich sei. Schließlich gehe es nur darum, dass wir unseren Kindern »manierliches Benehmen« beibringen sollten. Dann hängte er ein.
Am Abend, als mein Sohn und sein Freund vom Spiel nach Hause kamen, berichteten sie, dass der Vater des Mädchens tatsächlich aufgetaucht sei und sie ausgeschimpft habe, weil sie »solche« Freunde habe. Als der Vater wieder weg war, erzählten sie dem Mädchen, dass ihr Vater bei uns angerufen hatte. »Sie war richtig wütend«, meinten sie ein wenig schadenfroh.

Teenager hinterlassen natürlich nur selten ihren Namen. Nicht einmal alle Erwachsenen tun das. Wenn diese kleine Eigenheit im menschlichen Verhalten den Mann schon derartig auf die Palme bringt, dann hat er kaum Chancen auf ein ruhiges, friedliches Leben.
Deshalb soll noch einmal darauf hingewiesen werden, dass es nicht das Verhalten war, das diese Reaktion ausgelöst hat. Zehn andere Menschen hätten auf zehn verschiedene Weisen reagiert. Der eine hätte vielleicht den Anruf angenommen und ihn nicht

weiter bemerkenswert gefunden. Ein anderer hätte das Verhalten des Jungen vielleicht dem pubertären Wunsch nach Geheimnistuerei zugeschrieben. Der Nächste hätte sich vielleicht gefragt, mit wem seine Tochter da wohl verabredet war. Und ein Vierter wäre vielleicht froh gewesen, dass er nichts ausrichten musste. Der Fünfte hätte sich möglicherweise gefragt, ob der Anrufer nicht ein Einbrecher war, der überprüfen wollte, ob jemand zu Hause war. Und so weiter.

Jemand, der sich für überlegen hält, liegt im Streit mit der ganzen Welt – zumindest geistig.

Es war also nicht der Anruf, der diesen Herrn so aufregte, sondern sein zersplitterter Geist. Er sah sich als moralisch einwandfrei und rechtschaffen, also als jemanden, mit dem man so etwas einfach nicht machen kann. Das stolze Gefühl der Überlegenheit ist nur eine Form von geistiger Verunreinigung. Doch das konfliktbeladene Selbstbild dieses Vaters blockierte seine Intuition und seine Erfahrung. Dadurch interpretierte er die Beweggründe des Jungen völlig falsch. Er unterstellte ihm, er habe ihn respektlos behandeln wollen. Doch dieser Mangel an Humor würde seine Tochter keineswegs schützen. Und er entzweite die beiden auch noch. Dabei erreichte er nicht einmal das offenkundige Ziel, nämlich uns dazu zu bringen, unsere Namen zu hinterlassen. Der Mann hatte die Wahl: Er hätte sich amüsieren können. Oder er hätte im Recht sein können. Er entschied sich für das Rechthaben. Das Einzige, was ihm dies einbrachte, war mehr Einsamkeit und mehr Konflikte – vor allem im eigenen Geist.

Flexible Eltern

Zwei Wochen vor diesem Vorfall erzählte mir ein Paar, dass sie nicht zu Hause gewesen waren, als ihr neunjähriger Sohn auf der Straße mit anderen Kindern gespielt hatte. Ein fünfjähriges Mädchen, das zu der Gruppe gehörte, trat ihren Sohn vors Schienbein. Daraufhin schlug der Junge ihr in einem Reflex ins Gesicht, wodurch dem Mädchen ein bereits lockerer Milchzahn ausfiel. Als die Eltern des Mädchens aus dem Haus gerannt kamen, sahen sie ihr kleines Mädchen weinend, blutend und mit dem Milchzahn in der Hand. Der Junge rannte über die Straße ins Haus.

Der Vater des Mädchens folgte dem Jungen, hob ihn am Kragen hoch, schüttelte ihn und trug ihn zurück auf die andere Straßenseite, wo er ihn mehrere Minuten lang ausschimpfte.

Die Eltern des Jungen erzählten mir, dass sie, als sie schließlich nach Hause kamen und erfuhren, was geschehen war, zuerst ihren Sohn bis ins Detail ausfragten, um herauszufinden, ob er seelisch oder körperlich in Ordnung war. Dabei wurden sie immer wütender auf den Vater des kleinen Mädchens. Ihr erster Impuls war es, über die Straße zu stürmen, um die Attacke schnellstens zu erwidern oder – um es mit ihren eigenen Worten auszudrücken – »um sich selbst besser zu fühlen, indem sie bei ihm für ein mieses Gefühl sorgten«.

Dies wäre wohl die erste Reaktion der meisten Eltern gewesen, Gayle und mich eingeschlossen. Wenn unsere Kinder betroffen sind, empfinden wir meist Ärger darüber, dass sie gedemütigt wurden, und handeln aus diesem Gefühl heraus. Meist geht es uns nicht darum, die Situation für das Kind wirklich zu verbessern. Es geht um uns, nicht um unsere Kinder. Diese mangelnde Sorge um das Wohlergehen der Kleinen aber führt fast immer zur Zersplitterung im Geiste, denn alle selbstsüchtigen Gedanken wirken belastend, da sie uns ja nicht mit den anderen verbinden, sondern vielmehr trennen.

Doch irgendwie schafften die Eltern des Jungen es, innezuhalten und sich zu fragen, was für ihn wohl das Beste wäre. Zuerst erklärten sie ihm, dass er zwar einen Fehler gemacht hatte, dass aber der Vater des

Mädchens genauso falsch gehandelt hatte. Sie machten ihm also klar, dass sie auf seiner Seite waren. Dann versuchten sie zu dritt erst einmal, sich zu beruhigen und zu überlegen, wie sie auf das Ganze nun reagieren sollten. Schließlich fassten sie einen Plan, dem alle drei zustimmten.

Die Familie überquerte die Straße und läutete an der Tür der anderen Familie. Dort öffnete die Mutter die Tür, sozusagen zum Kampf gerüstet. Doch sie erklärten nur, wie sehr sie alle das kleine Mädchen mochten, wie froh sie waren, so nette Nachbarn zu haben, und wie sehr ihnen allen der Vorfall Leid tat. Sie waren schon vorher übereingekommen, dass sie das Verhalten des Vaters der Kleinen nicht erwähnen wollten.

Da brach die Mutter in Tränen aus und entschuldigte sich vielmals für das, was ihr Mann dem Jungen angetan hatte. Als die beiden Familien sich trennten, war die Atmosphäre gereinigt. Seitdem haben die Beziehungen sich sogar verbessert.

Natürlich war es auch möglich, dass die Mutter des Mädchens völlig anders reagiert hätte; sie hätte zum Beispiel die Entschuldigung ablehnen oder ihnen die Tür vor der Nase zuschlagen können. Möglicherweise hätte sie die Polizei rufen oder die andere Familie sogar verklagen können.

Das Paar, um das es hier geht, ist keinem universellen Naturgesetz gefolgt, das ihnen plötzlich die Erleuchtung eingab. Die beiden haben nur versucht, ihren Geist eins werden zu lassen und aus dieser Haltung heraus das zu tun, was für ihren Sohn das Beste war. Um es mit den Worten zu erklären, die wir bislang in diesem Buch benutzt haben: Sie ließen Frieden durch ihren konfliktbeladenen Geist strömen. Daher waren sie in der Lage, gemeinsam so zu handeln, dass sich etwas, was sich zu einem ordentlichen Streit hätte auswachsen können, in Wohlgefallen auflöste.

Ob wir unsere Gedanken nun in Liebe, Stille, Frieden, Seligkeit, Vergebung, Lachen oder in irgendetwas anderes tauchen, das Ausdruck des Göttlichen ist, der Effekt ist immer derselbe: Der zersplitterte Geist findet zu sich selbst zurück, sodass wir aus diesem Einssein mit unserem Selbst handeln können.

Übung 18

Zeit: zwei Tage oder mehr

A. Suchen Sie sich ein- oder zweimal täglich eine kurze Wegstrecke aus, die vor Ihnen liegt, also einen nahen Punkt und einen weiter entfernten. Sagen Sie dann, sobald Sie auf den jeweiligen Punkt zugehen:
»Während ich von __________ nach __________ (vom Stuhl zur Tür, vom Schlafzimmer zur Küche) gehe, werde ich alles, was mir begegnet, mit Belustigung betrachten.«
»Während ich von __________ nach __________ (von diesem Laternenpfahl zu jenem Stoppschild, von diesem parkenden Auto zu jenem Gebäude) gehe, werde ich alles, was mir begegnet, mit Belustigung betrachten.«

B. An den Tagen, an denen Sie Übung A machen, wählen Sie außerdem zweierlei aus, das Sie erledigen müssen. Nehmen Sie nichts, was viel Zeit in Anspruch nimmt. Bevor Sie also loslegen, sagen Sie sich:
»Während ich ______________________ (einen Einkauf mache, mein Haustier füttere, den Abwasch erledige), werde ich alles, was dabei geschieht, mit Belustigung betrachten.«

Selbst wenn Sie beide Übungen nur halbherzig ausführen, werden Sie sich bald daran erinnern, wie es dereinst war, als Sie die Welt noch mit einem Augenzwinkern betrachteten.

- Dabei wird nämlich unser geschäftiges, konfliktbeladenes Splitterdenken kurzfristig außer Kraft gesetzt und macht einer einfacheren, friedvolleren Haltung Platz.
- Beachten Sie, dass die gewohnte Form des Denkens, wie lange Sie damit auch gelebt haben mögen, auf Wunsch sofort der friedvolleren Haltung weicht.
- Werden Sie sich der Tatsache bewusst, dass Sie in dieser neuen

Haltung mehr, nicht weniger Nuancen Ihrer aktuellen Situation wahrnehmen.

- Machen Sie sich klar, dass es Ihnen in dieser Haltung leichter fällt, Menschen und Ereignisse so zu akzeptieren, wie sie sind.
- Die Entscheidung, alles mit Amüsement zu sehen, hilft Ihnen und anderen Menschen, ohne dass Sie groß darüber nachdenken müssen.

Kapitel 7
Wie Sie Ihre Rechtschaffenheit loslassen

Bei der Beschäftigung mit den A-Gedanken haben wir bereits mehrere Beispiele dafür betrachtet, dass wir Dinge sehen und fühlen, die wir für wahr halten, obwohl sie nicht wirklich existieren. Der Einfachheit halber werde ich diese Annahmen künftig »Projektionen« nennen. Da die meisten von uns unbewusst »projizieren«, können wir diese Technik nur selten zu unserem Vorteil einsetzen. Doch das lässt sich ja ändern. Eine prima Gelegenheit ist der Umgang mit Menschen, die wir als schwierig erleben.

Unbewusste Projektionen »fühlen sich immer so ›richtig‹ an«

Jeder von uns kennt Menschen, die er »schwer zu ertragen« findet, die bei ihm »bestimmte Knöpfe drücken« oder die er »einfach nicht ausstehen kann«. Menschen, die bei uns so starke Reaktionen hervorrufen, repräsentieren einen Aspekt unserer selbst, den wir uns bisher noch nicht vollständig bewusst gemacht haben. Daher ist es ganz nützlich, wenn es so jemanden in unserem Umfeld gibt. Er erinnert uns daran, dass da immer noch etwas im Verborgenen lauert, an dem wir arbeiten müssen. Ich weiß, dass Sie das nicht gern hören und schon gar nicht glauben wollen. Mir geht es ja ähnlich. Aber trotzdem stimmt es.
Natürlich ist es nicht sonderlich hilfreich, wenn wir jemanden um uns haben, der für uns oder die Menschen, die wir lieben, eine

Bedrohung darstellt. Niemand sollte sich freiwillig einer Gefahr aussetzen. Und es wird uns auch nichts nutzen, wenn wir versuchen, mit jemandem Kontakt zu halten, der auf uns, unsere Familie oder unseren Job belastend wirkt. Und ich hoffe, dass ich mich in Bezug auf Menschen, die wir schwierig finden, auch klar ausdrücke. Es ist durchaus in Ordnung, wenn man unehrliche Menschen als unehrlich betrachtet, arrogante als arrogant und Grausamkeiten als grausam. Nicht jeder Idiot ist eine Projektion!

Ich meine hier vor allem Menschen, die uns persönlich irgendwie irritieren, die uns »aus dem Konzept bringen«, »uns die Wände hochgehen lassen«. Die Projektion findet sich in unserem Verhalten, das mit der Wahrnehmung der anderen Person erst mal nichts zu tun hat. So können wir beispielsweise zu dem Schluss gelangen, dass jemand »einen gemeinen Zug« hat, ohne ihn deshalb zu verurteilen. Aber wenn unser Denken, Fühlen und Verhalten nach Verurteilung schreit, können wir sicher sein, dass eine Projektion ihre Finger im Spiel hat. Dabei kann unser Urteil gefühlsmäßig völlig richtig sein und uns als rechtschaffene, aufrechte und ehrliche Person ausweisen. Doch auf diese Art der Rechtschaffenheit können wir gut verzichten.

Wenn wir der Projektion aus dem Weg gehen wollen, müssen wir sehen, für welchen unserer eigenen Wesenszüge die Menschen stehen, auf die wir so reagieren. Was bedeutet deren Verhalten für uns? Wofür steht es? An welche unserer Wünsche, Gedanken oder Beweggründe erinnern sie uns? Wir müssen uns also mit einem Aspekt unseres Egos auseinander setzen, den wir bisher nicht sehen konnten. Daher glauben wir auch »ganz ehrlich«, dass wir diesen Aspekt im Verhalten des *anderen* wahrnehmen.

Ein einfaches Beispiel für diesen Vorgang ist der kleine Junge, der seine Plüschtiere verhaut, weil er selbst geschlagen wurde. Er schimpft seinen Spielzeugelefanten aus, sagt ihm, er sei böse und das, was er nun tun müsse, schmerze ihn selbst mehr als den Elefanten. Dann verhaut er ihn und sagt: »Nein! Nein! Nein!« In diesem Augenblick zweifelt der Junge keine Sekunde daran, dass der

Elefant wirklich böse war. Unbewusst aber glaubt er, dass er selbst böse ist.

Ein anderes Beispiel ist eine Person, die gern angibt, aber die Großsprecherei eines anderen kritisiert. Oder ein Angestellter, der seinen Arbeitgeber bestiehlt und über Sozialhilfeempfänger schimpft, die den Staat betrügen.

Wenn wir entdeckt haben, wofür diese Personen in unserem Inneren stehen, dann lehnen wir diesen Teil unseres Egos keineswegs ab, sondern akzeptieren ihn. Wir machen uns klar, dass dies unleugbar ein Teil unserer Persönlichkeit ist.

Akzeptanz heißt hier, zuzugeben, dass wir genauso sind. Erst wenn wir dies getan haben, haben wir die Wahl und können entscheiden, ob wir diesen Aspekt ausleben oder ob wir stattdessen lieber einen liebevolleren, freieren Teil unseres Selbst zeigen wollen. Denn wir können das Gute in uns nicht leben, bevor wir nicht sehen, was wir damit ersetzen.

Strenge Ablehnung eines Menschen – vor allem, wenn dieser Teil unseres Lebens ist und nicht etwa eine Figur aus dem Fernsehen – bedeutet immer, dass wir versagt haben. Wir sind nicht in der Lage, Verantwortung für einen Aspekt unseres Egos zu übernehmen. Wir können diesem Aspekt auch nicht mit dem Verstand auf die Spur kommen. Das funktioniert nicht. Wir müssen ihn schon in unserem Inneren erkennen. Aber die meisten Menschen tappen in die Falle und lehnen auf diese Weise Verantwortung für sich selbst ab. Normalerweise präsentieren sie dann irgendeine sehr klug und tugendhaft klingende Erklärung, weshalb sie gerade diese Kollegin nicht leiden können. (»Sie ist einfach eingebildet, und Arroganz hat mich schon immer abgestoßen.« – »Er erinnert mich an meinen Vater. Das war auch so ein charmanter Schwindler.« – »Es ist richtiggehend gefährlich, mit ihr zu arbeiten, denn sie tut bei allen so, als wäre sie supernett.«) Und falls Sie diese Erklärung glauben, wird sich nie etwas ändern.

Wenn Sie die Verantwortung für sich selbst übernommen haben, werden Sie zu Ihrem Erstaunen feststellen, dass die Menschen, die Sie bisher so aufgeregt haben, Sie kalt lassen, obwohl sie sich genauso benehmen wie zuvor. Sie haben diesen Zug bei sich selbst akzeptiert, und so sind Sie auch in der Lage, ihn bei den anderen anzuerkennen. Wahrscheinlich werden Sie sie sogar ein bisschen mögen, weil sie mit denselben Problemen zu kämpfen haben wie Sie.

Wie Sie Projektionen bewusst nutzen

Obwohl die meisten Menschen das Phänomen der Projektion auf eher schädliche Weise einsetzen (sie sehen einen Aspekt ihrer selbst in anderen und verurteilen diese dafür), zeigen die beiden folgenden Geschichten doch, dass es ebenso anders geht. Denn wenn uns auch nicht klar ist, dass der Geist über die Fähigkeit der Projektion verfügt, so funktioniert sie trotzdem. Und wir schreiben die Auswirkungen den Umständen zu oder anderen Menschen bzw. einem inneren Drang, der plötzlich und unvorhergesehen auftritt. Ob die Projektion nun bewusst oder unbewusst abläuft und dementsprechend positive oder negative Auswirkungen hat, eines sollten wir nicht aus den Augen verlieren: dass der Geist durchaus in der Lage ist, etwas zu erleben, was gar nicht existiert.

Kahuna

Vor einigen Jahren war ich in Hawaii und lernte dort eine Frau kennen, die eine bekannte Kahuna, eine spirituelle Heilerin, war. Sie konnte Geister sehen und setzte diese Fähigkeit ein, um Heim und Geschäft ihrer Kunden zu segnen. Dabei war sie so genau in ihrer Wahrnehmung (sie sah zwei Geister, während ich bei ihr war), dass ich das Gefühl hatte, ich könnte ihren Ansatz in meiner eigenen Arbeit ebenfalls gebrauchen.

Ihre »Dienstleistung« bestand darin, dass sie den Menschen mitteilte, die negativen Emotionen, die sie empfanden, seien auf einen Geist zurückzuführen, der sich in ihren Geschäftsräumen bzw. in ihrem Heim aufhielt. Gelang es diesen Menschen, den Geist als harmlos zu betrachten und freundlich zu sein, dann lösten die negativen Emotionen sich von selbst auf. Ihre Umgebung erlangte die frühere Harmonie zurück. Die Disharmonie, so erklärte sie, war auf einen Fehler in der Wahrnehmung zurückzuführen. Die Menschen stritten miteinander, nur weil sie unbewusst auf einen Geist reagierten.

Die Lösung lag ihr zufolge darin, dass man den Geist nicht bekämpfen, sondern ihn gleichsam einladen sollte. Sie brachte die Leute dazu, freundlich mit dem Geist zu sprechen. Dies konnte laut oder leise geschehen. Man sagte etwa: »Du hast genauso viel Recht, hier zu sein, wie ich. Ich bin dir nicht böse. Sei willkommen. Fühl dich wie zu Hause.« Wenn man so mit ihm sprach, so meinte sie, würde der Geist bald aufhören, die Atmosphäre zu vergiften.

Zu diesem Zeitpunkt gab es in meinem Leben etwas, das ganz sicher nicht harmonisch war. Also beschloss ich einfach, die Methode der Heilerin auszuprobieren. Ich hatte einen alten Bekannten namens Ralph, der mir überallhin folgte. Wenn ich einen Vortrag gehalten hatte, holte er mich hinterher ab. Er lud sich selbst zum Mittag- oder Abendessen ein und so weiter. Das Problem dabei war nur, dass Ralph mit den Jahren recht mürrisch geworden war und über alles und jeden etwas Schlechtes zu sagen wusste.

Daher »entschied« ich, dass Ralph ein echter Geist war, das heißt vollkommen harmlos. Wann immer ich mit ihm zusammen war, sagte ich zu mir selbst: »Ralph, du bist ein harmloser Geist. Du hast genauso das Recht, hier zu sein, wie ich selbst. Ich bin dir nicht böse. Ich heiße dich willkommen. Fühl dich wie zu Hause.«

Wenn ich Ralph als alten Bekannten sah, der nur schimpfen konnte, nervte mich sein Verhalten. Sah ich ihn aber als Geist, machte er mich einfach nur neugierig. Schließlich war Ralph der erste Geist, mit dem ich Bekanntschaft schloss. Dieses kleine mentale Spielchen änderte Ralph zwar nicht, aber mein Geisteszustand verbesserte sich dadurch erheblich, sodass ich auch besser auf Ralph reagieren konnte.

Meinen zweiten Versuch mit dem, was ich hier »bewusste positive Projektion« nennen möchte (ich fühle, wie in mir ein neues Buch entsteht!), startete ich etwa ein Jahr später, als Gayle und ich an einem Urlaubsort verschiedene Workshops abhielten. Zur selben Zeit besuchten zwei Verwandte von uns, Bob und Susan, jenen Ort. Unser Kontakt zu ihnen war jahrelang ziemlich schwierig gewesen, weil beide sehr viel tranken.

Susan und Bob luden Gayle und mich häufig zum Essen ein, was an sich ja noch nichts Schlechtes ist. Doch da Gayles Vater nicht mehr da war, um uns seine »Führung« angedeihen zu lassen, fühlten die beiden sich bemüßigt, in seine Fußstapfen zu treten. Wenn wir also miteinander beim Essen waren, verbrachten sie die meiste Zeit damit, mich und Gayle zu kritisieren. Sie gaben uns beispielsweise Tipps, wie man Workshops leitet, was wir so gar nicht mochten. Andererseits wollten wir ihnen auch nicht aus dem Weg gehen, weil sie schließlich »zur Familie gehörten«.

Am Ende beschlossen wir, es mit positiver Projektion zu versuchen. Wir stellten uns vor, wir seien Freiwillige in einem nahe gelegenen Krankenhaus für geistige Störungen und hätten die Aufgabe übernommen, den »Freigang« einiger Patienten zu überwachen. Teil der Aufgabe war es, mit einigen der Patienten essen zu gehen. Bob und Susan waren zwei von ihnen. Ihre Krankheit bestand darin, dass sie glaubten, jeder Mensch, mit dem sie zusammen waren, sei ihr Kind. Die Klinik hatte uns zur Auflage gemacht, dass wir freundlich sein und auf jeden Ratschlag und jede Kritik ihrerseits mit Zustimmung reagieren sollten.

Diese Projektion, bei der wir eine Situation schufen, die ganz sicher nicht der Wirklichkeit entsprach, machte aus dem angespannten Abendessen ein vergnügliches Erlebnis für Gayle und mich. Wenn wieder eines dieser harschen Urteile auf uns herniederprasselte, warfen wir uns Blicke zu, und sobald wir auf dem Heimweg waren, lachten wir uns halb tot über unsere wohlerzogenen Antworten. Auch Bob und Susan genossen die Situation, weil Gayle und ich allem zustimmten, was sie vorzubringen wussten. Und wir konnten den Abend genießen, einfach weil wir nicht mehr nur auf Verteidigung eingestellt waren.

Der Pfad zur Wahrheit ist schmal, weil er rein ist, nicht weil er wenige Möglichkeiten bietet.

Wie Sie kreativ reagieren können

Menschen, denen »Ehrlichkeit« über alles geht, werden uns jetzt vielleicht entgegenhalten, dass Gayle und ich in diesen Situationen nicht aufrichtig gewesen sind. Dass wir unsere Gefühle nicht zum Ausdruck brachten und uns selbst nicht treu waren. Schließlich haben wir Ralph, Bob und Susan nicht genügend vertraut, um sie mit der Wahrheit zu konfrontieren. Doch diese Art von »Ehrlichkeit« beruht meiner Ansicht nach auf einem Missverständnis, dem viele Menschen aufsitzen, die den Weg der Spiritualität gehen oder sich mit innerer Entwicklung beschäftigen.
Wir alle erleben immer wieder, dass es Situationen gibt, in denen wir uns unwohl fühlen oder gar gefährdet sind. Ein klassisches Beispiel ist die Einladung an einen »trockenen« Alkoholiker, sich mit Menschen zu treffen, die viel trinken. Natürlich ist es manchmal der Beruf, der uns so etwas abverlangt, und dann geht es eben nicht anders. Manchmal aber hilft einfach eine gute Entschuldigung. Und genau diesen Weg verbauen sich viele Menschen, weil sie eine ziemlich einseitige Sicht von dem haben, was »Ehrlichkeit« ist.
Eine ehrliche Antwort auf so eine Einladung wäre wohl: »Nein, tut mir Leid, ich werde nicht kommen. Sie und Ihre Freunde besaufen sich jedes Mal so schrecklich, dass es nur noch langweilig ist. Außerdem habe ich Angst, dass ich dann selbst wieder anfange zu trinken. Falls Sie es bei meiner Einstellung noch nicht gewusst haben sollten: Ich bin Alkoholiker, und ich bin trocken.« Das ist zwar sehr ehrlich, wird aber Freundschaft, gegenseitiges Verständnis und die Sicherheit des Jobs nicht unbedingt steigern. Und außerdem ist diese Aussage auch nur halb ehrlich, denn sie

drückt zwar aus, was eine Person denkt, doch was die andere da raushört, kann etwas davon ganz Verschiedenes sein.

Wirklich wichtig ist doch: Führt dieser Ausbruch von Ehrlichkeit zu mehr Bewusstheit? Klärt er oder verschleiert er? Wenn wirkliche Ehrlichkeit die Abwesenheit von Täuschung sein soll, dann führt dieser neue Weg der Aufrichtigkeit nur zu mehr Betrug.

Der Zwang zur nüchternen Wahrheit hat heutzutage geradezu religiöse Formen angenommen. Am wichtigsten scheint er in der modernen Psychologie zu sein, wo man das Ego jedes Einzelnen absondert, hervorhebt und aufpäppelt. Sobald heute Ihr Partner zu Ihnen sagt: »Wenn ich ganz ehrlich bin ...«, dann folgt gewöhnlich die Ankündigung einer Trennung, ein übler Angriff oder das Geständnis eines Seitensprungs.

Hin und wieder kommt es vor, dass ich in meiner Beratungspraxis mit einem »schwierigen« Mädchen konfrontiert bin, das zum Beispiel Autoritätspersonen fälschlich der sexuellen Belästigung beschuldigt. Es wäre weder für sie noch für mich hilfreich, würde ich ihr gestatten, diesen Fehler noch einmal zu machen. Daher spreche ich mit so einer Klientin nur dort, wo andere Menschen uns sehen können. Aber natürlich bin ich nicht so »aufrichtig«, ihr dies mitzuteilen, weil sie sonst mit Sicherheit glaubt, ich hätte nicht genug Vertrauen zu ihr. Daher sage ich etwa: »Ich würde gerne ein wenig frische Luft schnappen. Was hältst du von einem Spaziergang im Park?« (Wo naturgemäß eine Menge Menschen sind.)

Am zerstörerischsten wirkt diese egobehaftete Form der Ehrlichkeit vermutlich am Anfang von Beziehungen. Viele Partnerschaften scheitern, bevor sie noch richtig begonnen haben, weil die Beteiligten glauben, sie müssten sich jeden sexuellen Kontakt gestehen, den sie je hatten oder von dem sie träumten. Solche Geständnisse aber führen gewöhnlich nur zu Missverständnissen, nicht zu mehr gegenseitigem Verständnis. Sie verstellen den Blick auf den anderen eher, als ihn frei zu machen.

Doch die Anwälte einer durchgehenden »Ehrlichkeit« legen ihre Finger auf jeden Aspekt von Beziehung und Familie. Im Namen der Offenheit, so heißt es, sollen wir unseren Partner mit jedem negativen Gedanken konfrontieren, den wir je hatten, auch wenn Tausende anderer Gedanken nie geäußert werden. Wenn Ehemänner oder -frauen erotische Fantasien haben, in denen jemand anders eine Rolle spielt, dann unterliegen genau diese dem Bekenntniszwang, auch wenn unser ganzer Alltag mit Fantasien jeglicher Art angefüllt ist. Wenn ein Elternteil über Scheidung nachdenkt, dann sollte er die Kinder informieren, denn dies sei »das einzig Richtige«. Wenn ein Elternteil entdeckt, dass der andere eine Affäre hat, dann muss man dies heutzutage den Kindern mitteilen, um »reinen Tisch« zu machen.

Wir versuchen, allen Menschen gegenüber auszudrücken, »wie wir uns fühlen«. Doch nur selten stellen wir uns die Frage, woher diese Gefühle eigentlich kommen. Unsere Worte aber spiegeln nur wider, wie ein Teil von uns sich kurzfristig gefühlt hat. Alle Gefühle und Überzeugungen können wir gar nicht ausdrücken. Und auch dies würde nicht zu mehr Ehrlichkeit führen, denn wir können ja nicht gewährleisten, dass das, was wir sagen, auch das ist, was der andere Mensch hört. Und dass die Schlüsse, die er daraus zieht, mit dem übereinstimmen, was wir ausdrücken wollten.

Die neue Ehrlichkeit bezieht sich nämlich nur auf das, was wir sagen, keineswegs auf das, was wir »rüberbringen«. Also ist auch hier die äußere Erscheinung alles. Auch hier geht es nur um unser Ego. Unsere Beziehungen, die Wirkung, die wir auf andere Menschen haben, werden gar nicht berücksichtigt.

Daher setzen Gayle und ich in unserer Beratungsarbeit mehr auf Herzenstreue als auf »Ehrlichkeit«. Das bedeutet, dass wir versuchen, in der Kommunikation mit jenen, die wir lieben, lieber unserem Herzen treu zu sein statt unseren Stimmungen. Schließlich sind Eltern auch nicht »ehrlich«, wenn ihr Dreijähriger zu ihnen kommt und sagt: »Schau, was ich für dich gemalt habe.« Sie sagen: »Das ist toll; komm, wir hängen es in der Küche auf«, auch wenn sie nicht einmal im Entfernten ahnen, was das Bild darstellen könnte. Sie setzen auf ihre Liebe, ihre tieferen Gefühle. Das ist

Herzenstreue. Die Eltern sind der Beziehung zu ihrem Kind treu und dem, worum das Kind in Wirklichkeit bittet.
In fast jeder Talkshow schallt uns die Erkenntnis entgegen, dass wir heute Worte auf eine sehr enge Weise auslegen und dass diese Tatsache uns nicht unbedingt glücklicher macht. Sprache trennt heute öfter, als sie verbindet. So ruft sie mehr Missverständnisse als wirkliches Verstehen hervor. Das schafft zwar Zunder, aber keine Wärme.
Bei uns sieht die Sache immer gleich aus: Wir können aus dem konfliktbeladenen Teil unseres Geistes heraus handeln oder aus dem Teil, der sich mit allem verbunden fühlt. Dies ist eine ganz einfache Entscheidung. Und trotzdem ist sie schwierig zu treffen. Tatsächlich gelingt uns das meist nicht. Wenn wir feststellen, dass wir den Kontakt zu unserem geeinten Geist verloren haben, dann können wir manchmal nur Worte der Ganzheitlichkeit wiederholen, auch wenn sie am Anfang falsch klingen. Worte wie: »Alles ist entspannt. Überall herrscht Frieden.« Natürlich sind wir gerade in diesem Moment nicht entspannt, und nirgends herrscht Frieden. Wie Sie sehen, könnten Sie keinen Ausweg aus dem Dilemma finden, wenn Sie sich auf die Seite der neuen Ehrlichkeit schlagen.
Indem wir uns nämlich selbst Worte der Wahrheit schenken, dann bekämpfen wir keineswegs negative Gedanken mit positiven. Wir setzen die Gabe der Sprache ein, um uns mit einem Teil unseres Geistes in Verbindung zu setzen, den wir schon unzählige Male gespürt haben. Wir benutzen die Worte, um uns daran zu erinnern. Wirkliche Kommunikation ruft uns nämlich ins Gedächtnis, dass alles auf dieser Welt miteinander verbunden ist. Und dass – egal, wie es auf den ersten Blick aussieht – niemand allein ist.
Normalerweise gehe ich abends spazieren. Vor etwa einer Woche führte mich mein Weg an einem ausgetrockneten Kanal vorbei, wo seit Jahren ein Obdachloser lebt. Wenn er gerade da ist, begleitet er mich. Unsere Unterhaltungen haben nicht wirklich Sinn, da er ohne jede Vorwarnung die Pfade der Realität verlässt, um jene der Fantasie zu betreten. (»Sehen Sie den Hasen dort? Er

bleibt bei uns, weil er genau weiß, dass ihn sonst der Kojote schnappen würde.« – »Ich werde bald umziehen. Die Forscher vom Max-Planck-Institut haben herausgefunden, wo ich mich aufhalte. Das heißt, dass die Mafia bald hier sein wird.«) Und trotzdem ist da ein Strom von Wärme und gegenseitigem Interesse, der unsere Gespräche ebenso befriedigend macht wie andere, scheinbar »intelligentere« Unterhaltungen.

Während der ersten zwei oder drei Lebensjahre eines Kindes achten die Eltern auch kaum auf den wörtlichen Inhalt dessen, was es sagt. Ohne groß darüber nachzudenken, nehmen sie auf, worum es wirklich geht. Wenn man Babys wickelt, badet, ins Bett bringt oder auf den Knien reiten lässt, gibt es oft ganz wundervolle »Gespräche« voller Glucksen, Lallen, Plappern und Lachen. Eltern und Kinder klatschen in die Hände, rudern mit den Armen und stoßen so sinnvolle Laute wie »Ah« und »Äh« aus. Und plötzlich nimmt die Konversation eine dramatische Wende: Man summt, gurrt und kichert.

Eltern würden niemals sagen, dass sie mit ihrem Kind nicht reden konnten. Und sie kämen nie auf die Idee, dem Kind »Rückmeldung zu geben«, um sicherzugehen, dass es auch alles verstanden hat.

Wenn die Mutter ihrer Dreijährigen einen Karton frischer Eier wegnimmt, kommt es vor, dass das Kind plötzlich zischt: »Ich hasse dich. Ich wünschte, du wärst nicht meine Mutter.« Und trotzdem weiß sie, was das Kind wirklich sagen wollte – jedenfalls nicht das, was in der wörtlichen Bedeutung seines Ausrufs zu stecken scheint.

Wenn frisch Verliebte sich im Arm halten und zu den Sternen hinaufblicken, können sie über alles sprechen, und trotzdem ist immer nur eines gemeint: »Ich liebe dich. Ich fühle mich wohl mit dir. Ich bin so glücklich, dass es dich gibt.«

Tatsache ist, dass immer zwei Kommunikationsvorgänge stattfinden, wenn wir mit jemandem sprechen. Der eine läuft auf der Ebene der Worte ab, die wir sprechen. Aber nur selten erschöpft sich das, was tatsächlich vermittelt werden soll, in ebendiesen Worten.

Übung 19

Zeit: ein Tag oder mehrere

Heute horchen Sie einmal auf die zweite Ebene der Kommunikation, die zwischen Ihrem Herzen und Ihren Bedürfnissen sowie dem Herzen und den Bedürfnissen Ihres Kommunikationspartners stattfindet. Sehen Sie diesem Menschen in die Augen, und hören Sie respektvoll zu, dann »erlauschen« Sie bald, was dieser Mensch wirklich von Ihnen braucht.

Wenn Sie Hilfestellung benötigen, dann sagen Sie sich, wann immer Sie ein Gespräch mit jemandem führen: »Dieses Gespräch hat noch eine Ebene außerhalb des Themas, um das es offensichtlich geht. Was braucht dieser Mensch wirklich von mir und was gebe ich ihm?«

Statt dem Thema »treu« bleiben zu wollen, sehen Sie es als Mittel zum Zweck an. Es dient dazu, einen wirklichen Austausch herzustellen, eine echte Verbindung. Natürlich teilen Sie dem anderen Menschen nicht mit, was dieser Ihnen »wirklich« sagt, weil dies die Kommunikation sofort unterbrechen würde. Alles, was unseren Gesprächspartner verunsichert und in Abwehrstellung gehen lässt, stört die Verbindung zu ihm. Da es in unserem eigenen Interesse liegt, unsere Verbindung zu den Menschen in unserer Nähe zu spüren, vermeiden wir alles, was sie zum Rückzug veranlassen könnte.

Kapitel 8
Wie Sie Ihr Ego loslassen

Wir verfügen über zwei Arten des Geistes, nicht nur über eine. Natürlich müssen wir es zuerst am eigenen Leib erfahren haben, bevor wir so etwas glauben. Das ist so ähnlich wie mit den zwei Mägen. Das lernt man auch nicht in der Schule. Dort hört man immer Weisheiten wie »Es gibt nur einen Magen«, »Nur Kühe haben zwei Mägen« (in Wirklichkeit haben sie vier!) oder »Hör auf zu essen, wenn du satt bist!«. Aber sobald man am eigenen Leib erfahren hat, dass man, obwohl man längst gesättigt ist, immer noch ein paar Süßigkeiten – vor allem Schokolade – unterbringen kann, beginnt man zu zweifeln.

Wenn man dann erst einige hundert Male Süßigkeiten gegessen hat, obwohl man längst satt war, taucht die Frage auf, wohin diese Süßigkeiten denn wohl wandern. Und plötzlich ist alles klar! Wir haben einen zweiten Magen. Einen nur für Süßigkeiten. Dabei versuchen so viele Menschen, diese Tatsache vor uns zu verbergen: Zahnärzte, Lehrer, Freunde der »chinesischen Heilkunst« und vor allem Eltern (besonders wenn sie noch nicht viel Erfahrung haben). Alle sagen immer nur das eine: »Iss nicht zu viel Zucker!«, und Zucker ist schließlich in allen Süßigkeiten.

Worum es hier aber eigentlich geht: Wenn wir einen zweiten Magen hätten, könnten wir dies nur durch Erfahrung herausfinden, denn niemand würde uns etwas davon sagen.

Daher können wir auch unseren »zweiten« Geist nur dann erkennen, wenn wir seine Auswirkungen am eigenen Leib erfahren. Sobald wir jedoch angefangen haben, ihn besser kennen zu lernen, sehen wir, dass der »erste« oder Ego-Geist ein reines Fantasieprodukt ist.

Obwohl ich hin und wieder eine Anspielung in dieser Richtung machte, habe ich bisher doch ausschließlich von »dem Geist« gesprochen, der gereinigt bzw. geeint werden soll. Das ist natürlich ein recht brauchbares Konzept, mit dem man durchaus arbeiten kann. Doch vielen Menschen fällt es leichter, die Wirklichkeit als etwas Reines, Unantastbares zu erleben. In diesem Fall aber müssen wir uns eingestehen, dass es einen Teil in uns gibt – den Teil, der wirklich ist –, welcher stets ganz und mit allem verbunden bleibt, welche Fehler der egobehaftete Geist auch immer machen mag. Diese Fehler bewirken nur eines: Sie blockieren unsere Bewusstheit dieser Wirklichkeit. Daher ist es so wichtig, sie aufzugeben. Wenn wir unseren zersplitterten Geist gehen lassen, lernen wir unseren wahren Geist kennen. Dann können wir in ihm und aus ihm leben.

Der heilige Paulus machte einen Unterschied zwischen dem »Geist des Fleisches« und dem »Christusgeist«. Er forderte uns auf, den Geist Christi in uns einkehren zu lassen. Andere spirituelle Traditionen bezeichnen den wahren Teil des Geistes als »Buddhageist«, als »göttlichen Geist«, als »höheres Selbst« oder »tieferes Selbst«. Auf diese Weise unterscheiden sie den unwandelbaren Teil von dem, der sich jede Sekunde ändert, den wirklichen Teil vom unwirklichen. Gandhi beispielsweise lehrte, dass wir nicht zur Wahrheit werden sollen, sondern dass wir die bereits vorhandene Wahrheit nur akzeptieren müssen. In diesem Zusammenhang heißt Loslassen nicht, dass wir uns ändern wollen, sondern dass wir so sein wollen, wie wir sind. Diesen Unterschied möchte ich noch ein wenig genauer erläutern.

Viele Kinder haben zunächst einen erdachten und dann erst einen wirklichen Freund. Sie öffnen sich den wirklichen Freundschaften nicht, bevor sie die Grenzen einer imaginären Beziehung erfahren haben. Stellen Sie sich nun vor, Sie sind ein kleines Kind und nebenan wohnt ein kleiner Junge namens Burt, den sie schrecklich gern mögen. Burt hat eine Fantasiefreundin mit Namen Lubertha. Eines Tages sagen sie zu Burt: »Du glaubst, dass deine einzig wahre Freundin Lubertha ist, doch eines Tages wirst du sehen, dass es Lubertha gar nicht gibt. Sie ist nur Einbildung.

Ich aber bin wirklich da, und ich möchte dir ein wirklicher Freund sein. Wenn wir nur ein bisschen miteinander spielen, wirst du sehen, was ich meine.«

Also spielt Burt mit Ihnen – anfangs nur kurz. Doch zu diesem Zweck muss er seine Bande zu der imaginären Freundin zumindest für die Zeit des Spiels lockern. Zu Beginn ist dies schwierig für ihn, aber sehr bald erkennt er, dass er schließlich nichts zu verlieren hat – Sie tun ihm nicht weh. Und am Ende kommt der Tag, an dem Burt sagt: »Weißt du, was? Ich mag echte Freunde am allerliebsten.«

Hört sich das zu einfach an? Nun ja, die meisten Dinge im Leben sind wirklich nicht einfach, doch zu einem klaren, geeinten Geist zu kommen, ist nicht so schwierig. Denn dieser »zweite« Geist, der wirkliche, tiefere Geist, ist ja schon da und wartet auf uns. Wenn Sie so sind wie die meisten Menschen, dann haben Sie Ihren unglücklichen, geschäftigen, zersplitterten Geist so lange Zeit als einzigen angesehen, dass Sie Ihren wahren Geist nicht auf Anhieb finden können. Das heißt aber nicht, er sei verloren gegangen. Natürlich können Sie Ihr Leben auch damit zubringen, an Ihrem schwachen, konfliktbeladenen und überaktiven Geist herumzubasteln. Doch erst wenn Sie merken, dass Ihr wahrer Geist alles ist, was Sie brauchen, werden Entspannung, Verbundenheit und Friede zu dauerhaften Zuständen.

Wie sich der Ego-Geist bildet

Die meisten von uns treten ins Leben und werden geliebt, einfach weil sie Kinder sind. Schließlich haben sich die Paare normalerweise vorher Gedanken darüber gemacht, ob sie ein Kind haben *wollen*. Wenn das Baby dann da ist, wird es so geliebt, wie es ist, als ein »unteilbares Ganzes«. Zu allen Zeiten und in allen Kulturen lieben Eltern ihre Kinder einfach deshalb, weil alles, was sie sich gewünscht haben, mit dem Neugeborenen in ihrem Arm Wirklichkeit geworden ist.

Doch diese »Ganzheitlichkeit« des Kindes wird fast sofort zerstört. Vielleicht bekommt es von den Windeln Ausschlag, es hat Koliken oder schläft nicht durch. Nun wird diesem Anteil der kindlichen Persönlichkeit viel mehr Aufmerksamkeit gezollt als dem ganzen »Rest«. Da ist also die besondere Art des Kindes, zu verdauen oder zu schlafen, und da sind die anderen, nun plötzlich weniger wichtigen Charakterzüge, die angesichts der Kolik oder des chronischen Schluckaufs nahezu bedeutungslos werden.

Dieser Prozess des Aufsplitterns geht nun immer so weiter, bis man am Ende nur noch ein oder zwei Aspekte seines Kindes auf einmal sieht. Dann haben wir kein Kind mehr, sondern einen Vielfraß, ein Musikgenie, einen Bettnässer oder einen schlechten Schüler.

Vom Standpunkt des Kindes aus gesehen, kommen wir erst einmal »ganz« auf die Welt, wenn kein Schwangerschafts- oder Geburtstrauma vorliegt. Unser Geist ist einfach, ganzheitlich und fokussiert. Wir fühlen uns eins mit unseren Eltern und wünschen uns nichts mehr, als ihnen nahe zu sein und mit ihnen Spaß zu haben. Unser Geist ist geeint, und daher fühlen wir uns zu dem Teil im Geist unserer Eltern hingezogen, der ebenfalls noch ganz ist – auch wenn sie diesen mittlerweile weitgehend aus den Augen verloren haben.

Leider sind wir nicht für immer und ewig immun gegen die bruchstückhafte Sichtweise unserer Eltern. Wie es sich auswirkt, wenn man nur noch einen Aspekt seines Kindes liebt, ist nicht schwer zu erkennen. Jeder von uns kennt wohl die eine oder andere Familie, in der um den einen Aspekt ein riesiges Tamtam veranstaltet wird, bei dem die übrige Persönlichkeit des Kindes völlig untergeht und das Kind letztlich sogar vernachlässigt wird.

Sammy

Vor einigen Jahren kam eine Mutter zu Gayle und mir in die Beratung, weil sie die Haltung ihres Sohnes zu seinem Körper ändern wollte. Zwei Jahre nach seiner Geburt hatte Sammy eine Störung entwickelt, bei der die Hälfte seines Körpers leicht gelähmt blieb. Obwohl Sammys Mutter ein antibakterielles Deo verwendete, Desinfektionsspray im Badezimmer und Jod, wenn sie sich geschnitten hatte, obwohl sie zum Zahnarzt ging, wenn sie ein Loch im Gebiss entdeckte, und zum Orthopäden, wenn sie Ischias hatte, sagte sie uns, dass sie Sammy nur mit »spirituellen« Mitteln heilen wollte. Sie war davon überzeugt, dass Sammys Lähmung zurückgehen würde, wenn er sich selbst als normal ansehen könnte. Und Sammys Vater war derselben Meinung.

Drei Jahre lang verfolgten wir den Fall Sammy weiter. So viel Zeit brauchten wir, bis wir die Eltern so weit hatten, dass sie den Jungen zu einem Neurologen brachten und ihm mit ein wenig Achtung und Liebe begegneten. Bis zu diesem Punkt wurde Sammy behandelt wie ein fehlgeschlagenes »Projekt«, nicht wie ein geliebtes Kind. Man zwang ihn, ohne Krücken zu gehen, Sport zu treiben und gegenüber seinen Klassenkameraden so zu tun, als ob alles in Ordnung wäre. Seine Eltern dachten wirklich, dass dieses Vorgehen ihm helfen würde.

In diesen drei Jahren konnten wir miterleben, wie Sammy immer unsicherer wurde. Seine Behinderung frustrierte ihn zunehmend, sodass er schließlich mit fast allen im Clinch lag. Seine Haltung sich selbst und anderen gegenüber kam nicht mehr aus der Einheit seines Geistes. Und je mehr Bruchstellen sein Bewusstsein aufwies, desto mehr Konflikte spielten sich in seinem Kopf ab. Ein Konflikt und das Gefühl des Getrenntseins sind untrennbar miteinander verbunden. Eines führt unweigerlich zum anderen.

Unser Ego-Geist führt gegen fast jedes Bild, das er in sich trägt, einen heftigen Kampf. Freunde, Bekannte, Ereignisse, Umstände werden entweder kritisiert oder zur Zielscheibe der Wünsche. Das gilt sogar für Fremde. Unser Ego-Geist will von jedem etwas. Und das gilt sowohl für die Gegenwart als auch für die Vergangenheit, also für unsere Erinnerungen und Träume ebenso wie für Fantasien oder Gedanken an die Zukunft. Und natürlich auch für unser Selbstbild. Auf dieser Ebene der Zersplitterung glauben wir, dass alles sich ändern müsse, zumindest ein kleines bisschen.

Vergleichen Sie diesen Zustand einmal mit dem von Vorschulkindern. Obwohl auch kleine Kinder frustriert sein können, sind sie doch sehr viel öfter glücklich. Sie sind in der Gegenwart präsent, amüsieren sich und sind ganz in das versunken, was sie gerade tun. Ein glücklicher Geist ist auf natürliche Weise eins mit sich selbst und fokussiert. Leider erleben wir Erwachsenen diesen Geisteszustand nur sehr selten.

In Sammys Fall teilten wir den Glauben seiner Eltern an die spirituellen Komponenten der Heilkraft. Anders als sie waren wir allerdings nicht der Auffassung, dass ein rein spiritueller Zugang immer für jedermann das Richtige sein muss. Und gerade für kleine Kinder, welche die metaphysische Seite der Geistheilung noch gar nicht erfassen können, ist es meist nicht sehr hilfreich, wenn man ihnen diesen Weg aufzwingt.

Die leichte Lähmung, die sich im Geiste seiner Eltern von Sammy abtrennte und verselbstständigte, wurde zur fixen Idee, welche zwischen ihm und seinen Eltern eine riesige Kluft aufriss, da diese ihm zu verstehen gaben, dass es ja nur an ihm sei, Heilung zu finden. Er war zu jung, um den Denkfehler in ihrem Verhalten zu erkennen, und konnte sich daher nicht verteidigen.

Alles, auch spirituelle Konzepte, muss losgelassen werden, wenn sie sich dem Strom der Liebe entgegenstellen, denn Gott ist Liebe.

Kurz nach seinem siebten Geburtstag flogen seine Eltern mit Sammy in eine andere Stadt, wo er von einem Team von Spezialisten untersucht wurde. Ihnen gelang es, seine Eltern davon zu überzeugen, dass Sammys Nervenfasern geschädigt waren und dass seine Lähmung nichts mit seiner inneren Einstellung zu tun hatte. Daraufhin änderte sich ihre Haltung ihrem Sohn gegenüber schlagartig. Sie hörten auf, Druck auf ihn auszuüben, und begannen nach Möglichkeiten zu suchen, wie sie ihn trösten und glücklich machen konnten. Bei jeder kleinen Aufgabe, die er zu erfüllen hatte, standen sie ihm liebevoll zur Seite. Nun war er in ihren Augen endlich ohne Fehl und Tadel. Daher konnten sie ihm all die Liebe schenken, die sie in sich spürten.

Unser letzter Kontakt mit ihnen fand statt, als Sammy neun Jahre alt war. Zu dieser Zeit strengten seine Eltern sich immer noch an, ihrem Sohn das Leben zu versüßen, auch wenn sie anfingen, sich ein wenig zu viel Sorgen darum zu machen, ob Sammy sein »geistiges Potenzial« auch wirklich voll ausleben könne.

Obwohl wir nur zu schmerzhaft erfahren müssen, dass wir eher eine Ansammlung von Bruchstücken als ein einheitliches Ganzes sind, bleibt doch ein Teil unseres Geistes tief in uns davon vollkommen unberührt. Wir können das vergleichen mit unserem Zustand während des Schlafs. Wenn wir einschlafen, fächert unser Geist sich in eine Unmenge Traumgestalten auf, deren jede ihr eigenes Schicksal hat. Und trotzdem bleibt ein Teil unseres Geistes außerhalb unserer Träume. Er sorgt dafür, dass wir stetig atmen und nicht aus dem Bett fallen. Er zieht die Decken hoch, wenn wir zu frieren beginnen. Und so weiter. Wenn wir morgens erwachen und erkennen, dass wir doch nur ein Selbst sind, lässt der Geist seine Bindung an die Traumgestalten los und erfährt seine Ganzheit.

Trotzdem sollten wir die Kraft nicht unterschätzen, mit der unser Geist an dem Glauben festhält, dass die bruchstückhafte Realität seine einzige Wirklichkeit ist. Während wir schlafen, erleben wir einige klare Traumsequenzen und einige Traumfragmente, die verschiedenen Stadien des Erwachens nicht zu vergessen. Obwohl wir von einem Traum zum nächsten die Persönlichkeit manchmal komplett wechseln, erleben wir alles als »Ich«. Und obwohl Träume manchmal die Naturgesetze vollkommen auf den Kopf stellen, glauben wir als Träumende fest an die Wirklichkeit unserer Scheinwelt.

Wenn wir träumen, kann die Ichgestalt des Traums sich von unserem »wachen Alltags-Ich unterscheiden. Unsere Fähigkeiten, unsere Erscheinung, ja unsere ganze Persönlichkeit kann anders sein. Mitunter erfahren wir sogar den Geist eines anderen Menschen mit anderen Glaubensstrukturen, Erinnerungen und Werten – und trotzdem glauben wir fest daran, dass »wir« diese Dinge erleben.

Und dasselbe geschieht in den Tagträumereien. Manchmal hören wir, wie jemand zu uns sagt: »He! Wo warst du denn gerade? Hast du überhaupt gehört, was ich sage?« Damit meint man gewöhnlich: »Wo war denn dein Bewusstsein, während ich mit dir gesprochen habe?« Dann erwachen wir vermutlich gerade aus einem Tagtraum, einer lebhaften Fantasiereise.

Daher sollte es uns nicht weiter erstaunen, wenn wir erfahren, dass das Ich, mit dem wir den Alltag meistern, auch nichts weiter ist als eine Erfindung unsererseits wie die imaginären Spielgefährten bzw. Fantasiereisen, mit denen wir uns so gern beschäftigen. In diesem Buch nennen wir dieses Ich »Ego«, wie viele spirituelle und religiöse Systeme es tun. Andere Bezeichnungen sind »weltliche Identität«, »kleines Selbst«, »Schatten-Selbst«, »innerer Dämon« oder »getrennter Geist«. Unser wirkliches (wahres, spirituelles, ewiges) Selbst hingegen ist eine Realität, die dem Ego so wenig ähnelt, dass es damit erst gar nicht verglichen werden kann.

Unser imaginärer Spielgefährte hat – wie alle anderen Gestalten in unseren Träumen – seine eigenen Motive. Er denkt seine eigenen Gedanken und empfindet seine Gefühle. Kinder sind manchmal regelrecht geschockt über das, was ihr imaginärer Freund sagt – auch wenn jedes einzelne Wort ihrer eigenen Fantasie entspringt. Daher überraschen uns die Figuren in unseren Träumen, auch wenn letztlich wir es sind, die sie steuern. Und sie verteidigen sich, wenn wir sie verschwinden lassen wollen. Unsere imaginäre Identität, unser Ego, lässt sich nicht so einfach wegschicken. Das ist wichtig zu wissen, wenn wir davon frei werden wollen.

So schützt sich ein Traum beispielsweise, indem er uns einen anderen Traum schickt, in welchem wir erwachen und aufstehen, während wir in Wirklichkeit noch schlafend im Bett liegen. Das Läuten des Weckers wird flugs in die Traumgeschichte eingebaut, um das Aufwachen noch längere Zeit zu verhindern. Unser Sohn John beispielsweise fiel im Alter von vier Jahren bei einem Erdbeben, das auf der Richter-Skala den Wert 5,7 hatte, aus dem Bett. Als das Erdbeben vorbei war, legten wir ihn wieder hinein. Er war zwischendrin nicht einmal erwacht. Bettnässende Kinder argumentieren oft, dass sie nichts dafür können (was auch stimmt!), sie hätten schließlich geträumt, sie seien aufgestanden und hätten die Toilette aufgesucht. Alle Träume sind vom Geist so konzipiert, dass sie real erscheinen. Daher nutzen sie die verschiedensten Taschenspielertricks, um diese Illusion nicht durchbrechen zu müssen.

Auf genau dieselbe Weise verteidigt sich unser imaginärer Spielgefährte. Er versucht manchmal, uns echte Freunde zu verleiden. Oder er schmuggelt sich ein, wenn wir mit einem anderen Kind spielen. Vielleicht rät er uns sogar, scheu und zurückgezogen zu sein, damit wir ihm nicht verloren gehen.

Dies sind die Strategien des Egos. Es kennt eine Menge Tricks, mit denen es uns von der Erfahrung der Einheit, Liebe und Verbundenheit abhalten will. Denn dies ist die Essenz unseres wirklichen Selbst. Jedes Mal wenn wir Verbundenheit erfahren oder uns auch nur bemühen, sie zu erleben, lockern wir den Griff des Egos um unseren Geist. Und da dies dem Ego keineswegs gefällt, setzt es sich zur Wehr.

Ein klassisches Beispiel dafür ist die Partnerschaft. Gewöhnlich folgt auf ein Erlebnis starker Nähe bald ein Streit, bei dem unser Ego versucht, den verlorenen Boden wieder wettzumachen. Wenn Sie jedoch den Attacken Ihres Egos zuvorkommen, sind Sie immun gegen diese Versuche, das Gefühl der Verbundenheit wieder ungeschehen zu machen.

Wir können diese »Immunität« erlangen, weil das Ego eben nicht zur teuflischen oder »dunklen Seite« gehört. Das Ego lebt nicht außerhalb unserer selbst. *Wir* bringen es hervor und halten es am

Leben. Doch wenn Sie es nicht mehr haben wollen, besteht dazu auch keine Notwendigkeit.

Normalerweise kommt unser erster Impuls aus dem Ego-Bereich unseres Geistes. Doch nur ein einziger Augenblick der Stille führt uns schon tiefer. Diese tiefere Seite erscheint gewöhnlich als der ersten untergeordnet, weil das Ego so dominant ist und weil wir so sehr daran gewöhnt sind. Doch wenn Sie sich an jenen Ort begeben, an dem Sie ganz und mit allem verbunden sind – dem tieferen Aspekt des Geistes –, dann lassen Sie damit automatisch Ihr Ego los.

Nur Ihre Erfahrung der Verbundenheit mit etwas oder jemand anderem kann Ihr Ego verringern.

Wenn wir uns auch nur mit einer Person wirklich verbunden fühlen, lassen wir die Grenzen unseres eingebildeten Alleinseins hinter uns. Denn das Ego, unsere »selbstständige« Identität, kann nur aufrechterhalten werden, wenn wir uns ununterbrochen mit anderen vergleichen. Aus diesem Grund leiden wir, wenn es jemand anderem gut geht. Wir fühlen uns regelrecht angegriffen, wenn jemand, den wir kennen, plötzlich zu einer Menge Geld oder Ruhm kommt. Andererseits fühlen wir uns durch Pech und Schwäche von Seiten anderer richtig »aufgebaut«.

Doch wie sollte unser Ego (das ja für unser Bedürfnis nach Allein- bzw. Getrenntsein steht) auch anders reagieren? Wenn wir im Einssein, in der Liebe aufgehen, wollen wir uns nicht mehr mit anderen vergleichen. Und wir fragen nicht mehr ständig, wer wir sind, weil wir ebendies im gegenwärtigen Augenblick erfahren. Wir können Gott nicht mit dem Verstand anbeten. Doch wenn wir ihn anbeten, indem wir anderen Menschen unsere Liebe zuteil werden lassen, sind wir »in ihm«.

Loslassen heißt »das Problem weiterreichen«

Während unseres Heranwachsens (das heißt, während unser Ego heranwächst) nehmen wir viele »Verunreinigungen« in uns auf. Und doch wird das Gewebe unseres Geistes davon nicht wirklich beschmutzt. Wir lernen vielleicht, unseren Geist auf konfliktbeladene Weise zu benutzen, doch letztlich verliert der Geist seine zugrunde liegende Einheit niemals. Daher bemühen wir uns nie vergeblich darum, zu unserer grundlegenden Natur zurückzukehren. Wenn wir jeden Tag ein paar kleine Schritte machen, wird uns dies am Ende ganz leicht fallen. Die folgende Geschichte zeigt, wie ein solcher Schritt aussehen kann.

Meemo

Seit ich sechs Jahre alt war, liebte ich es, meine Großmutter zu besuchen, die ich »Meemo« nannte. Wir spielten Mikado zusammen und sprachen über Gott. Zwischendrin, wenn ich gerade nicht auf der Hut war, schaffte sie es, mir Nähen und Stricken beizubringen.

Über die Jahre konnte ich beobachten, wie Meemo die verschiedensten Krisen überwand, von denen jede einzelne andere Menschen vermutlich hätte verzweifeln lassen. Ihr Mann starb bei einem Flugzeugunfall, ihre Kinder tranken sich, eines nach dem anderen, zu Tode, und sie selbst litt immer wieder unter schweren Krankheiten. Ihre Krisenbewältigung lief stets gleich ab. Zuerst war sie vor Kummer wie gelähmt. Doch wenn ich sie nach einer Woche oder später besuchte, schien alles schon sehr viel besser zu sein. Und jedes Mal sagte ich zu ihr: »Meemo, du siehst so viel besser aus.« Und sie antwortete: »Ja, ich habe das Problem Gott übergeben.«

Meine Großmutter erklärte nie, was genau sie damit meinte, auch nicht, wenn ich mit meinen Problemen zu ihr kam. Und doch erlebte

ich diesen Vorgang immer und immer wieder, sodass ich mir langsam eine Vorstellung von seiner Einfachheit und Macht machen konnte.
Vielleicht ist diese Gabe nur deshalb nicht weiter verbreitet, weil viele Menschen denken, es habe etwas mit Glauben zu tun, wenn man »etwas Gott übergeben« kann. Und da sie keinen Glauben haben oder haben wollen, denken sie, sie selbst könnten das nie schaffen.

Der Glaube, dass es einen Gott gibt, *etwas* (eine Kraft, eine Wirklichkeit, eine Intelligenz, eine Gegenwart), das unsere Fragen, unseren inneren Aufruhr versteht und uns aus dem Leid herausführen kann, lässt unsere Probleme sofort beträchtlich schrumpfen. Unser Geist wird viel schneller frei von Sorgen, wenn wir glauben, dass wir die Krise nicht allein überstehen müssen. Dieses eine, diese Liebe, kennt den Weg zu unserem Herzen. Wir müssen nicht zu ihm stolpern oder uns zu ihm vortasten. Für mich ist dies keine Frage des Glaubens, denn ich habe es einige Male am eigenen Leib erfahren. Es gibt »etwas«, das uns alle nach Hause führt. Natürlich ist dies nur meine Art, diese eine Erfahrung zu beschreiben, die auf tausenderlei verschiedene Weise ausgedrückt werden kann.
Und ich weiß aus meiner Beratungstätigkeit mit einigen hundert nichtreligiösen Menschen, dass die Fähigkeit, diesem »Etwas« unsere Sorgen anzuvertrauen, jedem Geist innewohnt, sogar demjenigen kleiner Kinder. Wir alle verfügen über bestimmte geistige Fähigkeiten: vergessen, entscheiden, planen, erinnern, konzentrieren und so weiter. Jeder Mensch kann sie nutzen, ob er nun das Wort »Gott« benutzt oder nicht. In der folgenden Geschichte geht es um einen Mann, der keinerlei religiöses Bekenntnis akzeptierte. Trotzdem setzte er die Fähigkeit, seine Sorgen weiterzugeben, so ein, dass sie sein Leben rettete.

Lloyd

Eines Tages rief mich ein Bekannter an und sagte zu mir, sein Freund Lloyd wolle sich das Leben nehmen. Er erklärte mir, dass dies kein spontaner Entschluss gewesen sei. Er hatte mehrere Wochen darüber nachgedacht und schließlich seine Entscheidung gefällt. Wegen ihrer alten Freundschaft hatte Lloyd ihm mitgeteilt, was er zu tun gedachte. Dabei hatte mein Bekannter seinem Freund Lloyd ein Zugeständnis abgerungen: dass ich kommen und mit ihm sprechen dürfe.

Also ging ich zu Lloyds Haus. Obwohl es heller Mittag war, herrschte im Haus fast völlige Dunkelheit, sodass ich kaum sah, wohin ich meinen Fuß setzte. Bei geschlossenen Vorhängen schien nur ein schwaches Licht in einer Ecke. Lloyd, ein Mann um die vierzig, stand nicht auf, als ich eintrat. Er saß auf einem Sofa im Wohnzimmer, also holte ich mir einen Stuhl und setzte mich neben ihn.

Lloyd dankte mir für mein Kommen und erklärte mir dann, weshalb er beschlossen hatte, Selbstmord zu begehen. Er erzählte, dass er zuerst seinen Job verloren hatte. Ein Jahr später habe seine Frau ihn verlassen und ihrer beider zehnjährige Tochter mitgenommen. Sie hatte das Mädchen so gegen ihren Vater aufgebracht, dass das Kind mittlerweile nicht mehr mit ihm sprechen wollte.

Manchmal sind Selbstmordkandidaten so verschlossen, dass es einem Ratespiel gleichkommt, wenn man versucht, einen Weg zu ihnen zu finden. Ich hatte Glück, dass Lloyd mir seine Schwierigkeiten sofort anvertraute. Stück für Stück trug er die Argumente zusammen, weshalb es für ihn besser sei, sich das Leben zu nehmen. Seine Familie war für ihn alles, was zählte, und nun war seine Familie zerbrochen.

Bei unserem Gespräch bemerkte ich, dass Lloyd immer und immer wieder zu seinen schmerzhaften Erinnerungen und Schlussfolgerungen zurückkehrte. Eine Szene war zum Beispiel, dass er zum Wagen seiner Frau hinausging, wo seine Tochter ihn nicht einmal ansah. Er hatte sich sowieso nie für besonders liebenswert gehalten, und diese Szene schien ihm dies zu bestätigen. Also schrieb ich bei seinen Fehleinschätzungen einfach mit und machte daraus eine lange Liste.

Als er nach einiger Zeit eine Pause machte, sagte ich zu ihm: »Ich will gar nicht versuchen, Sie von Ihren Plänen abzubringen, aber wenn Sie sich – sei es nun in ein paar Wochen oder in ein paar Monaten – sowieso umbringen, dann hat es wenig Sinn, wenn Sie bis dahin noch viel leiden, oder? Wäre es Ihnen nicht angenehmer, zumindest ein bisschen weniger Kummer zu empfinden, bis es so weit ist?«
Er sagte ja, also holte ich in der Küche einen Müllbeutel. Ich riss die von mir angefertige Liste in Streifen, sodass auf jedem Streifen ein Gedanke zu lesen war. Dann warf ich alle Streifen in den Müllbeutel. Ich hielt ihm den Beutel offen hin und sagte: »Lloyd, ich möchte, dass Sie den Inhalt dieses Beutels als Müll ansehen. Wenn Sie sich vom Schmerz befreien wollen, müssen Sie nur eines tun. Sie können über diese Dinge nachdenken, wann immer Sie wollen, aber ich möchte Sie bitten, den Gedanken, der Sie gerade beschäftigt, aus dem Beutel zu ziehen und den Papierstreifen in der Hand zu halten, während Sie darüber nachdenken. Wenn Sie das Gefühl haben, mit dem Nachdenken fertig zu sein, werfen Sie den Streifen einfach wieder in den Beutel.«
Glücklicherweise hat diese Geschichte ein Happy End. Etwa zwei Jahre später rief Lloyds Freund mich an und sagte mir, Lloyd wüsste nicht, ob er mir je dafür gedankt hätte, dass ich ihm das Leben gerettet hatte. Natürlich war nicht ich es, der ihn gerettet hatte. Es war einfach seine Bereitschaft, diese Übung ganz bewusst zu machen.
Einen Gedanken bewusst aufzunehmen und bewusst wieder abzulegen, vermittelte Lloyd endlich ein Gefühl von Freiheit. Er sah, dass sein Gefühl der Verzweiflung schwächer wurde, wenn die entsprechenden Gedanken es nicht unterstützten und nährten. Und er sah, dass es blitzartig zurückkehrte, wenn er seinen Geist wieder auf die alte Weise benutzte. Später sagte er mir bei einem Gespräch: »Plötzlich wurde mir klar, dass ich der Einzige war, der mir wehtun konnte.«

Machen Sie sich keine Sorgen, ob Sie auf die richtige Art beten oder um Hilfe bzw. Rat bitten. Wenn der Wunsch nach Frieden aus dem Herzen kommt, wird Ihnen ein Weg gezeigt, auf dem Sie bekommen, was Sie brauchen.

Um sich von seinem selbstmörderischen Vorhaben zu befreien, musste Lloyd sich erst seiner belastenden, ja zerstörerischen Gefühle bewusst werden. Dass er kein Licht in sein Haus ließ, seine Selbstmordgedanken akzeptiert hatte und sogar zuließ, dass jemand kam, um ihm zu helfen, zeigt deutlich, wie stark in ihm das Bewusstsein seines Zustands war. Und doch ist dies nicht immer der Fall, auch nicht bei Selbstmordkandidaten. Einige Menschen töten sich ganz impulsiv, ohne vorher auch nur bemerkt zu haben, dass sie in einer gefährlichen Stimmung sind. Dasselbe gilt mitunter für Menschen, die anderen Gewalt antun, sie schlagen oder gar töten.

Trotzdem bleibt dies der Ausnahmefall. Nur wenige Menschen sind sich ihrer Emotionen nicht bewusst, bevor sie destruktiv werden. Unbewusste Gefühle blockieren unser Ganzwerden längst nicht mehr so sehr, wie sie es noch vor hundert Jahren taten. Ironischerweise sind wir uns heutzutage unserer Gefühle nur zu deutlich bewusst. In gewisser Weise sind wir regelrecht auf unsere Gefühle fixiert, und dies ist zu einem neuen Hindernis geworden. Zum Glück ist diese Blockade leicht zu überwinden. Wir müssen uns nur der Gedanken bewusst werden, die hinter unseren Gefühlen stecken. So werden wir beides auf einen Streich los: Gefühl und Gedanken.

Wichtig ist, dass wir lernen, den »Sender zu wechseln«, das heißt, von der oberflächlicheren Schicht unseres Geistes in eine tiefere, friedvolle Ebene zu gleiten. Es hat keinen Sinn, unseren Zustand an Gott »weitergeben« zu wollen, wenn wir nicht wissen, was uns da in seinen Krallen hält.

Wenn wir auf unserer Reise zu Ganzheit und innerem Frieden noch am Anfang stehen, ist uns meist nicht klar, wie destruktiv wir unseren Geist einsetzen können. Später bemerken wir, dass viele Dinge, die wir für positiv oder zumindest für ungefährlich hielten, uns in Wirklichkeit ernsthaft geschadet haben: Da sind zum Beispiel unsere Urteile über unsere Partner oder unser Kind. Am Ende sollten wir jeden Missbrauch des Geistes als solchen erkennen können.

So mag es beispielsweise nicht nach Missbrauch klingen, wenn wir uns vornehmen: »Ich werde keine müßigen Gedanken mehr hegen.« Oder: »Ich will kein Ego mehr haben.« Und doch lösen diese Vorsätze bei den meisten von uns ein gewaltiges geistiges Chaos aus. Wir reißen unseren Geist aus seiner Einheit, indem wir einen Teil als negativ und den anderen als positiv hinstellen. Das Ergebnis kann nur in mehr Konflikten bestehen.
Denselben Fehler machen Kinder, wenn sie ihren imaginären Spielgefährten befehlen, das Zimmer zu verlassen, oder sie anschreien, dass sie endlich ihren Mund halten sollen. Die Konfrontation lässt den Fantasiegefährten nur noch wirklicher erscheinen, denn er wird sich keineswegs kooperativ zeigen. Daher sollten wir auch unser Ego nicht bekämpfen, denn schließlich wollen wir es ja haben. Sinnvollerweise klären wir immer und immer wieder, was wir wollen. So lange, bis unser Wollen keine Konflikte mehr hervorruft.

Wie Sie belastende Gedanken loslassen

Zu erwachen bedeutet nicht, dass wir sterben oder uns irgendwohin begeben bzw. einen besonders eigenartigen Geisteszustand erreichen. Wenn die Gegenwart des Göttlichen in unserer Erfahrung stärker ist als das Chaos, sind wir erwacht. Bei den meisten von uns ist dies ein allmählicher Entwicklungsprozess. Wenn wir mehr und mehr aus dem Teil unseres Selbst heraus handeln und denken, der still, liebevoll und zutiefst mit allem verbunden ist, dann ist das, als würde dieser Teil sich ausdehnen. Unsere Gedanken werden natürlicher, unsere Wahrnehmung wird ruhiger und unser Handeln für uns und andere weniger überraschend. Wir fühlen uns immer realer und werden dies tatsächlich.
Je weiter dieser Prozess fortschreitet, desto bemerkenswerter ist, was geschieht. Denn schließlich beginnt sogar das, was wir um

uns sehen, die grundlegende Einheit des Göttlichen widerzuspiegeln. Dabei verändern sich weder die Menschen noch die Ereignisse. Unser Leben wird nicht plötzlich »magisch« oder »wunderbar«. Es geschieht mehr oder weniger genau das Gleiche wie vorher, doch nun wirkt es auf uns nicht mehr so, als ob wir zu diesem Leben verdammt seien, sondern es macht uns auf einmal Spaß. Es schmeichelt unseren Augen ebenso wie unseren Ohren. Und langsam schleicht sich bei uns das Gefühl ein, in dieser Welt zu Hause zu sein.

Wenn Sie den beschriebenen Weg gehen, werden Sie sehr schnell ein Gespür dafür entwickeln, ob Ihre Gedankenwelt aus Bruchstücken besteht, ob Sie sich im oberflächlicheren Teil Ihres Geistes befinden oder mit der tieferen Schicht verbunden sind. Doch schon dies stellt uns letztlich vor eine Entscheidung: Will ich Unschuld erfahren oder Schuld, Glück oder Furcht, Verbundenheit oder Einsamkeit, Flexibilität oder Festgefahrenheit, Gottes Frieden oder das Chaos des Ego? Wenn Sie die Verbundenheit anstreben, dann ist eigentlich nur noch eine Frage zu lösen: »Bin ich bereit, mich hier und jetzt für das Ganzsein zu entscheiden – in *dieser* Situation, während *dieser* Tätigkeit, angesichts *dieses* Problems, *dieser* Aufgabe, *dieser* Tragödie, *dieser* Ablenkung?«

Binkley und Mousse

Die stärkste aller menschlichen Mächte – die Willenskraft eines Zweijährigen – zeigt uns, was Konzentration in der Gegenwart auszurichten vermag. Zweijährige Kinder gewinnen jede Willensschlacht mit ihren Eltern, einfach weil sie konzentriert sind und dies auch bleiben, während ihre Eltern verschiedene Ziele haben und sich keinem länger als ein paar Minuten widmen.

Wir haben einen Kater namens Binkley. Binkley ist mindestens ebenso willensstark wie ein zweijähriges Kind. Man kann diesen Kater einfach nicht ablenken. Als Gayle ihn vor drei Monaten aus einem Studentenwohnheim rettete und nach Hause brachte, beschloss Binkley quasi sofort, dass Mousse, unsere Hündin, ihr Spielgefährte werden würde. Doch Mousse hatte nichts im Sinn mit einer derart »unnatürlichen« Freundschaft.

Zuerst setzte Mousse ihre tiefe Stimme ein und verwies den Kater bellend in seine Grenzen. Doch dies schien Binkley nicht weiter zu beeindrucken. Also sprang Mousse in Furcht erregender Weise auf ihn zu. Mit dem einzigen Effekt, dass Binkley sich auf irgendeinen höher gelegenen Platz flüchtete und von dort immer wieder spielerisch herunterhangelte.

Letzte Woche erreichte Binkley endlich, was er sich vorgenommen hatte. Er lag vielleicht dreißig Zentimeter von Mousse entfernt und stupste deren Pfote ganz sanft mit seiner Pfote an. Mousse wusste, dass es zwecklos war, hinter dem Kater herzulaufen, weil er einfach schneller war als sie. Also schnellte sie jedes Mal in die Luft, wenn die Katerpfote sie berührte – wahrscheinlich in der Hoffnung, dass die abrupte Bewegung dem respektlosen Tier irgendwie Ehrfurcht beibringen würde. Doch am Ende fand Mousse Gefallen am Spiel, und sie brachte sogar ihre Nase in Reichweite des Katers. Natürlich streckte er wieder seine Pfote aus. Und schon gehörte Mousses Herz dem Kater.

Die meisten Menschen verstreuen ihre Wünsche bunt auf Dinge in der Vergangenheit, Gegenwart und Zukunft und wundern sich dann, dass Kinder viel zielgerichteter handeln und meist bekommen, was sie wollen. Erwachsene sind nicht eins mit sich selbst, Kinder schon. Manchmal ziehen bestimmte Ideen mehrere Erwachsene an, sodass sie ihren Willen gemeinsam auf ein Ziel richten – ob dies nun eine neue Schule, ein neuer Spielplatz oder eine neue Regierung ist. Doch kaum finden sich interessantere Ideen, stärkere Verbündete oder vielversprechendere Feinde, dann löst sich das Gefühl der Gemeinsamkeit schnell in nichts auf. Letztlich einen nur spirituelle Ideen den Geist dauerhaft, weil Spiritualität auf einer dauerhaften Wahrheit gründet.

Jordan

Unser Sohn Jordan fing an, Tennis zu spielen, als er zwölf war. Er arbeitete hart, hatte gute Lehrer und machte daher schnell Fortschritte. Eines Tages konnte sein Lehrer Mark den Termin nicht einhalten, und ich sorgte stattdessen für eine Vertretung namens Benny. Bennys Ziel für diesen Tag war, Jordan beizubringen, dreißig Schläge hintereinander so zu platzieren, dass keiner im Netz landete. Das war gar nicht so einfach für einen Jungen, der erst seit ein paar Monaten spielte. Doch da Jordan sehr schnell lernte, fing Benny schon während der ersten Dreißigerserie an, ihm Tipps und Hinweise zu geben, wenn der Ball im Netz landete.

Das ging etwa eine halbe Stunde so, doch obwohl Bennys Hinweise nützlich waren, schaffte Jordan es nicht, dreißig Bälle zu schlagen, ohne mindestens fünf ins Netz zu schicken.

Schließlich hörte Benny auf, ging zu seiner Tasche und zog einen Geldschein hervor. Er sagte: »Jordan, das könnten hundert Dollar sein. Ich bin bekannt dafür, dass ich immer mit Hundertern spiele.« Er legte den Geldschein in der gegnerischen Hälfte auf die Linie zwischen der Grundlinie und dem Netz und stellte eine Balldose darauf. Dann meinte er: »Wenn du die nächsten dreißig Bälle hinter diese Linie platzierst, ohne den Ball ins Netz oder gar ins Aus zu schlagen, bekommst du den Schein.« Das war sogar noch schwieriger als die Aufgabe, die er Jordan davor gestellt hatte, weil er dabei auch noch darauf achten musste, wo der Ball landete, wenn er über dem Netz war.

Ohne weitere Tipps schlug Jordan die nächsten dreißig Bälle völlig fehlerlos. Benny nahm den Geldschein, ging zu Jordan und sagte: »Wie du siehst, ist es doch nur ein Dollar. Also glaub nicht, dass du das jetzt geschafft hast, weil eine Menge Geld auf dich wartete. Du hattest nur deshalb Erfolg, weil du dich auf eine einzige Sache konzentriert hast.« Dann nahm er einen Zwanziger aus seiner Tasche und schenkte ihn Jordan.

Ein Problem an Gott weiterzureichen, ist also nur ein Beispiel dafür, was ein konzentrierter Geist bewirken kann. Benny unterrichtete Tennis, nicht Lebenskunst. »Du bekommst den Geldschein, wenn du fehlerfrei übers Netz schlägst« ist ein Ziel, das den Geist nur für wenige Minuten einen kann. Bei einem anderen Kind oder an einem anderen Tag hätte dieser Trick vielleicht den gegenteiligen Effekt gehabt und nur noch mehr Druck verursacht, sodass die Fähigkeiten des Kindes noch weniger zum Tragen gekommen wären. Meines Wissens hat Benny diesen Kniff bei Jordan nie wieder angewandt. Vielleicht wusste er, dass er ein zweites Mal unter Umständen nicht funktioniert hätte.

Die Vorstellung, ein Problem in Gottes Hände zu legen, verhalf aber meiner Großmutter ihr ganzes Leben lang zu einem geeinten Geist. Und dies nur, weil die Idee auf das Göttliche zielt, und sonst auf nichts. Meine Großmutter lernte, loszulassen, indem sie sich auf diese eine Sache konzentrierte und alles Unwichtige beiseite ließ.

Wie Sie die Vorstellung von Ihrem Problem loslassen

Normalerweise stellen wir uns ein Problem als etwas ganz Spezifisches vor: eine bestimmte Situation, spezielle Umstände, ein gewisser Mensch. Das wahre Problem aber ist die Illusion, etwas außerhalb unseres Herzens müsse sich ändern, bevor unser Herz sich wandeln kann. Und diese Illusion blockiert uns, in welcher Form sie auch immer auftreten mag.

Schuld ist der Bauherr!

Gayle und ich kauften das Haus, in dem unsere Familie heute lebt, während es sich noch im Bau befand. Es hat einige Doppeltüren, und

kurz nach unserem Einzug merkten wir, dass mit den Türen etwas nicht stimmte. Sie schlossen oben bündig ab, aber unten boten sie ausreichend breite Durchgänge für Käfer jeder Art.
Käfer lieben Tucson mit seinen milden Wintern. Da es in der Wüste so wenig Bodenvegetation gibt, erfreuen sie sich einer ungehinderten Sicht auf die Berge. Leider gibt es unter den Käfern ein paar sehr unangenehme Zeitgenossen, und unser Türproblem bewirkte, dass wir uns regelmäßig (etwa einmal die Woche) Zeit nehmen mussten, um diese Tierchen aufzuspüren und sie aus unserem Haus zu verbannen.
Wir wiesen den Bauherrn auf das Problem hin und zeigten ihm bei Gelegenheit die breiten Ritzen. Er versicherte uns immer wieder, er habe die fehlenden Teile schon längst bei der Türfabrik bestellt. Dummerweise kamen diese Teile nie an. Jahr um Jahr verging. Die Käfer sagten ihren Freunden Bescheid, und das Prather-Insektenhotel wurde mit der Zeit immer beliebter. Gayle und ich trugen unser Scherflein dazu bei, indem wir uns ständig darüber beschwerten, was für ein verantwortungsloser Mensch unser Bauherr doch sei.
Vier Jahre vergingen, bevor uns klar wurde, dass unser Bauherr niemals Abhilfe schaffen würde. Also telefonierten wir ein wenig herum, stellten diese und jene Frage, und am Ende kauften wir Filzstreifen, wie man sie in jedem Bastelgeschäft bekommt. Innerhalb von zwei Stunden hatten wir das Insektenproblem im Griff.
Wir fragten uns, warum wir das nicht schon früher getan hatten. Natürlich wollten wir, dass der Bauherr das Problem behob, aber wir hätten die Insekten schon am Tag nach dem Einzug aus dem Haus verbannen können. Nur – wir hatten einfach nicht daran gedacht, dass wir selbst etwas hätten unternehmen können. Schließlich trug ja der Bauherr die Verantwortung, nicht wir! Wie Sie diesem Satz leicht entnehmen können, ist in unserer Kultur der Begriff »Verantwortung» mittlerweile zum Synonym für »Schuld« geworden. Wir sagten: »Der Bauherr soll endlich die Verantwortung übernehmen«, und meinten: »Er soll endlich zugeben, dass er die Schuld trägt.« Und der Bauherr meinte: »Die Türenfabrik soll zugeben, dass sie die Schuld trägt.«

Wir hatten also das Käferproblem nicht gelöst, weil es ständig bewies, dass der Bauherr sich schuldig gemacht hatte. Und dieser Schuldbeweis war uns wichtiger, als endlich von Insekten befreit zu sein.
Und *wir* geben anderen Menschen Ratschläge ...!

Obwohl Gayle und ich seit Jahren das Loslassen üben und unterrichten, war unser eigenes Haus wie ein großer, blinder Fleck auf der Landkarte unseres Bewusstseins. Seitdem wir dies erkannt haben, versuchen wir, den »Segen des Loslassens« nicht nur auf unser Haus, sondern auch auf den Hund, die Katze, das Auto, unsere Pflanzen und Möbel auszudehnen, kurz gesagt: auf alles, was irgendwie mit einer unangenehmen Geschichte verbunden ist.
Es gibt Menschen, die eine Bindung an ihr Haus oder ihre Wohnung entwickeln. Sie lieben es und sorgen dafür wie für ein Kind oder Tier. Ihr Heim strahlt eine Wärme aus, die sie bei der Heimkehr begrüßt und ihr Zuhause zu einem Hafen macht, in dem sie vor den Stürmen der Welt sicher sind. Besucher spüren dies und sagen: »Dieser Ort strahlt etwas ganz Besonderes aus.«
Ich konnte mir so etwas nie vorstellen. Eine Bindung zwischen Menschen oder zu einem Tier: ja. Aber zu etwas, in dem kein Leben wohnt? Doch wenn man darüber nachdenkt, dann fallen einem sofort viele Orte ein, an denen das Gegenteil der Fall ist, Orte mit einer dunklen, deprimierenden oder auf andere Art gestörten Atmosphäre. Dieses Phänomen kennt wohl jeder, und es hat in einigen Staaten sogar in der Gesetzgebung seinen Niederschlag gefunden. So muss der Käufer einer Immobilie beispielsweise informiert werden, wenn in seinem künftigen Haus eine Gewalttat begangen wurde.
Obwohl es mir in dieser Hinsicht immer ein wenig an Vorstellungskraft mangelt, so weiß ich doch, wie man eine Bindung an Haus, Auto oder Garten herstellen kann, wenn irgendetwas Unangenehmes damit geschehen ist. Sagen Sie in Ihrem Herzen

zu Ihrem Haustier, Ihrem Garten oder Ihrem Haus: »Ich weiß, was dir früher widerfahren ist, aber dies wird nie wieder passieren. Ich befreie dich von deiner Vergangenheit. Nun bist du mein Hund (Baum, Haus), und ich übernehme die Verantwortung dafür, wie ich dich behandle und wie ich über dich denke. Ich werde an dich nur mit Liebe denken. Und ich bin entschlossen, dabei zu bleiben.«
Wenn Sie dann Ihren Garten wässern, wird das Wasser zu einem Segensgruß. Lichten Sie Astwerk aus, fällt dies unter Gesundheitspflege, und jäten Sie Unkraut, so machen Sie Gartenkosmetik. Der Garten wird Ihre Haltung dankbar in sich aufnehmen. Fragen Sie nur einmal Menschen, die ihren Garten mit Liebe bestellen.

Wie Sie sich von Vorstellungen über Ihren Körper verabschieden

Wichtiger aber als die Bindung zu unserem »Besitz« ist diejenige, die wir zu unserem Körper haben. Wenn ich darüber zu Menschen spreche, die einer bestimmten metaphysischen oder spirituellen Tradition folgen, höre ich manchmal den Einwand, dass der Körper doch gar nicht wirklich sei, dass er nur die Illusion eines Ich vermittle oder nur Quelle unserer primitiven Triebe sei.
Warum nur stellt nie jemand infrage, dass wir Blumen, Bäume, Vögel und anderes Getier im Garten lieben können? Manche Menschen erzählen von der Herzenskommunikation mit den Ameisen, welche die Zuckerkörnchen aus ihrer Küche schleppen! Niemand zieht je in Zweifel, dass es Sinn hat, das eigene Heim zu segnen und seinerseits von ihm gesegnet zu werden. Das Haus einzuweihen ist in fast allen Kulturen ein Fest. Und doch gilt uns der Körper, unsere unmittelbare Wohnstatt, so wenig.
Ganz im Gegenteil: Mit unserem Körper liegen wir ständig im

Clinch. Unser Haar passt uns nicht, unsere Fingernägel, unsere Zähne, unsere Haut, unsere Fettzellen, die Länge unserer Nase, unsere Größe, unser Alter, unser Gewicht. Je tiefer wir in den Körper hineingehen, umso konfliktbeladener wird unsere Beziehung zu ihm: verstopfte Nebenhöhlen, glucksende Eingeweide, Plattfüße, schmerzende Rückenmuskulatur, wacklige Knie und ächzende Gelenke. Und dann gibt es da noch den Dauerkampf mit unseren lebenswichtigen Organen, mit dem Immunsystem, dem Nervenkostüm und dem Blutkreislauf. Wenn ich jetzt so weitermache, dann wird dieser Abschnitt noch zum Horrortrip.
Kurz gesagt: Die meisten Menschen fürchten ihren Körper und setzen nicht gerade viel Vertrauen in ihn. Manchmal hassen sie ihn sogar. Daher wollen wir über unsere Beziehung zum Körper gar nicht so viel wissen. Lieber lassen wir unsere Ängste und Ressentiments im Verborgenen wuchern.
Das muss nicht sein. Wir können uns von belastenden Gedanken über unseren Körper genauso verabschieden wie von anderen Denkmustern. Genauer gesagt, müssen wir das sogar, wenn wir je Frieden im Geist erfahren wollen. Vielleicht haben Sie schon einmal beobachtet, dass Menschen, die im Sterben liegen, Frieden mit ihrem Körper schließen. Aber warum wollen Sie so lange warten?

Übung 20

Zeit: ein Tag

A. Legen Sie Ihre Kleidung ab, und stellen Sie sich vor einen Spiegel, möglichst vor einen, der Sie ganz zeigt.

Achten Sie darauf, wie schwer es Ihnen fällt, nur diesen kleinen Schritt zu tun. Was empfinden Sie dabei? Haben Sie Angst vor dem, was Sie sehen? Oder ist es mehr Schuld? Verlegenheit? Rast Ihr Geist etwa von einem Gedanken zum nächsten, damit Sie irgendetwas finden, das beweisen soll, wie falsch, schwachsinnig und gefährlich diese Übung ist? Die meisten von uns haben rund um ihren Körper so viel geistigen Müll angesammelt, dass allein ihn zu betrachten schon ziemlich schwierig ist. Ein kleines Kind würde dieser Anweisung ohne Zögern Folge leisten. Und das hat nichts damit zu tun, dass wir die Kleider ablegen müssen. Das tun wir schließlich jeden Tag, wenn wir duschen, und es macht uns überhaupt nichts aus. Versuchen Sie, möglichst genau herauszufinden, was Sie *jetzt* stört. Aus welchen Gedanken ist Ihr persönlicher Widerstand zusammengesetzt? Geben Sie sich Mühe. Schließlich schleppen Sie diese Gedanken schon eine ganze Weile mit sich herum.

B. Nun tasten Sie den Körper Stück für Stück mit dem Blick ab: Kopf, Stirn, Brauen, Augen und so weiter, bis Sie bei den Zehen ankommen. Zuerst betrachten Sie Ihr Haar (oder Ihren kahlen Kopf) so lange, bis Ihr Geist ruhig wird. (Wenn Ihnen das hilft, sagen Sie etwas vor sich hin wie: »Das sind nur Haare. Meine Haare am heutigen Tag. Nicht von vor zehn Jahren. Genau dies ist mein Haar.«) Achten Sie jedes Mal darauf, welche Urteile, Ängste, negative Assoziationen und Glaubenssätze Sie mit dem Körperteil verbinden, den Sie gerade ansehen. Sie können sie auch laut aussprechen, wenn Sie sie so leichter erkennen.
C. Sagen Sie dann zu sich selbst: »Dies sind meine Gedanken. Möchte ich diese Gedanken über mein Haar wirklich weiter mit mir herumtragen?«
D. Wiederholen Sie Schritt B und C mit den anderen Körperteilen.
E. An diesem Punkt haben Sie sich Ihre belastenden Gedanken über Ihren Körper bewusst gemacht. Nun fangen Sie wieder ganz oben an und gehen die einzelnen Körperteile durch wie vorher. Jetzt aber rufen Sie sich alle positiven Gedanken ins Gedächtnis, welche die einzelnen Teile des Körpers bei Ihnen auslösen. (»Ich danke dir, mein Haar, weil du mich warm hältst,

weil du mein ständiges Fluchen erträgst, weil du die Chemikalien erduldest, die ich dir gedankenlos immer wieder zumute ...« Oder: »Ich danke dir, meine Stirn, weil du mein Gehirn schützt, weil du je nach Bedarf Sorge oder Überraschung ausdrückst ...« Und: »Ich danke euch, meine Augenbrauen, weil ihr meine Augen trocken haltet und weil ihr mich so vornehm aussehen lasst ...«)

Bei dieser Übung versuchen Sie *ernsthaft* anzuerkennen, was Ihr Körper für Sie alles getan hat; wie er Sie unterstützt hat, als sei er ein guter Freund; dass er unschuldig ist an seinen Genen, am Klima, dem er ausgesetzt ist, an den Unfällen, die er zu erdulden hatte, und an all den anderen äußeren Kräften wie Schwerkraft und Sonnenstrahlung, die ihn auf eine Weise verändern, für die er nichts kann. Mit anderen Worten, Sie haben wirklich Gründe genug, Ihrem Körper dankbar zu sein, ihn zu mögen und freundlich zu behandeln. Er will Ihnen nichts Böses. Ganz im Gegenteil, er hat sein Bestes getan. Er war so treu wie ein Haustier und ist so eng mit Ihnen verbunden wie ein leibliches Kind.
Warum also sollten wir gerade ihn auswählen, um ihn aus unseren Gedanken zu streichen mit der Begründung, er sei »nicht spirituell«? Eine Bindung zu allen Dingen in Ihrem Leben aufzubauen, wird Ihnen spirituell keineswegs schaden. Und wenn ein Garten oder ein Haus Ihnen die Wärme zurückgibt, die Sie hineingesteckt haben, dann wird Ihr Körper dies erst recht tun.

F. Entscheiden Sie sich nun dafür, dass Sie von jetzt an Ihren Körper freundlich behandeln werden, dass Sie nett mit ihm reden und gut von ihm denken werden.

Wie Sie A-Gedanken loslassen

Wir haben nun schon verschiedene Formen des Loslassens geübt, sodass wir uns von belastenden Gedanken befreien und die Ganzheitlichkeit unseres Geistes genießen können. Genauer gesagt, haben wir gelernt, wie wir von den oberflächlichen in die tieferen Schichten des Geistes gelangen können. Doch ehe die Spaltungen in unserem Geist vollkommen geheilt werden können (bevor wir uns also in die tiefste Schicht begeben), müssen wir uns noch von unserem Widerstand gegen diese Ganzheitlichkeit verabschieden. In unserer Arbeit am Geist konnten wir feststellen, dass die grundlegende Ursache für unseren Widerstand unsere A-Gedanken sind. Daher haben wir schon verschiedene Methoden kennen gelernt, wie wir uns gerade von diesen »Verunreinigungen« trennen können. Leider haben A-Gedanken noch einen Aspekt, auf den wir bisher nicht näher eingegangen sind: Sie wirken ziemlich verführerisch.

A-Gedanken sind wie Pflanzen. Ihre Wurzeln reichen tief in unsere dunkle und chaotische Vergangenheit zurück, ihre Triebe aber tragen das leuchtende Grün der Hoffnung. Und wir können sie nur loslassen, wenn wir beide Aspekte klar erkennen.

Die *Wurzeln* liegen in der Vergangenheit – dabei geht es sowohl um die Wirkungsgeschichte dieses Gedankens, der uns und die Menschen in unserer Umgebung beeinflusst hat, als auch um die Entstehung des Gedankens im Verlauf unserer Kindheit.

Die *grünen Triebe* hingegen stehen für die Vorteile, die wir uns versprechen, wenn wir diese Gedanken beibehalten. Wir sehen diese Gefühle nicht so gern, weil sie so viel über uns enthüllen, was manchmal ganz schön unangenehm ist.

Stellen Sie sich vor, Ihr Mann spricht gerade davon, wie nett es wäre, ein Boot zu besitzen. Und sie werden urplötzlich von zornigen Gedanken überflutet, die besagen, dass ihr Mann verantwortungslos, ja geradezu gefährlich ist. Wie kann er nur daran

denken, so viel Geld für ein Boot auszugeben, wo sie beide doch gerade noch darüber gesprochen haben, wie sie das überzogene Konto ausgleichen könnten?
Sie haben nun verschiedene Möglichkeiten:

- Sie können Ihren Mann anschreien, dann schreit er zurück; und ehe Sie sich's versehen, stecken Sie mitten in einem saftigen Krach.
- Sie können ihn fragen, wie er denn nur daran denken kann, jetzt ein Boot zu kaufen; doch verteidigt er sich dann vermutlich mit dem Hinweis, dass er ja gar keines kaufen wollte.
- Sie können leise vor sich hin sagen: »Gott wird mich vor meinem Mann beschützen. Gott wird mich vor meinem Mann beschützen ...« Oder: »Mein Mann ist im Grunde seines Herzens ein guter Mensch. Mein Mann ist im Grunde seines Herzens ein guter Mensch ...«
- *Oder:* Sie können sich genauer mit Ihrem Gedanken befassen.

Sie fangen bei den im Dunkeln liegenden Wurzeln an. So könnten Sie sich beispielsweise fragen: »Woher kommt meine Vorstellung, dass mein Mann gefährlich ist?« Rufen Sie sich ins Gedächtnis, wie er in der Vergangenheit gehandelt hat. Sind es wirklich seine Handlungsmuster, die Sie zu der Annahme bewegen, dass er hinter Ihrem Rücken ein Boot kaufen könnte? Wenn Sie ganz ehrlich sind, werden Sie feststellen, dass dies nicht allzu wahrscheinlich ist.
Während Sie die Wurzeln jetzt noch weiter in die Tiefe verfolgen, merken Sie vielleicht, dass Sie auf die Neigung Ihres Mannes zu Tagträumereien stets ein bisschen herabgeblickt haben. Er baut ja immer Luftschlösser und hofft auf irgendein Wunder. Sobald Sie aber diesen Punkt genauer untersuchen, fällt Ihnen auf, dass Sie ihn genau deshalb so gern haben. Was Sie nicht so sehr mögen, ist die Tatsache, dass er während seiner Träume so wenig greifbar ist. Seine Abwesenheit führt dazu, dass er Ihnen nicht zuhört und Ihre Bedürfnisse nicht ernst genug nimmt. Und dies wiederum ist

ein Zug, den Sie an sich selbst schon des Öfteren kritisiert haben: Sie nehmen die Bedürfnisse anderer nicht ernst genug. Erkennen Sie sich etwa in ihm wieder? Sie beschließen, beim nächsten Mal, wenn Ihr Mann wieder abwesend wirkt, genauer darauf zu achten, was Sie selbst denken.

Fragen Sie sich jetzt weiter, woher die Vorstellung kommt, Ihr Mann sei gefährlich. Vielleicht fällt Ihnen nun auf, dass Sie dazu schon als Kind eine Geschichte gehört haben. Als Sie noch sehr klein waren, in einer Zeit, an die Sie sich nicht richtig erinnern können, verlor Ihre Familie alles, als Ihr Vater Bankrott ging. Die Geschichten, welche diesem Ereignis für alles Mögliche die Schuld anlasteten, zogen sich durch Ihre gesamte Kindheit. Vielleicht sind Sie in Wirklichkeit wütend auf Ihren Vater und müssen lernen, ihm zu vergeben.

Die Vorstellung, dass Sie wütend sein könnten, weil Sie einen Lebensstil verloren haben, an den Sie sich nicht einmal richtig erinnern, klingt recht unwahrscheinlich; aber irgendetwas gibt es, das Sie übersensibel für Geldprobleme gemacht hat. Sie beschließen, dass es nicht schaden kann, wenn Sie Ihren Vater gedanklich in strahlendes Licht hüllen, bis Sie tief im Innern spüren, dass Sie ihm verziehen haben.

Als Nächstes fragen Sie sich, was Ihr Misstrauen Ihrem Ehemann gegenüber körperlich bei Ihnen auslöst. Sie spüren sofort, dass Ihre Angst sich verstärkt, dass Ihnen ein wenig übel ist und Sie mit Spannung in den Schultern reagieren.

Welchen Einfluss hat Ihr Misstrauen auf Ihre Ehe und die Beziehung zu Ihren Kindern?

So fragen Sie sich immer weiter, bis Sie das Gefühl haben, dass Sie nun das ganze Wurzelsystem dieses Gedankens durchgeackert haben.

Nun wenden wir uns den grünen Trieben zu. Welche Vorteile ziehen Sie aus diesem Denken? Was haben Sie konkret davon, wenn Sie Ihrem Mann weiterhin misstrauen?

Zuerst fällt Ihnen auf, dass Sie denken, Ihre Haltung werde Sie schützen – wenigstens in finanzieller Hinsicht. Doch wenn Sie

genauer darüber nachdenken, stellen Sie auch fest, dass Ihre Haltung Ihren Mann manchmal so wütend gemacht hat, dass er Dinge tat, die Ihnen überhaupt nicht gefielen – und einige davon hatten durchaus negative finanzielle Auswirkungen auf Sie.
Also richten Sie Ihr Augenmerk nun auf die Gefühlspalette, die sich rund um Ihre Haltung ausbreitet. Und Sie bemerken, dass zu Ihren Misstrauensanfällen auch eine gewisse Aufregung gehört. Ja, tatsächlich: Ein Teil von Ihnen findet es toll, wenn er etwas Verantwortungsloses tut. Was soll das bloß? Sie beschließen, sich dieses Gefühl einmal genauer vorzunehmen, wenn es wieder auftaucht. Geht es dabei darum, einen Beleg für die finanzielle Unzuverlässigkeit Ihres Mannes zu bekommen, oder wollen Sie Ihre Überlegenheit beweisen? Vielleicht wollen Sie ja, dass er Ihnen »etwas schuldet«, und denken, dass Sie damit einen Freibrief haben, die Ehe aufzugeben, wann immer Sie das wollen. Aber Sie wollen ja nicht raten, sondern beim nächsten Mal genauer hinschauen.
Dann fragen Sie sich, ob Ihr Misstrauen Ihre Position in der Ehe irgendwie verbessert. Verschafft es Ihnen beispielsweise Vorteile beim Streiten? Oder hilft es Ihnen, Ihre Sicht der Dinge durchzusetzen, wenn Sie etwas Bestimmtes haben wollen? Und so weiter.
Am Ende dieser eingehenden Untersuchung Ihres Misstrauensvotums (die Tage und Wochen dauern kann, wenn der Gedanke chronisch geworden ist) sehen Sie vielleicht, dass Sie das Verhalten Ihres Mannes nicht wirklich für finanziell bedrohlich halten. Aber Sie haben auch erkannt, dass dieses Misstrauen das tiefe Bedürfnis verbarg, Ihrem Vater zu vergeben. Und Ihnen ist klar geworden, dass Sie damit einer Partnerschaft schaden, die Ihnen alles bedeutet, jedenfalls viel mehr als das überzogene Konto.
Nun haben Sie diesem Gedanken wirklich alle Stacheln genommen und ihn nicht durch »positives« Denken tiefer in Ihr Unterbewusstsein eingehämmert. Jetzt müssen Sie nur noch lernen, wie Sie klar und deutlich zu Ihrer Liebe und Ihrer Wertschätzung für Ihren Ehemann stehen können. Und das funktioniert so:

- Ihr A-Gedanke wird immer und immer wieder an die Oberfläche kommen, weil er ein grundlegender Teil Ihres Egos ist. Wenn Sie aber Ihre Bewusstseinsarbeit gründlich getan haben, wird der Gedanke Sie nicht mehr schrecken, verwirren oder wütend machen. Sie fühlen keinen Drang, ihm widerstehen, mit ihm kämpfen oder ihn ersetzen zu müssen. Und wenn Sie Ihre Hausaufgaben *wirklich* gemacht haben, dann werden Sie Ihren A-Gedanken plötzlich ganz lustig finden.

Es gibt kein perfektes Ego. Warum sollte es auch eines geben? Würden Sie einen imaginären Spielgefährten vollkommen machen wollen? Könnte man ihn dadurch loswerden? Sicher nicht. Daher hat es auch keinen Sinn, unser Ego zum Ziel unseres Strebens zu erheben und diese Illusion perfektionieren zu wollen. Schon ein einigermaßen klarer Blick sagt Ihnen, dass Sie es weder wollen noch brauchen oder gar fürchten müssen.

- Wann immer einer Ihrer A-Gedanken sich bemerkbar macht, betrachten Sie ihn lange genug, um ihn identifizieren zu können. Dann fragen Sie sich: »Möchte ich ______________ (die Person, die Zielscheibe des Gedankens ist) wirklich verletzen, indem ich diesen Gedanken auslebe?«

Diese Frage führt Sie unmittelbar zurück in Ihre wirkliche Gefühlswelt, in die tiefere Ebene des Geistes. Sie werden Ihr Mitgefühl mit dieser Person deutlich *empfinden* und genau *wissen*, dass Sie ihr kein Leid antun wollen. Damit können Sie den Gedanken verabschieden.

- Wenn Sie bei bestimmten Gelegenheiten so wütend sind, dass Ihre ehrliche Antwort wäre, Sie möchten dem anderen Menschen *sehr wohl* etwas antun, dann fragen Sie sich, ob dieser

A-Gedanke zu dem Teil Ihrer Persönlichkeit gehört, den Sie fördern wollen. Wenn Ihnen Ihr A-Gedanke vollkommen klar geworden ist, gibt es auf diese Frage nur eine Antwort. Sie geben aus tiefstem Herzen zurück, dass Sie diesen Teil Ihres Selbst nicht ausleben wollen. Und schon hat der A-Gedanke seine Macht verloren.

Ich muss leider zugeben, dass all dies in der Praxis nicht jedes Mal so eindeutig und klar funktioniert, wie es hier beschrieben ist. Realistischerweise müssen wir eingestehen, dass wir unsere A-Gedanken nicht immer völlig klar sehen. Daher jagen sie uns durchaus Angst ein oder sorgen für Verwirrung, wenn sie auftauchen. Diese Verwirrung kann Wochen oder Monate dauern, je nachdem, wie tief verwurzelt der Gedanke ist. Doch wenn Sie beim jeweiligen Auftauchen Ihres A-Gedankens nicht reagieren, vermindern Sie damit seine Macht. Dieses allmähliche Loslassen ist der am meisten verbreitete Weg zur Befreiung von A-Gedanken. Haben Sie aber einen A-Gedanken erkannt und sehen deutlich, wie viel Unglück er Ihnen und anderen gebracht hat, dann gewinnt er enorm an Kraft, falls Sie ihn dann immer noch bewusst ausagieren wollen. Wenn wir uns klar machen, wie sehr wir uns selbst und unseren Lieben geschadet haben, verbietet uns dies normalerweise automatisch, weiter so zu handeln. Sie können andere nicht »wenigstens ein bisschen« verletzen, ohne einen gewaltigen Rückschlag auszulösen.

Wenn Sie die Übungen in diesem Buch alle aufmerksam gemacht haben, sollten Sie nun zumindest einen oder zwei Ihrer A-Gedanken kennen. Meist steckt dahinter Angst oder etwas, das versöhnt werden muss. Wenn dies auch auf Sie zutrifft, dann gibt Ihnen die folgende geführte Meditation die Möglichkeit, Missgunst, Groll und Bitterkeit loszulassen, welche zu den hartnäckigsten Emotionen gehören, die wir mit uns herumschleppen. Natürlich können Sie diese Meditation jederzeit ganz oder teilweise wiederholen, wenn Ihnen danach ist.

Übung 21

Zeit: ein Tag oder mehrere

- Suchen Sie sich eine Person aus, auf die Sie häufig mit Ärger, Schmerz oder Verteidigungsstrategien reagieren. Stellen Sie sich vor, sie stehe nun vor Ihnen. Versuchen Sie, ihr Bild so realistisch wie möglich zu gestalten. Was trägt diese Person gewöhnlich? Wie steht und bewegt sie sich?

Wenn Sie diesen Menschen nun genau mustern, rufen Sie sich all die negativen Dinge ins Gedächtnis, die er oder sie getan hat, alle seine schwachen und zerstörerischen Eigenschaften. Vergessen Sie dabei keine Gemeinheit, die man Ihnen persönlich angetan hat.

- Jetzt versuchen Sie einmal nicht, Ihre negativen Gedanken zu unterdrücken. Lassen Sie ihnen freien Lauf, damit Sie sie vollkommen klar erkennen können. Fragen Sie Ihr Ego, was es dieser Person gerne antun würde. Was soll dem oder der Betreffenden geschehen? Durchleben Sie alle Rachefantasien, die Sie haben. Heute ist Zahltag! Sagen Sie zu der (vorgestellten) Person: »Du verdienst ...« Oder: »Wenn es nach mir ginge ...« Seien Sie so genau wie möglich in allen Strafen, welche dieser Mensch für seine Schwäche, sein Selbstmitleid, seinen Betrug, seine Verschlagenheit oder Grausamkeit verdient. Wenn Sie Ihre Rachefantasien so weit ausschmücken können, bis sie Ihnen witzig vorkommen, ist das am allerbesten. Sollte dies nicht möglich sein, dann arbeiten Sie so lange mit ihnen, bis Sie das Gefühl haben, Ihre Emotionen nun genau erkundet zu haben.
- Wenden Sie den Blick jetzt wieder auf diese Person, bis Sie dabei ganz ruhig bleiben können. Stellen Sie sich nun vor, wie Jesus – oder eine andere Figur, die für Sie göttliche Liebe und Frieden darstellt – hinter diesem Menschen steht. Lassen Sie in

Ihrer Vorstellung nun das Göttliche mit dieser Person verschmelzen.
- Richten Sie Ihr Augenmerk weiterhin auf diese Szene. Nun leuchtet das strahlende Licht des Göttlichen aus dem Herzen dieser Person. Bald sehen Sie nichts mehr als das Licht.
- Am Ende der Übung setzen Sie sich ein Ziel. Von diesem Augenblick an werden Sie an den Betreffenden nur noch in friedvoller Weise denken. Das bedeutet nicht, dass Sie ihn verstehen oder gar mögen müssen. Nur dass Sie selbst eine friedliche Geisteshaltung bewahren, wenn Sie an diese Person denken.

Übung 22

Zeit: ein Tag oder mehrere

Wir alle hegen und pflegen unser Unglück mit zahllosen kleinen Gedanken, die uns im Lauf des Tages so durch den Kopf gehen. Doch wenn wir merken, wann und wie wir dies tun, dann stoßen wir damit die Pforte zur Freiheit weit auf.
Mit folgendem Gedanken kommen Sie auf diesem Weg weiter: »Ich werde heute nur diese eine Übung machen: Ich allein entscheide, was meine Laune verhagelt und mein Leben kompliziert macht. Ich lebe mit den Entscheidungen, die ich über meine Mitmenschen und die Gegebenheiten in meinem Umfeld fälle. Ich bewege mich zwischen diesen Entscheidungen. Aus ihnen besteht meine Welt. Ein trüber Tag ist nichts weiter als ein trüber Tag, bis ich beschließe, dass er mir etwas nimmt, und dann entscheide, mit welcher Stimmung ich darauf reagiere. Ein wenig mehr Geld ist nur ein wenig mehr Geld, bis ich beschließe, den anderen zu zeigen, dass ich es habe. Ein rüder Verkehrsteilnehmer ist nur ein rüder Verkehrsteilnehmer, bis ich ihn zu meinem persönlichen Feind und die Wut zu meinem Beifahrer mache. Meine heranwachsende Tochter ist ein Kind, bis ich ihr das Etikett ›durch-

triebenꞏ aufklebe. So male ich mein geistiges Heim mit diesen ungesunden Farben aus.«

Für den heutigen Tag machen Sie sich jede persönliche Entscheidung bewusst, die Sie treffen, und jedes Vorurteil, in das Sie quasi hineinstolpern. Heute tun Sie nur eine einzige Sache: »Ich sehe, wofür ich mich entscheide, und reagiere genau so, wie ich es beschlossen habe.«

Kapitel 9
Wie Sie Ihren spirituellen Dünkel gehen lassen

In der ewigen und unveränderlichen Natur der Wahrheit sind wir nicht durch unseren geschäftigen, zersplitterten Geist bestimmt. Trotzdem glauben wir, dass wir genau aus diesem bruchstückhaften Teil unserer selbst bestehen. Denn wir nehmen jeden Tag unser Ego mit seinen Gefühlen und Gedanken als einziges Ich wahr.

Obwohl unser Ego nur die konfliktbeladenen Stimmen und Lektionen umfasst, die wir in den Jahren unseres Heranwachsens aufgenommen haben, reagieren wir, als seien diese unsere Essenz, unsere Persönlichkeit, die Art eben, in der wir das Leben sehen. Und wenn wir ganz ehrlich sind, müssen wir uns eingestehen, dass wir diesen Teil von uns als wichtigsten Lehrer betrachten. Wir sind keineswegs auf einem spirituellen Pfad. Unser Weg ist vielmehr der Egotrip.

Wie Sie die Vorstellung von der spirituellen »Verwirklichung« loslassen

Natürlich verstehen wir auf einer verstandesbetonten Ebene, dass wir nicht unser Ego (unser innerer Dämon, Schatten-Selbst, sterbliches Selbst, Traumgeist oder Alltagsgeist) sind. Trotzdem gibt es jeden Tag tausend Gelegenheiten, bei denen wir durch und für unsere weltliche Identität leben.

Sie und ich, wir glauben nicht wirklich, »Kinder Gottes« zu sein.

Auch wenn wir dies ständig auf den Lippen führen, so halten wir uns doch ausschließlich für eine unabhängige Kreation unseres persönlichen Selbst. Wir glauben wirklich, das zu sein, was wir zu sein beschließen, und nicht das Geschöpf, das Gott nach seinem Bild geschaffen hat. Dieser Glaube ist es, der unsere ganze Welt erstehen lässt und alles prägt, was wir täglich erleben. Darin liegt die Quelle unserer Angst, unseres Unglücks, unserer Einsamkeit. Er bannt uns in einen Film, der voller Hoffnung und Aufregung beginnt, nur um schließlich in Enttäuschung und Zerstörung zu enden. Dabei zählt es gar nicht, dass dieser Film nicht Gottes Wahrheit zeigt, denn wir *glauben* einfach, dass dem so ist.
Wenn wir in einem Restaurant sitzen und ein Gericht von der Karte auswählen, denken wir dabei nicht: »Oh, diese Vorliebe für Linguine kommt aus meinem Ego, was bedeutet, dass es gar nicht meine eigene Vorliebe ist.« Wir bestellen einfach die Linguine. Ohne auch nur einmal darüber nachzudenken, akzeptieren wir unsere Reaktion auf Umstände und Menschen – obwohl nur unser Ego (nicht unser wahres Selbst) über diese Bandbreite von emotionalen »Reflexen« verfügt, mit denen es auf die einzelnen Aspekte der zersplitterten Welt reagiert. Natürlich würde kein Mensch darüber diskutieren, ob Gott Limabohnen lieber mag als Okraschoten. Und niemand würde sagen, dass das oberste Prinzip des Universums es nicht leiden kann, wenn es auf einen Anruf warten muss, bzw. die himmlischen Heerscharen nur einheimische Produkte schätzen.
Doch Menschen auf einem spirituellen Pfad wählen meist aus der ganzen Bandbreite der Emotionen nur einige wenige aus und kleben ihnen das Etikett des »Ego« auf. Wenn wir befördert werden und ein oder zwei Tage völlig euphorisch sind, machen wir uns über unsere Ego-Reaktionen meist keine Gedanken. Erhält die Beförderung aber jemand anders und wir sind ein oder zwei Tage lang völlig am Boden zerstört, dann halten wir uns vor Augen, dass dies »nur unser Ego« ist, das so reagiert. Wenn uns aufgeht, dass wir die Yuppies oder unseren Schwager nicht mögen, dann denken wir: »Das ist doch nur unser Ego.«

Aus meiner dreißigjährigen Erfahrung als Berater von Menschen, die sich auf dem spirituellen Weg befinden, weiß ich, dass die meisten Menschen einfach darauf hinweisen wollen, dass nicht ihr wahres Ich spricht, wenn sie Dinge sagen wie »Das ist nur mein Ego«, »Das ist mein innerer Vater« und »Das ist der Teufel bzw. der Alkohol, der aus mir spricht«. Vom Standpunkt der absoluten Wahrheit aus gesehen, haben sie damit auch Recht. Wenn es aber um Politik, Religion, Erziehung oder die (natürlich fantastischen) Leistungen im Bett geht, ist es plötzlich doch ihr Ich, das seine Meinung äußert.

Tatsächlich sind wir auf die meisten Etiketten, mit denen wir uns gegen unsere Umwelt abgrenzen, ganz stolz: »Ich bin ein Frühaufsteher«, »Ich führe ein strenges Regiment«, »Ich sage immer, was ich denke«, »Ich kann Narren nicht leiden«, »Ich bin ein spontaner Typ« oder »Wenn ich schon so viel zahle, erwarte ich erstklassigen Service«.

Ich kann nur immer wieder sagen, dass wir die Macht unserer Glaubensmuster gewaltig unterschätzen, wenn wir denken, dass nur die paar Reaktionen, denen wir das Ego-Etikett aufkleben, unser Ego schon vollständig abdecken. Unsere Glaubensstrukturen sind so machtvoll, dass sie unserer gesamten Wahrnehmung der Welt ihren Stempel aufdrücken. Wir sehen wirklich, was wir glauben, doch meist übernehmen wir nicht die Verantwortung für das, was wir sehen, vor allem wenn es um unser Innenleben geht. Falls wir anderen die Schuld an unseren Gefühlen geben, so ist dies ein vergleichsweise harmloser Fehler, solange wir unsere Ressentiments nicht ausleben. Doch wenn wir unsere Gefühle dem Ego oder dem Teufel zuschreiben, dann wird das Ganze sofort viel komplizierter.

Natürlich ist es nicht falsch, Bezeichnungen wie »Ego« oder »dunkle Seite«, »innerer Dämon«, »Schatten« und so weiter zu benutzen. Das Problem taucht aber dann auf, wenn wir diese Phänomene identifiziert haben und glauben, damit schon eine Menge geleistet zu haben. Es ist weit besser, wenn wir uns unserer Züge bewusst sind (»Ich habe zerstörerische sexuelle Impulse«,

»Meine finanziellen Ängste tun niemandem etwas Gutes«), als wenn wir uns bei Gott darüber beklagen oder versuchen, diese Reaktionen loszuwerden, als hätten wir sie uns nicht selbst ausgesucht.

Wenn wir unseren Glauben oder unsere Willenskraft einsetzen, um unsere dunklen Impulse zu bekämpfen, führen wir diesen nur neue Energie zu.

Schreiben wir die Verantwortung für unsere negativen Tendenzen nicht uns selbst zu, so laufen wir Gefahr, dass wir uns nicht mehr genug anstrengen, um sie unschädlich zu machen. Wie ich schon früher gesagt habe, tauchen unsere zerstörerischen Gedanken auch wieder auf, nachdem wir sie uns bewusst gemacht haben; aber sie umklammern uns nicht mehr mit ihrem Griff und erschrecken uns daher nicht weiter. Um dies zu vermeiden, raten Gayle und ich unseren Klienten immer, zu denken: »Ich hasse Frauen«, »Ich verachte Männer«, »Ich fühle mich meiner besten Freundin überlegen«, »Ich kann Dreiräder nicht ausstehen« oder »Ich neide Villenbesitzern ihren Reichtum«. Damit vermeiden sie die Gefahren, die in anderen Ausdrucksformen stecken, zum Beispiel: »Mein Ego fühlt Hass (Verachtung, Stolz, Neid und so weiter).« Wir können uns nur dann reinigen, wenn wir akzeptieren, wie wir jetzt sind, und uns unseres aktuellen Zustands bewusst werden.

Es geschieht ja fast täglich irgendetwas, das uns aufbringt. Ein Autofahrer hupt uns an. Ein Freund kritisiert uns. Wir entdecken, dass unser Haus von Termiten befallen ist. Jemand versäumt, sich bei uns zu bedanken ... Was geschieht dann für gewöhnlich? Wir erkennen, dass wir wütend, missgünstig, ängstlich, beleidigt sind – und denken, dass wir so etwas nicht sein dürfen. Wenn wir spirituell schon weiter entwickelt wären, so glauben wir, würden wir diese Gefühle einfach abschütteln. Nun fängt unser Geist an, zwischen zwei Positionen hin und her zu taumeln: Einerseits lassen wir die Szene noch einmal Revue passieren und modeln sie zu unserem Vorteil um (vielleicht mit ein paar hübschen Rachefantasien zum Ausgleich!), andererseits stört uns die Tatsache, dass uns das Ganze überhaupt berührt. Wir fragen uns, was wir für einen Fehler machen, weil wir diese Gefühle haben. Und dann versuchen wir, diese Gefühle loszuwerden, indem wir die Bibel lesen, Mantras aufsagen oder den »gesunden Menschenverstand« walten lassen. Wir gehen davon aus, dass unser Geist schon klar wird, wenn wir auf die »unreinen« Ideen ein paar »reine« schütten.

Unser Wunsch, diese kleinlichen Impulse loszuwerden, zeugt keineswegs vom Streben nach Liebe und Verbundenheit. Wir reagieren nur mit Unbehagen auf die Tatsache, dass es den meisten Menschen genauso ergeht wie uns. Wenn dies vielen Menschen geschieht, dann darf es uns nicht geschehen. Wir wollen nämlich nicht gewöhnlich sein. Wir gehören zu den wenigen Auserwählten, die sich über so etwas nicht aufregen. Was soll das mit Liebe und Verbundenheit zu tun haben?

Außerdem komplizieren wir unsere Aufgabe noch, indem wir annehmen, wir würden diese Gefühle nicht haben, wenn wir das Ereignis nur richtig sehen könnten. So hören wir immer wieder Geschichten, wie jemand sofort viel liebevoller war, weil er eine bestimmte Information bekam: »Der Kellner fauchte sie an, doch ein paar Minuten später fand sie heraus, dass seine Frau und seine acht Kinder vor kurzem erst beim Sprung aus einem brennenden Haus zu Tode gestürzt waren.«

Vielleicht aber war der Kellner auch nur unhöflich, weil er ein Muffel ist. Es gibt schließlich Menschen, die grob, unehrlich, sadistisch und gemeingefährlich sind. Niemand, der gerade von einer Biene gestochen wird, fragt sich, wie dies in den göttlichen

Plan passt. Und keiner versucht, einen wütenden Bullen zu verstehen. Bienen stechen nun einmal, und Bullen sind mitunter unleidlich. Wir vergeben beiden, ohne groß darüber nachzudenken.

Und dann gibt es da noch jene Menschen, die selbstgefällig erzählen: »Wann immer ich spüre, wie ich jemanden verurteile, sage ich mir, dass dieser Mensch vermutlich Säufereltern hatte, gerade eine unglückliche Liebesgeschichte überwindet, vielleicht eine Pause braucht oder soeben einen niedrigen Blutzuckerspiegel aufweist.« Übersetzung: »*Du* hast vielleicht Probleme mit dem Verurteilen anderer, *ich* nicht.« Solch eine Aussage aber ist nichts anderes als ein Urteil über sein Gegenüber.

Wenn wir einsähen, dass wir alle weitgehend dieselben Fehler machen, könnten wir uns vielleicht gegenseitig helfen. Obwohl ich das bezweifle.

Ich sage ja nicht, dass die oben geschilderten Hilfsmittel nicht funktionieren können, wenn jemand wirklich einsieht, dass Vergebung wichtig ist, und daher auch vergeben kann und will. Doch die meisten Menschen möchten eigentlich lieber, dass ihre Umwelt sich schuldig fühlt, und daher suchen sie verzweifelt nach dem magischen Gedanken, der diesen (nicht so präsentablen) Impuls unsichtbar werden lässt.

Wenn wir uns fragen: »Wie reagiere ich nun tatsächlich auf das, was geschehen ist?«, dann hat unser Geist die Chance, zu erkennen, was sich abspielt, und durch das Gefühl hindurch in tiefere Schichten zu gelangen. Sagen wir uns stattdessen, dass wir diese Gefühle nicht wollen (was bedeutet, dass wir »spiritueller« sein wollen als andere), dann zuckt unser Geist vor unserem Ego zurück, als hätten wir uns die Hand verbrannt. Dann aber haben wir nicht die geringste Chance, jemals durch diese oberflächlicheren Teile unserer selbst zum Kern vorzudringen. Es ist besser, wenn wir mit den Gedanken *mitgehen*, unsere Böswilligkeit nicht zu beschönigen und die Tiefen unserer Abgründe voll auszuloten versuchen – bis wir sehen, dass wir auch nicht besser sind als andere Menschen. An diesem Punkt lernen wir, dass wir normal sind – wie alle anderen. Dann können wir die Einheit mit allem am eigenen Leib erfahren.

Dass wir sind »wie alle anderen«, heißt nicht, dass wir uns als »schuldige Sünder« erleben sollen. Wir unterliegen einer Täuschung, wenn wir denken, dass wir auf dem Weg der Besserung sind, indem wir uns selbst geißeln. Das ist keineswegs der Fall. Die Verantwortung für unsere dunklen Impulse zu übernehmen, bedeutet ja nicht, dass wir uns ihretwegen schuldig fühlen müssen. Schuld ist nur eine andere Form von Besonderheit. Dabei halten wir uns nicht für besser, sondern für schlechter als die anderen. Also sind wir wieder nicht gleich und erfahren keine Verbundenheit.

Wenn wir unsere zerstörerischen Impulse bekämpfen, indem wir uns Vorwürfe machen und uns selbst die Achtung verweigern, übernehmen wir erneut keine Verantwortung für die noch zu heilenden Aspekte unseres Geistes. Verurteilen ist Verurteilen, ob wir uns nun selbst oder andere Menschen zur Zielscheibe unserer Attacken machen. Zu denken, dass wir selbst uns klarer sehen als Gott, nur weil wir unsere Fehler erkennen, ist eine Krankheit des Geistes. Sie und ich, wir werden am Ende erkennen, dass wir unschuldig sind, wie Gott uns geschaffen hat. Wenn wir uns dauernd vorbeten, dass wir niemals so weit kommen werden, weil wir in der Kindheit Schaden genommen haben oder innerlich vollkommen verrottet sind, verleihen wir diesen Worten quasi magische Kraft. Damit aber leugnen wir die Macht der Wahl, die jeder Mensch besitzt.

Wie Sie sich vom »höheren« Pfad verabschieden

In den letzten Jahren sind Gayle und ich zu einem überraschenden Schluss gekommen. Obwohl wir selbst Laienmitglieder einer Kirche sind, bezweifeln wir, dass ein spiritueller Weg – egal, welcher – irgendeinen Wert für die Menschen hat, *sofern er in der üblichen Weise beschritten wird.* Wenn Sie wirklich das Einssein mit Gott erleben, für die Menschen wirklich Trost und Hilfe sein und inneren Frieden sowie Verbundenheit erfahren wollen, dann sind religiöse, metaphysische oder spirituelle Schulen häufig nicht geeignet, diese Ziele zu vermitteln. Das muss nicht so sein, aber in der Realität spielt es sich leider meist so ab.

»Jeder hat seinen Weg«, sagen gerade viele augenscheinlich fromme Menschen. Doch was sie zu denken scheinen, ist: »*Ich* bin auf einem *spirituellen* Pfad.« Mit anderen Worten: »Nun, da ich an die spirituelle Einheit glaube, sehe ich, dass Sie und ich keineswegs eins sind.«

Nachdem ich selbst einige Male in diese Falle getappt bin, ist mir mittlerweile klar, dass es nichts Selbstsüchtigeres gibt, als zu glauben, man habe einen »höheren« Zugang zum Leben als andere Menschen. Ironischerweise besitzen die Zeitgenossen, die einen Glauben pflegen, meist ein größeres Ego als andere. Sie sind festgefahrener, und ihre Urteile werden ihnen häufig nicht bewusst. Meist fühlt man sich in ihrer Gegenwart auch nicht so wohl wie unter Menschen, die keinerlei religiöse, mystische oder metaphysische Ansprüche haben. Jene, die sich das Mäntelchen der Verbundenheit mit allem so gern umhängen, empfinden mitunter nicht das geringste Verlangen, sich wirklich mit »allem und jedem« eins zu fühlen.

Unser Ego handelt nicht unabhängig von unseren Wünschen, schließlich *sind* wir unser Ego – oder zumindest glauben wir dies. Wenn wir unser heranwachsendes Kind immer noch verurteilen, dann wollen wir unser heranwachsendes Kind auch verurteilen.

Wenn wir immer noch nicht wissen, was unser Partner von uns möchte, dann streben wir auch nicht danach, es zu erfahren. Wenn man an die Verbundenheit glaubt, bedeutet das noch nicht, dass unser Verlangen danach abnimmt. Viele Menschen glauben daran und praktizieren sie auch. Aber es ist ganz interessant zu beobachten, wie häufig wir etwas laut verkünden, ohne uns selbst danach zu richten. Und wie oft wir an anderen etwas kritisieren, was wir selbst ständig tun.

Ist Ihnen je aufgefallen, dass Menschen, die sagen: »Ich habe endlich gelernt, nein zu sagen«, ohnehin noch nie viel Probleme damit hatten?

Wenn gute Menschen sich mit guten Lehren auseinander setzen, wie kann das Ergebnis dann trotzdem nicht so gut sein? Meiner Ansicht nach liegt das daran, dass auch gute Menschen mit guten Absichten ein Ego haben. Und das Ego versucht eben immer, die eigene Persönlichkeit in den Vordergrund zu stellen. Daher haben selbst ernannte »Wahrheitssucher« auf ihre Fahnen mit unsichtbarer Tinte meist eine Form der persönlichen Überlegenheit gemalt. Und unweigerlich sind sie irgendwann davon überzeugt, diese erreicht zu haben. Jemand, der sich selbst für normal und anderen Menschen gleich hält, ist sich seiner eigenen Grenzen bewusst. Daher ist die Versuchung, zu glauben, dass man eine spirituelle Wahrheit entdecken könnte, welche anderen Menschen verborgen bliebe, bei solchen Menschen recht gering. Doch genau das glauben jene, die sich als »Wahrheitssucher« sehen.
Obwohl viele Menschen ihren spirituellen Weg deshalb einschlagen, weil sie sich so sehr wünschen, gut zu sein, verändert sich diese Motivation nach und nach. Je mehr Zeit sie damit verbringen, über ihren Weg nachzudenken, zu lesen und zu diskutieren, desto selbstbezogener werden sie. Am Ende sind sie meist weniger

flexibel und können weniger verzeihen als am Anfang ihrer »Entwicklung«.
Sie entwickeln sich nämlich keineswegs zur Einheit hin. Vielmehr lernen sie, wie sie ihrem zersplitterten Geist eine ganzheitliche Maske verpassen und spirituell handeln können. Dadurch aber verlieren sie das Bewusstsein ihrer wahren Gedanken. Und sie nehmen eine Menge neuer, spiritueller Verhaltensregeln an, weil man ja heute mit absoluter Sicherheit zu wissen glaubt, wie ein spiritueller Mensch (oder ein Politiker, Sachbuchautor, Talkshowmaster und so weiter) sich zu verhalten hat. Und sie merken nicht einmal, was sich in ihnen abspielt.
Statt wirkliche Erleuchtung anzustreben, beschließen die spirituell Korrekten einfach unbewusst, dass sie sie längst erreicht haben. Oder sie denken, dass das verbleibende Stück des Weges so kurz ist, dass es fast keiner Anstrengung mehr bedarf, das Ziel zu erreichen. Nur wenn sie viel Glück haben oder irgendjemand ihnen ein unsanftes Erwachen beschert, kommen sie dahinter, dass ihre finstersten Züge mittlerweile sehr viel Macht und Einfluss gewonnen haben.
Da wir diese Dynamik an uns selbst und anderen schon mehrfach beobachtet haben, legen Gayle und ich größten Wert darauf, auch darzustellen, wie leicht das Ego unsere spirituellen Anstrengungen unterlaufen kann. Tatsache ist, dass an dem Tag, an dem Sie Ihre spirituelle Reise angetreten haben, Ihr Ego genau dasselbe getan hat. Und jeder noch so spirituelle Beweggrund wird durch einen egobehafteten wieder ausgeglichen. Das ist kein Grund, sich ängstlich zu verstecken, sollte aber Anlass genug sein, um uns zu höchster Aufmerksamkeit anzuhalten.
Menschen, die wir sehr gut kennen und von denen wir glauben, dass sie der Erleuchtung ziemlich nahe sein müssen, haben einfach kein Interesse daran, sich mit anderen Menschen zu vergleichen. Allgemein gesagt, führen sie ein ganz normales, einfaches Leben. Man fühlt sich in ihrer Gegenwart wohl. Ihre Zeit widmen sie gewöhnlich ganz »unwichtigen« Dingen, und ihr Herz gehört ebenso »unwichtigen« Menschen. Sie haben keine festgefahrenen

Gewohnheiten oder strenge Regeln. Die Themen, über die sie sprechen, unterscheiden sich in nichts von denen anderer Menschen, und ihr Verhalten ist ebenfalls ziemlich normal. Man kann ihnen leicht eine Freude machen, und meist sind sie aus völlig unerfindlichen Gründen einfach glücklich. Da ihr eigenes Ego keine zerstörerischen Aktionen mehr ausüben kann, finden sie das Ego anderer Menschen bestenfalls nett oder amüsant. Und vor allem: Sie sind einem irgendwie vertraut. Für eine ausführliche Selbstdarstellung in einer x-beliebigen Zeitschrift wären sie völlig ungeeignet. Und trotzdem strahlen sie in ihrer normalen Umgebung Frieden und Trost aus.

Wie kann der Weg eines Menschen dem eines anderen überlegen sein, wo Gott uns doch alle gleich geschaffen hat?

Wie Sie die »spirituellen« Gesetze des Erfolgs loslassen

Bis in die sechziger Jahre glaubte niemand in Amerika auch nur annähernd mit derselben Intensität an kosmische Gesetze oder »universelle Prinzipien« wie an den »American way of life«, den Lebensstil des modernen Amerika: Wenn Sie taten, »was richtig war«; wenn Sie die »Autoritäten« nicht anzweifelten, also Ihren Platz in der Gesellschaft oder den Status quo akzeptierten; wenn Sie nicht logen, fluchten, betrogen oder »sich übermäßig betranken«; wenn Sie lange arbeiteten und Ihr Geld fleißig sparten, sodass Sie es eines Tages Ihren Kindern hinterlassen konnten; wenn Sie Ihrem Land, Ihrem Arbeitgeber, der politischen Partei Ihrer Familie oder Ihrer Universität treu blieben; wenn Sie Ihre Pflichten als Hausfrau oder »Versorger« erfüllten; wenn Sie regelmäßig in die Kirche gingen und die Steuer bezahlten – dann würde »alles gut werden«, und am Ende würden Sie in den strahlenden Sonnenuntergang hineinreiten.

Diese kaum infrage gestellte Art der Lebensführung erstreckte sich sogar auf die Automarke, die aktuelle Frisurenmode und die Filme und Filmstars, die gerade so »in« waren. Entscheidend war, dass man sich an den »Plan« hielt, den jedermann kannte und für sich akzeptierte. Die amerikanische Kultur war stark durch diese Linientreue geprägt. Wir erzählten uns gegenseitig Geschichten von Menschen, die »hart arbeiteten« und es am Ende »zu etwas brachten«. Und diejenigen, welche die Regeln nicht einhielten, mussten wohl oder übel scheitern.

Niemand hatte das Bedürfnis, die geistigen Regeln des Erfolgs oder der Liebe zu entdecken, denn unsere Gesellschaft war davon überzeugt, den richtigen Weg gefunden zu haben. Wenn man diesen einschlug, würde das eigene Leben unweigerlich ein Erfolg werden. Dass dies geschehen musste und »alles schließlich ein gutes Ende nehmen würde«, stellte niemand zur Diskussion.

Dann kam der Vietnamkrieg, und die ersten Zweifel am »American way of life« wurden fühlbar. Innerhalb weniger Jahre verlor die amerikanische Kultur ihren blinden Glauben an ihren Lebensstil. Jetzt, zu Beginn des 21. Jahrhunderts, sind wir so weit, dass wir Nonkonformismus für die bessere Wahl halten. Sich abseits der ausgetretenen Pfade zu halten, dies scheint nun den Erfolg im Leben zu garantieren. Heute glauben wir, dass unsere Familie unseren Misserfolg programmiert hat und dass Kinder uns an der Verwirklichung unserer Träume hindern. Ihr Arbeitgeber, Ihre Religion, der Abgeordnete, dem Sie Ihre Stimme geben, sie alle können versagen. Und von Versagen ist schon die Rede, wenn sie »unsere Bedürfnisse nicht erfüllen«. Heute fühlt man sich frei, wenn man verschiedene Lebensstile ausprobiert und »ausgefallene« Formen der Unterhaltung sucht. Offenheit ist alles: Wir wechseln unsere Freunde und Familienmitglieder so häufig wie unseren Job, unseren Wohnort, unsere Frisur.

Natürlich war es an der Zeit, die überkommenen »Werte« endlich einmal infrage zu stellen, doch wir haben einen hohen Preis dafür bezahlt, dass wir sie nicht nur kritisch überprüften, sondern gleich nach besten Kräften unterminierten. Wir haben uns so intensiv darauf konzentriert, die Stärken unseres früheren Lebensstils in Zweifel zu ziehen, dass der Zweifel nun zum Selbstzweck geworden ist. Viele von uns denken, dass wir ohne Zynismus, Unsicherheit oder Angst gar nicht mehr zurechtkommen. Menschen wie Sie und ich sind nicht mehr in der Lage, eine einfache Mahlzeit zu sich zu nehmen, ohne in Zweifel zu geraten.

Verständlicherweise haben wir jetzt eine tiefe Sehnsucht entwickelt. Wir wollen wissen, worauf wir uns *wirklich* verlassen können und worauf unser aller Leben letztendlich beruht. Wenn der alte Weg uns nicht das Leben beschert, das wir ersehnen, wie können wir es dann erlangen? Wir hungern geradezu nach neuen Regeln, und wir wünschen uns, dass sie überschaubar sind, sodass man sie an den Fingern einer Hand abzählen kann.

Glücklicherweise wird das nie geschehen. Wenn dies je passierte, wären wir für immer in einer unfairen und lieblosen Welt gefangen.

Der Schlüssel zur Freiheit liegt in der Erkenntnis, dass die Welt nicht so funktioniert, wie wir uns das vorstellen, und nicht in der Suche nach der letztendlichen magischen Formel.

Seit mehreren tausend Jahren suchen wir nach verborgenen Gesetzen. Mittlerweile sollten wir begriffen haben, dass es so etwas nicht gibt. Die Welt folgt nicht einfach einer bestimmten Philosophie oder Doktrin, die sich ein Set von Regeln pressen lässt. Kein Leben ist vorhersagbar, weil es einfach nicht den Gesetzen der Vernunft folgt. Je eher wir dies einsehen, desto schneller können wir diese gewaltige Bürde abwerfen.

Natürlich gibt es viele Autoren und »Lehrer«, die glauben, die Gesetze von Glück und Erfolg entdeckt zu haben. Diese Gesetze stimmen nur leider nie völlig überein. Außerdem scheint unsere Kultur ein besonderes Merkmal aufzuweisen – unsere geistigen Lehrer tun selten, was sie predigen, was die Frage aufwirft: Glauben sie nun *tatsächlich*, die Gesetze von Glück und Erfolg entdeckt zu haben, oder tun sie nur so?

Wozu brauchen wir solche Gesetze überhaupt? Weil wir glauben, dass der Königsweg zum Glück darin besteht, unsere Umwelt zu verändern. Schlecht für unsere geistige Gesundheit ist, dass wir immer noch zu denken scheinen, wir könnten Frieden erlangen, indem wir Krieg praktizieren. Denn sobald wir versuchen, irgendetwas zu kontrollieren, erfährt unser Geist eine Spaltung, und wir verlieren das Gefühl innerer Einheit. Wir können verändern, was wir den Menschen und der Umgebung *entgegenbringen*, doch wir können keines von beiden beherrschen.

Das, was meiner Ansicht nach einer universellen Lebensregel am nächsten kommt, lässt sich vielleicht am besten so fassen: Wenn Sie entspannt und flexibel sind, fühlen Sie sich glücklich. Falls Sie alles kontrollieren wollen und Ihrem Raster verhaftet bleiben, sind Sie unglücklich. Daher ist der Weg zur Freiheit einfach der: Lassen Sie Ihren Drang los, Menschen und Ereignisse so manipulieren zu wollen, dass sie Ihnen in den Kram passen.

Wie erfahren ein Psychologe auch sein mag, wie viel Gelehrsamkeit ein Theologie angehäuft hat, wie weise ein Philosoph ist und wie heilig ein Erleuchteter, keiner von ihnen vermag auch nur, einen Zweijährigen zu kontrollieren. Wer von uns kann eine so alltägliche Sache wie das Wetter prognostizieren? Zu mir sagte einmal jemand: »Wenn du dich das nächste Mal dabei ertappst, dass du etwas kontrollieren zu können meinst, versuch dich doch einfach mal am Phänomen des Durchfalls.«

Weder Sie noch ich können auch nur die einfachsten Ereignisse im Leben kontrollieren. Trotz der heiligen Schwüre zu Neujahr schaffen wir es gewöhnlich nicht einmal, ein Törtchen wieder hinzulegen, wenn wir es einmal in der Hand halten. Oder einen Kartoffelchip. Wie also wollen Sie Ihren Partner, Ihr Kind, Ihre Schwiegereltern oder Ihren Vorgesetzten in den Griff bekommen?

Interessant ist, dass die großen spirituellen Lehrer der Vergangenheit sich nicht auf das Ergebnis ihres Handelns konzentrierten. Jesus schaffte es nicht einmal, seine Jünger eine Stunde lang wach zu halten – und das, obwohl er es zweimal versuchte! Was diese Lehrer so groß machte, ist die Tatsache, dass sie sich den Menschen vor ihnen voll und ganz widmeten – auch wenn die Ergebnisse eher enttäuschend waren. Sie und ich hingegen verfügen nicht über so viel Geduld. Dementsprechend weniger schaffen wir. Denn wenn wir mit dem Ergebnis nicht zufrieden sind, werfen wir alles hin.

Achten Sie einmal darauf: Sobald Sie versuchen, etwas oder jemanden unter Kontrolle zu bringen, fangen Sie an, unglücklich zu sein.

Die meisten Menschen denken, sie kennten die Puzzlestücke ihres Lebens bereits und einige davon lägen schon richtig. Daher glauben sie, sie müssten nur noch ein paar mehr anfügen – und schon passt alles. Doch die Puzzlestücke, die bereits liegen, ändern ihre Form ständig. Bald passen sie nicht mehr. Und diejenigen, die für immer außerhalb unserer Reichweite liegen, werden eher mehr als weniger. Kein Leben, auch das der »Heiligen« und fortgeschrittenen Meister nicht, ist je völlig makellos.

Jesus, Buddha, Gandhi, Martin Luther King und Mutter Teresa – ihre Biographie erscheint uns fast perfekt zu sein, nicht wahr? Wenn *ihr* Dasein nicht völlig fehlerfrei war, dann wird ein fehlerfreies Leben wohl nicht möglich sein. Und trotzdem lief auch bei ihnen nicht alles so, wie es hätte sein sollen. Wenn dies schon auf Menschen zutrifft, deren Leben zumindest am Ende völlig tadellos war, wie können dann wir mit unseren geistigen und körperlichen Gewohnheiten ein Leben erwarten, in dem alles gut geht?

Und würden wir so etwas überhaupt wollen, sogar wenn wir es haben könnten? Möchten Sie wirklich mehr Geld als andere Menschen? Wer sollte dann Ihrer Ansicht nach weniger haben? Möchten Sie wirklich länger als andere leben? Und wer sollte Ihrer Meinung nach früher dran sein? Wollen Sie Ihr Kind denn unter Kontrolle haben? Wann soll es dann funktionieren und wann darf es für sich sein?

Wir können nicht alle finanzielle Überlegenheit, eine glänzende Gesundheit, eine unglaubliche Liebesgeschichte und Supersex haben, denn das Maximum existiert nur im Hinblick auf etwas anderes. Wir können schon aus dem Grund nicht alles haben, was wir wollen, weil jede Leistung immer von dem abhängt, womit wir sie vergleichen. Und alles, was wir erreichen, verliert seinen Glanz, wenn die Armee der neuen Vergleiche zu marschieren beginnt. Sie sparen Geld, weil Sie ein »besseres« Auto haben möchten. Aber wie lange wird es ein »besseres« Auto sein? Sie »tauschen« womöglich Ihre alte Gattin gegen eine neue ein, aber wie lange wird Ihre Begeisterung anhalten?

Wie Sie Ihre inneren Kämpfe loslassen

Wenn unser Geist nicht flexibel ist, bleiben wir an unseren alten Ängsten und Sehnsüchten hängen. Wir werden immer genauso reagieren, wie wir es in der Vergangenheit auch schon getan haben. Wenn wir schon im Voraus wissen, was wir mögen oder nicht mögen, wer unserer Liebe wert ist und wer nicht, dann blockieren wir die Erfahrung eines allumfassenden Friedens. Der Geist ist die Pforte zum Herzen. Er kann unseren Weg zum Ort der Schönheit angenehm machen oder hart und steinig. Es liegt an uns, wie wir ihn benutzen.

Wir müssen uns nicht vor unseren Gedanken fürchten, denn wir sind es ja, die sie hegen. Und wir können unser Denkmuster ändern – unsere geistige Orientierung, unsere Sicht der Realität –, wann immer wir das wollen. Sie haben die Wahl: Sie können sich am Steuer festkrallen und auf die Straße hinabsehen. Oder Sie halten es ganz locker in der Hand und steuern Ihren Wagen auf der Straße dahin. Die Straße bleibt dieselbe. Der Unterschied liegt in der Art, wie Sie das Lenkrad halten.

Gedanken, die an jeder oberflächlichen Eigenschaft unseres Selbst oder anderer Personen herumkritteln, sind vertrackt. Mit ihnen kommen wir kaum vorwärts. Gedanken, die jeden Menschen als Ganzes wahrnehmen, sind leicht zu verstehen. Sie eilen fröhlich und geschwind dahin. Ein offener Geist hat keine schwarzen Listen, auf denen all die Themen verzeichnet sind, die für ihn tabu sind. Er ist ganz in Frieden, und sein Ziel ist es, jedes Thema mit Leichtigkeit zu behandeln.

Vielleicht haben Sie mittlerweile einen Punkt im Leben erreicht, an dem die ununterbrochenen Entscheidungen Sie nur noch amüsieren: aufstehen oder nicht aufstehen, was anziehen, was zum Frühstück essen, wie mit dem Fahrer umgehen, der Ihren Blinker übersehen hat? Und so weiter. Sie beobachten sich, während Sie Ihre Wahl treffen, und wissen genau, dass Sie sich auch anders hätten entscheiden können. Doch mittlerweile sind Sie mit dem alltäglichen Chaos der Welt so vertraut, dass Sie das nicht weiter aufregt. Sie warten einfach in Ruhe ab und beobachten interessiert, was nun als Nächstes auf Sie zukommt.

Sie wissen einfach, dass die Entscheidungen auf dieser Ebene nicht wirklich von Bedeutung sind. Die wirkliche Bedeutung liegt in den Absichten Ihres Herzens. Die wahren Entscheidungen im Leben werden nämlich letztlich auf einer viel tieferen Ebene getroffen als jener, auf der dieser alltägliche Entscheidungsstrom fließt. Wenn Sie Ihr Herz auf Einheit und Verbundenheit ausrichten, werden Ihre Entscheidungen automatisch und mühelos.

Dies wird vor allem dann fühlbar, wenn wir anfangen, uns auf einer spirituellen Ebene immer stärker mit den Menschen unserer Umgebung, vor allem mit unseren Lieben, verbunden zu fühlen. Erfahren wir den Kummer oder den inneren Frieden eines anderen genauso intensiv wie unseren eigenen, dann können wir nur noch mit Liebe reagieren. Eltern, die sich mit ihrem Kind eins fühlen, fragen sich vielleicht, warum sie für dieses Kind immer noch jedes Opfer bringen würden. Und trotzdem machen sie weiter. Denn mittlerweile ist es ihnen unmöglich geworden, ihrem Kind auch nur den kleinsten Gefallen zu verweigern. Schon ein leichtes Zögern würde bei den Eltern emotionale Konflikte auslösen.

Das Weltbild unserer Tage, das ganz auf Trennung und Einzelleistung beruht, hat dafür natürlich keinen Platz. Tatsächlich wird diese Haltung eher als Schwäche, wenn nicht gar als Neurose eingestuft. Tatsache ist aber, dass Sie, wenn Sie sich wirklich in einen anderen Menschen hineinversetzen können, stets zum Besten dieser Person handeln werden. Leider stößt dieses Handeln auf immer weniger Verständnis.

Je weiter wir auf unserer spirituellen Reise vorankommen, desto klarer wird uns, weshalb Jesus, Gandhi, Martin Luther King und andere mit ihren Lehren fortfuhren, obwohl sie wussten, dass dies ihr Tod sein würde. Heutzutage würde ihr Verhalten als »geisteskrank« eingestuft werden. Dabei waren diese Menschen keineswegs naiv. Sie verfügten über ein hoch entwickeltes Bewusstsein, das mit Sicherheit keine Züge geistiger Krankheit trug. Sie hatten sich eben für den spirituellen Weg entschieden, und die Irrungen und Wirrungen des weltlichen Lebens berührten sie nicht.

Spiritueller Fortschritt zeigt sich häufig darin, dass wir aufhören, mit unserem Leben im Clinch zu liegen. Dann erfahren wir unsere Verbundenheit mit allem. Sie war immer da. Wir haben es nur nicht bemerkt.

Wenn man vom Leben der großen Märtyrer einmal absieht, zeigen uns historische Beispiele, dass unser Leben weniger gefährlich wird, wenn wir lernen, loszulassen. Wir verlieren einfach das Interesse an den alltäglichen Kleinigkeiten, doch die Entscheidungen, die unsere Gesundheit, Sicherheit und Finanzen betreffen, fällen wir im Geiste von Frieden und Selbstliebe. Wir akzeptieren unseren Partner, unsere Kinder, Freunde, Haustiere und unseren Körper so, wie sie sind. Gleichzeitig gehen wir ihnen gegenüber eine tiefe Verpflichtung ein. Wir brauchen keinen neuen Partner, keine neuen Freunde, um uns zu verändern, denn wir wissen, dass die Verpflichtung selbst uns verändern wird. Auch wenn dies nicht bedeutet, dass es keinerlei Konflikte mehr geben wird und dass unser Ego und das anderer Menschen sich mit einem Mal auflöst.

Damit will ich nicht sagen, dass wir nie etwas ändern dürfen. Veränderung ist nicht weniger spirituell als das Aufrechterhalten des alten Zustands. Doch unser Drang, uns in den Fallstricken der »Umstände« zu verheddern, nimmt ab, wenn wir unser Augenmerk auf das Ewige richten. Wenn wir vor diesem Hintergrund etwas ändern, dann tun wir das, weil wir einen einfacheren Weg gefunden haben, unseren Fokus beizubehalten. Fragen wie die folgenden helfen uns, die Konzentration auf das wirklich Wichtige aufrechtzuerhalten:

»Wodurch wird mein Leben am wenigsten kompliziert?«

»Was bringt mir mehr Frieden?«

»Werde ich dadurch mehr Freude an meinen Lieben haben?«

»Bin ich mir nicht sicher, was ich tun soll? – Dann werde ich warten.«

»Welche Entscheidung wird mir später am wenigsten Leid tun?«

Wenn unser Gewicht uns Sorgen macht, nehmen wir ein paar Pfund ab. Ist das nicht der Fall, bleiben wir, wie wir sind. Wenn ein anderer Job uns weniger von den wirklich wichtigen Dingen ablenkt, dann sollten wir wechseln, auch wenn wir weniger verdienen. Macht ein besser bezahlter Job unser Leben einfacher, dann nehmen wir ihn an, wenn wir die Möglichkeit dazu haben.

Gayle und ich verdienten gut die Hälfte unseres Einkommens mit Workshops und Vorträgen, die wir im ganzen Land hielten, doch als klar wurde, dass das viele Reisen unseren Kindern nicht gut tat, ließen wir es sein. Eine uns bekannte Familie verkaufte ihr Traumhaus und zog in ein weniger schönes Haus in einer weniger schönen Gegend, als deutlich wurde, dass ihre Tochter eine

ausgesprochen schädliche Beziehung zu einem Mädchen aus der Nachbarschaft eingegangen war.
Doch diese Art drastischer Veränderung ist normalerweise gar nicht gefordert. Die meisten Menschen hören auf, Veränderungen nur um der Veränderung willen vorzunehmen, wenn sie auf dem spirituellen Weg vorankommen.
Wir sollten unsere Tage und Wochen, unser ganzes Leben auf uns zukommen lassen, statt ständig dem Leben hinterherzuhechten, das wir unbedingt haben wollen. Statt uns stets darauf zu konzentrieren, was wir nicht bekommen haben, versuchen wir, einen klaren Blick für die Umstände zu erhalten, in denen wir uns gerade befinden, und darin innere Stille und Frieden zu entwickeln.

Poppie

Als ich Poppie kennen lernte, war er vier und konnte immer noch nicht sprechen. Ein Jahr davor hatte man seine Zunge operativ vom unteren Gaumen gelöst. Doch obwohl seine Intelligenz deutlich aus seinen klaren Augen strahlte, hatte er seitdem nicht zu sprechen gelernt. Er drückte sich aus wie ein einjähriges Kind, mit einer Art musikalischem Geschnatter, das keinerlei Sinn ergab.
Seine Eltern, die sich um ihren Ruf sorgten, hatten ihm ein schönes Kinderzimmer voller Spielsachen eingerichtet, doch mit anderen Menschen war er nie zusammengekommen. Nun, wo er sich dem Einschulungsalter näherte, fingen sie plötzlich an, sich Sorgen zu machen, ob ihr Junge normal war.
Poppies Vater war ein so genannter Wildcatter; das heißt, er nahm Aufschlussbohrungen auf bisher noch nicht untersuchtem Terrain vor, um herauszufinden, ob es dort Öl gab. Das bedeutete, dass er manchmal tagelang nicht schlief. Kam er dann nach Hause, legte er sich erst einmal zwei bis drei Tage schlafen. Dann stand er wieder auf, beschimpfte seine Frau und verzog sich wieder auf seine Ölfelder.

Auf ihre Frage, ob Poppie denn normal sei, antwortete ich von einem liebevollen, spirituellen Standpunkt aus. Ich unterstrich, dass der Junge normal spielte und häufig lachte. Außerdem hatte er eine tiefe Bindung zu seinem Hund entwickelt. Seine Eltern hatten ihm einen deutschen Schäferhundwelpen besorgt. Bald kamen sie dahinter, dass mit Poppie wesentlich leichter umzugehen war, wenn der Hund bei ihm in seinem Kinderzimmer bleiben durfte.

Obwohl Poppie mit seinem Hund im ersten Stock des Hauses lebte, hörte er, wenn seine Mutter angebrüllt wurde. Später, als er zu sprechen gelernt hatte, erzählte er mir, dass er sich immer leise heruntergeschlichen und zugehört hatte. »Vielleicht verdient sie es ja«, hatte der Junge sich gesagt. Angesichts der Tatsache, dass seine Mutter ihn auch meistens anschrie, konnte ich diese Art des kindlichen Gerechtigkeitssinnes irgendwo nachvollziehen.

Poppie war auf ziemlich ungewöhnliche Weise in seine Familie gekommen. Eines Tages war sein Vater zu einer Hütte gegangen, die er in einiger Entfernung von seinem Bohrloch entdeckt hatte. Dort fand er dann auf einem rohen Holzboden hinter einem notdürftig zusammengenagelten Gitter ein zehnmonatiges Baby, das mit seinen Exkrementen spielte. Er informierte die Behörden und erfuhr später, dass der Junge das Kind einer Prostituierten war, die ihn seit seiner Geburt in dieser Hütte versteckt gehalten hatte. Sie brachte ihm jeden Tag Wasser und etwas zu essen, dann verschwand sie wieder.

Ein Rechtsanwalt wurde engagiert, die Mutter erhielt eine Entschädigung, und schließlich war Poppie rechtmäßig adoptiert. Doch damit tauschte Poppie nur eine Form der Isolationshaft gegen eine andere ein. Natürlich wusste er nicht, dass er isoliert lebte – er hatte ja nie etwas anderes kennen gelernt.

Eines Tages beschloss ich, mit Poppie einen Ausflug zu machen, einen ganzen Tag nur zum Vergnügen herumzustrolchen. Damals war er fünfeinhalb Jahre alt und konnte schon ziemlich gut sprechen. Wir gingen zuerst in den Stadtpark, wo es Schaukeln, Rutschbahnen und Ähnliches gab. Poppie lief sofort auf den riesigen Sandkasten zu. Als ich näher kam, bemerkte ich, dass das, was ich für Kinder gehalten hatte, mehrere Jugendliche mit Down-Syndrom (Mongolismus, Trisomie 21) waren, die offensichtlich alle aus einem Heim kamen und ebenfalls einen Ausflug machten.

Ihre Symptome waren recht ausgeprägt. Sie zeigten die üblichen Gesichtszüge, konnten kaum sprechen. Einige von ihnen sabberten, ein paar anderen lief der Rotz herunter, ohne dass sie ihn abwischten. Der Park lag in einem der »besseren« Viertel der Stadt, und mir fiel auf, dass weder Eltern noch Babysitter den anwesenden Kindern erlaubten, im Sandkasten zu spielen.

Wie fast jedermann weiß, stellen Kinder mit Down-Syndrom keinerlei Gefahr für andere Menschen dar. Das Down-Syndrom ist ein Geburtsfehler und nicht ansteckend. Außerdem sind Menschen mit Down-Syndrom nicht aggressiv, ganz im Gegenteil, in der Gruppe sind sie meist sogar fröhlicher und glücklicher als andere Menschen. Trotzdem ließen die Erwachsenen ihre Kinder nicht mit den Down-Jugendlichen spielen, obwohl einige sichtlich Lust dazu gehabt hätten. Darüber hinaus wandten sie auch noch deutlich sichtbar ihren Blick ab.

Poppie hingegen spielte mit dieser lauten, lebhaften Gruppe, bis sie den Park verließen. Und obwohl wir hinterher noch an verschiedenen Orten waren, die für ein Kind eigentlich interessanter sind als der Stadtpark (wir waren am Strand und im Meerwasseraquarium), fragte der Junge mich am Ende unseres Ausflugs, ob wir nicht nochmals in den Park gehen und mit diesen »lustigen Freunden« spielen könnten.

Wie Sie der Perfektion adieu sagen

Einen einzigen Tag hinter sich zu bringen, ist, als würden wir in einem Raumschiff durchs All fliegen. Ununterbrochen treffen wir auf Himmelskörper, große und kleine, denen wir ausweichen müssen, damit sie uns nicht in ihren Orbit ziehen. Die meisten »Raumpiloten« ändern daher ständig den Kurs. Dabei geraten sie ganz leicht vom Weg ab. Ist der Kurs klar und deutlich von unserem Inneren gesetzt, dann können wir ruhig einmal ein wenig abweichen. Stammen unsere einzigen Kursanweisungen jedoch vom Chor derer, die unser Leben ununterbrochen kommentieren, dann wird es schwierig, weil wir keinen klaren Kurs haben.

Wäre unser Leben öffentlich, würde man uns ständig vorhalten, dass wir alles falsch anpacken. Zeitungskolumnisten, Verwandte, frühere Lehrer, TV-Stars, religiöse Leitfiguren und das ganze Talkshowpublikum – bei niemandem fänden wir Gnade. Auch wenn wir alles nun ganz anders anpacken, müssten wir bei der nächsten Umfrage enttäuscht feststellen, dass diejenigen, die unser Handeln für falsch halten, nicht weniger geworden sind. Was also sollen wir unternehmen? Nichts? Nein, denn das wäre nun wirklich ein Fehler – es wäre eine Reaktion, kein wirkliches Ziel. Wir wären dann immer noch Opfer der unzähligen Stimmen, die auf uns einschimpfen. Wenn wir nicht aus unserem Herzen heraus handeln, einer inneren Linie folgen, dann kann das Ergebnis unseres Handelns nicht von bleibendem Wert sein. Es wird niemandem helfen – weder uns noch unseren Lieben.

Alles »richtig zu machen«, ist schlichtweg unmöglich. Wenn wir uns darauf konzentrieren, ist unser Scheitern programmiert. Die Dinge laufen nun einmal nicht »perfekt«. Und trotzdem können wir in Frieden handeln, einfach indem wir den Frieden zu unserem Ziel machen.

Was wäre denn, wenn wir unsere Vorstellungen von dem Ziel, das wir erreichen möchten, einfach aufgäben und alles mit voller Neugierde auf uns zukommen ließen? Wenn wir zwar wüssten, wer wir sind, aber offen blieben für alles, was uns begegnet? Wenn wir zu uns selbst sagen könnten: »Heute werde ich alles auf offene Weise betrachten. Ich werde mit weichem Blick auf die Ereignisse zugehen. Ich werde durch den Tag schlendern, als wäre es mein erster auf Erden. Und ich werde das Geschehen nicht von vornherein beurteilen und in Schubladen einordnen. Stattdessen werde ich mir immer wieder klar machen, dass ich diesen Tag noch nie erlebt habe. Dass ich dieses Telefongespräch noch nie zuvor geführt habe. Dass ich noch nie an diesem Ort war, diesen

Himmel gesehen und diese Empfindung gehabt habe. Ich werde erkennen, dass jeder Mensch und Umstand, der mir heute begegnet, ein klein bisschen anders ist als das, was ich schon kenne. Und jeder Unterschied, den ich wahrnehme, wird mein Preis für dieses Tun sein – am Ende des Tages werde ich Reichtümer schaufeln, weil ich lauter Neuheiten erlebt habe.«

Übung 23

Zeit: ein Tag oder mehrere

Sie müssen sich nur auf einen Gedanken konzentrieren. Wenn Sie Ihren Tag erleben, sagen Sie sich immer wieder: »Unter meinen üblichen Reaktionen liegt die Stille meines Herzens. Unter dem Chaos der Welt liegt die Einheit von Gottes Frieden.«

Kapitel 10
Loslassen

Für die meisten von uns bedeutet Einssein nicht mehr als ein schönes Wort. Es mag ja ganz nett klingen, aber es gibt in unserer Erfahrungswelt nichts, was wir damit verbinden könnten. Wenn wir Aussagen hören wie: »Wir werden alle erwachen zum Einssein in Gott«, dann haben wir den Eindruck, diese spirituelle Realität ist wie ein gigantischer Cocktail, in dem alle unsere Unterschiede einfach zu irgendeiner Art der Gleichheit gemixt werden. Wir glauben, dass wir als Individuen aufhören zu existieren.

Ganz sicher führen die Gefühle, die wir gegenüber anderen Menschen hegen, am Ende zu Verbundenheit und Einssein, aber kennen Sie irgendjemanden, der dieses Ziel bereits verwirklicht hat? In einer Welt, die so großen Wert auf individuelle Verschiedenheit legt, ist es nur natürlich, anzunehmen, dass Menschen, die (von uns) weniger verschieden sind, ideale Partner oder Freunde abgeben. Von schwierigen Beziehungen heißt es ja häufig: »Wir haben so unsere Differenzen.« Und wenn man entdeckt, »dass man nicht viel Gemeinsames hat«, genügt das gewöhnlich, um Ehen oder Freundschaften auseinander gehen zu lassen. Einige Eltern wenden sich gegen ihre eigenen Kinder, machen Adoptionen rückgängig oder schicken Pflegekinder wieder ins Waisenhaus zurück, weil sie »sich nicht anpassen können«.

Da es aber auf dieser Welt kein ständiges Eins- bzw. Einigsein gibt, bemühen wir uns, wenigstens den Anschein entstehen zu lassen. Im Kontakt mit anderen Menschen, die uns kaum oder gar nicht bekannt sind, suchen wir immer zuerst das Gemeinsame. Daher versuchen wir bei den wenigen Worten, die wir mit Kellnern, Beamten oder Fremden wechseln, welche mit uns in der

Schlange stehen, immer Dinge zu sagen, die dem anderen die Zustimmung leicht machen. Ein besonders »sicheres« Thema ist das Wetter, weil niemand annimmt, dass er sich bei Bemerkungen über das Wetter allzu sehr von seinen Mitmenschen unterscheidet. Alles *Persönliche* lassen wir weitgehend außer Acht. Wenn Sie der Dame in der Telefonvermittlung erzählen, dass Sie als Kind ein traumatisches Erlebnis mit Regen hatten, dann können Sie darauf wetten, dass Sie so keinen Kontakt zu ihr herstellen können.

Auch wenn wir Beziehungen zu Verwandten oder Freunden aufrechterhalten möchten, tauschen wir uns, wo immer möglich, über Themen aus, bei denen wir vermutlich die höchste »Übereinstimmungsquote« erreichen. So kann eine erwachsene Tochter beispielsweise herausfinden, dass sie mit ihrer Mutter am besten auskommt, wenn beide in der Küche sind. Und ein erwachsener Sohn macht vielleicht die Erfahrung, dass die Kommunikation mit seinem Vater dann am besten läuft, wenn sie sich gemeinsam ein Fußballspiel ansehen. Die meisten Menschen wissen, welche ihrer Beziehungen einer Diskussion über religiöse oder politische Themen nicht standhalten würden, und meiden diese daher.

Natürlich denken wir, dass dies die Wirklichkeit ist, mit der wir zurechtkommen müssen. Wenn wir schon so wenig Liebe und Zugehörigkeitsgefühl, so wenig Angenommensein und Akzeptanz erfahren, dann müssen wir jede unserer Beziehungen auf dem schmalen Grat der Gemeinsamkeit im Gleichgewicht halten. Doch je mehr Erfahrungen wir sammeln, desto klarer wird uns, dass dieses Gleichgewicht enorm gefährdet ist. Wenn wir es genauer betrachten (und der gegenwärtige Trend geht nun einmal zum ausgiebigen Zergliedern von menschlichen Beziehungen), dann sind wir anders als jeder Mensch, den wir mit all seinen verschiedenen Eigenschaften kennen. Wir versuchen zwar gute Miene zum bösen Spiel zu machen und uns einzureden, dass Verschiedenheit schließlich die Würze des Lebens sei. Doch wie unser analytischer Verstand es auch drehen und wenden mag, die Einsamkeit ist und bleibt das beherrschende Gefühl. Wir kommen allein auf die Welt, und wir verlassen sie wieder allein. Und in der Zeit, die wir hier verbringen, sind wir mit nicht einem einzigen lebenden Wesen vollkommen eins, nicht einmal mit uns selbst.

Die letzten Jahrzehnte des 20. Jahrhunderts haben uns durch die Verbreitung des Fernsehens einen Einblick in die Lebensumstände nahezu sämtlicher Bevölkerungsgruppen auf der Erde vermittelt. Viele von uns haben auf das gewaltige Ausmaß menschlichen Unglücks mit Schrecken und Trauer reagiert. Die Welt da draußen bestand offensichtlich nicht aus dem mythischen Königreich von Shangrila oder der Traumwelt der Hobbits. Wir wussten plötzlich nur zu genau, wie die Erde beschaffen war.

Derselbe Prozess des Gläsernwerdens fand auch in unserem Privatleben statt. Früher schuf die Distanz von Raum und Zeit gewisse Barrieren, wodurch Räume entstanden, in denen man seine Ruhe hatte. Heute überwuchern die kleinen, alltäglichen Probleme unserer Freunde und Arbeitskollegen unsere Abende, Wochenenden und Urlaubszeiten. Handys, Pager, E-Mail, Voice-Mail und das allgegenwärtige Internet verbinden uns ständig mit der Welt.

Daher sehen wir mittlerweile unsere Unterschiede als legitimes Mittel an, Grenzen zu schaffen, die uns vor anderen Menschen schützen. Unsere intakten Familien gehen ebenso kaputt wie die großen Nationalstaaten, unsere Religionsgemeinschaften brechen in einzelne Sekten auseinander, unsere politischen Parteien in »Flügel« und unsere Nachrichten zu »kontroversen Themenabenden«. Und in Talkshows ist jeder aufgerufen, seine Meinung zu äußern – die sich von derjenigen der anderen möglichst unterscheiden sollte.

Doch ob wir nun mehr Nähe in Beziehungen suchen oder uns vor dem menschlichen Leid schützen wollen, letztlich scheinen uns nur zwei Möglichkeiten offen zu stehen: Wir können wählen zwischen mehr oder weniger Verschiedenheit. Nicht zur Wahl steht offensichtlich die Liebe. Sie steht nicht zur Wahl, weil wir nicht daran glauben. Wir trauen der Vorstellung von Liebe nicht, weil nichts in unserer Erfahrung ihr dauerhaft entspricht. Doch auch wenn unser Misstrauen der Liebe gegenüber wächst, so wird unsere Sehnsucht danach doch nicht geringer.

Interessanterweise nimmt das Heimweh in den Herzen der Menschen gerade in einer Zeit zu, in der wir es nicht mehr schaffen, die anderen Mitglieder der großen Menschheitsfamilie bedingungslos willkommen zu heißen und ihnen unser Heim anzubieten, nicht einmal, wenn es sich dabei um unsere Kinder oder Partner handelt. Dieses Willkommen, dieses Gefühl des Zuhauseseins, das wir so vermissen, nenne ich Gott. Ich habe dafür keinen anderen Grund als meine persönliche Erfahrung und den Trost, den ich finde, wenn ich dieses Wort leise vor mich hin sage. Für mich ist es nur ein Begriff für das gewaltige Leuchten, das uns näher ist als unser Atem und das so sanft ist, dass niemand sich davor fürchtet. Für die Liebe, die große Freude und das unbeschreibliche Gefühl der Verbundenheit, das uns alle umfängt. Wir können es nur erfahren, indem wir alles loslassen, was nicht Liebe ist.

Daher möchte ich Sie nun einladen, all Ihre Zweifel und Bedenken gehen zu lassen und den Glauben zu wagen. Legen Sie all Ihre Ängste, Ihre Hoffnung, ja Ihr ganzes Leben in die Hände des Einen, der mit Ihnen ist, der Sie niemals verlassen hat und Sie nie verlassen wird. Der nur Ihren Frieden und Ihr Glück will. Wenn Sie irgendwo in Zeit und Raum landen, ist dieser Freund schon da, um Sie willkommen zu heißen und zu trösten. Denn diesen Freund kennen Sie schon seit Ihren Kindertagen.

Bei jeder Begegnung während unseres Tagesablaufes lassen wir etwas zurück. In unserem Kielwasser fühlen Menschen sich entweder entspannter oder bedrückter, friedvoller oder konfliktbehafteter, wahrgenommen oder übersehen. Und wenn in unserem Geist eine Person auftaucht, dann betrachten wir diesen Menschen mit Ruhe oder Zweifel, geben ihm unseren Segen mit auf den Weg oder verurteilen ihn. Wenn wir den Einen, der die Liebe ist, erfahren wollen, müssen wir die Liebe über die Grenzen unseres Egos hinaus ausdehnen. Aber wie sollen wir das anfangen, wenn nicht Augenblick für Augenblick, Geste für Geste? Nur

durch die kleinen Wunder des Verstehens, der Nachsicht, Hilfe und des Glücks lernen wir die Liebe kennen.
Diese Wunder haben nichts mit der Welt der Worte oder der Stille zu tun. Die Kraft, die sie nährt, ist die Aufrichtigkeit unseres Herzens. Denn wo sollen wir uns angenommen und daheim fühlen, wenn nicht im Meer unserer zahllosen Beziehungen? Wo können wir die Gegenwart Gottes besser fühlen? Ein alter Shaker-Spruch (die Shaker waren eine überwiegend amerikanische Quäkergruppe des 18. und 19. Jahrhunderts) besagt: »Wenn ihr einander nicht täglich liebt, wie könnt ihr dann Gott lieben, den ihr noch nie gesehen habt? Wenn ihr aber einander liebt, dann ist Gott in euch und macht euch rein, auf dass ihr im Licht leben werdet.«
Liebe bedeutet nicht, dass wir uns mit irgendetwas Glänzendem am strahlenden Himmel vereinigen. Liebe heißt, dass wir einander finden. Sie drückt sich in den vielen zufälligen Begegnungen, Aufgaben und Verpflichtungen aus, die wir Tag für Tag erfüllen. Augenblick um Augenblick erkennen wir, dass wir den anderen Menschen gleich sind. Wir entschließen uns, die Ähnlichkeit in den Herzen der Menschen zu sehen. Wir erwachen zur Liebe, indem wir lieben. Wir erwachen zum Frieden, indem wir anderen unseren Frieden schenken.
Auf Ihrer Reise haben Sie so manchen Schatz gesammelt, doch jetzt werden Sie eins mit Ihren Reichtümern. Zweifeln Sie nie daran, dass der Eine Ihnen geben wird, was Sie benötigen, wenn Sie dafür alles andere loslassen.

Karol Jackowski

Jetzt oder nie!

ISBN: 3-426-66632-4

Zehn beispielhafte, aber keineswegs dogmatische,
leicht umsetzbare Ratschläge und Ideen,
um mit dem Alltag besser klarzukommen,
Stress lockerer zu nehmen
und positiver durchs Leben zu gehen.
Karol Jackowski zeigt auf witzige
und zugleich tiefgründige Art,
dass niemand dazu bestimmt ist,
unglücklich oder gelangweilt zu sein.